走进周期性金融危机的深处

刘明远 陈 丰 王桂梅 编著

金盾出版社

内-容-提-要

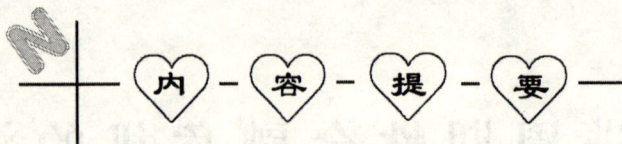

本书在回顾以往金融危机的基础上,阐述了此次世界金融危机的发展过程、传导机制、发生原因、影响和各国的救市策略,并对危机进行展望。更重要的是,本书从独特的政治经济学角度深刻地揭示了此次危机的实质,给读者耳目一新的感觉。本书既为理论工作者提供了新的研究视角,又为大众读者了解当前危机提供了便利,是读者朋友们认识当前危机的好工具。

图书在版编目(CIP)数据

走进周期性金融危机的深处/刘明远,陈丰,王桂梅编著.—北京:金盾出版社,2009.5
ISBN 978-7-5082-5649-8

Ⅰ.走… Ⅱ.①刘…②陈…③王… Ⅲ.金融危机—研究—世界 Ⅳ.F831.59

中国版本图书馆 CIP 数据核字(2009)第 038836 号

金盾出版社出版、总发行
北京太平路5号(地铁万寿路站往南)
邮政编码:100036 电话:68214039 83219215
传真:68276683 网址:www.jdcbs.cn
封面印刷:北京精美彩色印刷有限公司
彩页正文印刷:北京蓝迪彩色印务有限公司
装订:北京蓝迪彩色印务有限公司
各地新华书店经销
开本:787×1092 1/16 印张:17 字数:244千字
2009年5月第1版第1次印刷
印数:1～8 000 册 定价:32.00 元
(凡购买金盾出版社的图书,如有缺页、
倒页、脱页者,本社发行部负责调换)

序　言

一

在本著作交稿付印之际,其出版的意义似乎比我动笔前重要了许多。一是持续了一年多的美国次贷危机在 2008 年进一步恶化,并迅速演化为一场全球性的金融危机,各国政府在危机中开展了自 1929 年"大萧条"以来规模最大的救市行动,救市措施不断出台,救市的规模和直接介入的程度不断提升,但金融危机仍在继续,经济衰退还在蔓延,各国政府还在救市和刺激经济的政策中艰难抉择。

二是西方主流经济学——新自由主义经济学,在过去的三十多年时间内,不仅没有给资本主义带来好运,反而帮了倒忙,它使资本主义基本矛盾重新趋于尖锐化,使本来已经走向缓和的资本主义周期性经济危机重新出现加剧的趋势,它已经无法解释在自己的作用下酿成的恶果。

三是西方世界出现了马克思《资本论》热,书店里《资本论》热销,许多人成了马克思的"粉丝",其中不乏政界名人,他们对马克思分析资本主义经济制度的科学性表现出极大的敬佩,有人甚至惊叹马克思对金融危机的预测太准了。①

这些事实又一次使我们深信,马克思主义关于经济危机和周期的理论是经济学说史上最有解释力的理论之一,马克思主义经济危机理论仍然是解释资本主义经济危机最为有效的理论工具,其他任何理论都无法取代其科学地位,努力去发扬和光大这样的理论是政治经济学理论工作者义不容辞的责任。

马克思主义经济危机理论从危机的本质和现象统一的角度认识危

---

① 见程恩富主编《金融风暴启示录》,第 8 页,中国法制出版社 2009 年版。

机,它运用生产力与生产关系矛盾运动原理解释危机,它把危机看做资本主义经济本质上均衡与连续关系出现了失衡与中断后的强制恢复,把危机的根源归结于资本主义基本矛盾,即个别企业生产的有组织性与整个社会生产无政府状态之间的矛盾,以及生产无限扩大的趋势与劳动人民有支付能力需求相对缩小之间的矛盾。

正因为运用了这样一些科学的方法,选择了这样一些正确的视角,使它拥有从根本上预防和缓解资本主义经济危机的办法,这就是通过缓解资本主义基本矛盾的途径达到减轻危机打击的目的。事实上,由于资本主义在战后采取过一系列缓解基本矛盾的政策措施,曾一度使危机出现了缓解的趋势。所以,从根本上说,只有马克思主义经济危机理论才能够解开西方经济学者的困惑。

二

资本主义经济危机是一种与资本主义制度与生俱来的现象。18世纪末,随着产业革命和英国工业垄断地位的形成,出现了资本主义生产过剩经济危机,此后随着条件的逐步成熟,危机逐渐加深,其范围逐渐扩大,并在1825年迎来了第一次普遍的世界性资本主义经济危机。在此后一百多年的资本主义自由竞争时期,资本主义经济危机基本上很有规律地每隔10年左右发生一次,尽管这些危机的发生和发展各具特色,但其基本发展趋势是一致的,这就是:绝大多数危机首先发生于对世界经济具有支配地位或成长最为迅速的经济体,然后通过贸易、金融等途径向其他经济体传播、蔓延;绝大多数危机首先发生于国民经济占主导地位的领域,然后向其他产业蔓延;每次危机发生前都伴有滥设企业、极度投机、生产发展、购销两旺等特征;每次危机都伴有生产过剩、企业倒闭、股市暴跌、工人失业、信用关系中断等现象;危机表现为10年左右的周期;危机有逐渐加剧的趋势。

面对日益严重的资本主义周期性经济危机,资产阶级经济学家提出过多种危机理论,这些理论几乎都把资本主义经济危机归结于经济生活中的某些偶然因素,都否认资本主义经济危机的客观必然性,都试图在不改变资本主义本质关系的条件下,采取某些措施或改变某些做法达到消除资本主义经济危机的目的,尽管这样的尝试屡试屡败,但是他们还是坚持屡败屡试。

在写作《资本论》之前,马克思对发生在资本主义条件下的生产过剩危机就已经有了较为科学的认识。他对这种危机的实质、根源、发展规律、基本特征等已经做了原则性阐述,认为危机是资本主义基本矛盾周期性激化的结果,它的周期性发生不可避免,资本主义在其自身范围内无法克服危机。他把这些科学论断写入 1848 年出版的《共产党宣言》,表明了他对资本主义经济危机的根本看法。

从 19 世纪 50 年代开始,马克思运用辩证唯物主义和历史唯物主义理论和方法,详细地跟踪分析和研究了 1857 年、1866 年、1873 年、1882 年世界经济危机,这些研究工作一方面不断地检验了他以往的研究成就,另一方面又不断地促进了理论的发展和完善。经过 19 世纪 50 年代和 60 年代初的理论构思和理论创作,有关资本主义经济危机理论的基本结构、分析范式和分析结构已经基本成形,剩下来要做的工作就是进行系统的、详尽的理论阐述。

从马克思已经完成的文献来看,其危机理论中最为关键的结论应当是:资本主义经济危机是资产阶级经济的一切矛盾的表现,是资本主义各种矛盾充分展开后的结果,是资产阶级经济关系一切矛盾的现实综合和强制平衡;资本主义经济危机是一种经济关系的对立和统一的运动。经济的正常运转意味着它的内在要素处于统一的状态,一旦这些要素彼此分离和彼此独立,其发展的趋势就是使这些已经彼此分离和彼此独立的因素趋于统一,而这种统一的过程就是危机。

这种对立与统一的矛盾运动过程在现实中表现为:代表着一个经历两个对立阶段的运动过程,如果这个过程本质上是两个阶段的统一,那么,这个运动同样本质上也是两个阶段的分离和彼此独立。由于它们有内在联系,所以"有内在联系的因素的独立,只能强制地作为具有破坏性的过程表现出来。正是在危机中,它们的统一、不同因素的统一才显示出来。相互联系和相互补充的因素所具有的彼此的独立性被强制地消灭了。因此,危机表现为各个彼此独立的因素的统一。没有表面上彼此无关的各个因素的这种内在统一,也就没有危机。"①"一切平衡都是偶然的,各个领域中使用资本的比例固然通过一个经常的过程达到平衡,但是这个过程的经常性本身,正是以它必须经常地、往往是强制地进行平衡的那种经常的比例失调为前提。"②

虽然马克思对这些结论的系统阐述尚未完成,但对其科学性已没有多大影响。由于马克思创造了科学的经济危机理论,揭示了资本主义经济危机发生和发展的规律,从而使他成了资本主义经济危机的预言家,他曾较为准确地预测过他那个时代发生的一些危机,并且在危机发生之前就能够对危机将要发生的领域和程度做出某些符合实际的预言。

相比较而言,今天的那些"马后炮式的经济学家"或"事后诸葛亮式的经济学家"们,尤其是那些瞧不起马克思经济危机理论的人,应当在马克思的危机理论面前感到惭愧,尤其是当他们一次次把资本主义经济危机的根本原因归结于政府错误的经济政策、某些人不适当的经济行为、监督与管理不到位等偶然因素时,不知是否曾想过资本主义为什么总要屡犯那些低级错误?

三

在马克思之后的近一个世纪中,资本主义经济制度伴有股份制、垄断、国家垄断资本主义、政府干预经济、福利国家制度、经济关系的国际调节等逐步推进的局部调整,资本主义经济危机也经历了由逐渐加剧到逐渐缓和的转变,出现了经济周期的同期性与非同期性交错、再生产各阶段交替进程模糊、生产力过剩和大量失业同时并存、经济危机和通货膨胀交织并存等新特征。面对这些变化,主流马克思主义经济学总的来说做到了与时俱进,在继承发扬马克思经济周期理论的同时,在一定程度、一定范围内进行了理论创新,对现实经济危机特别是20世纪30年代大萧条进行了深入的研究,做出了符合马克思主义经济学的解释。

---

① 《马克思恩格斯全集》第26卷(Ⅱ),人民出版社1973年版,第571页。
② 《马克思恩格斯全集》第26卷(Ⅱ),人民出版社1973年版,第562页。

不仅如此,一些马克思主义学者系统地研究了资本主义有史以来发生过的周期性经济危机,总结和概述了马克思主义经济危机理论,提出了比例失调论、生产与消费矛盾论、崩溃论、消费不足论、投资过度论、长波论等学说,以及经济危机的教科书分析模型。学者们在经济危机的原因、传导机制、经济周期长度、周期各阶段特征、中间性危机、结构性危机、"滞胀"现象等领域进行过广泛的研究,提出了许多有价值的理论观点。

　　当然,一些有悖于马克思主义经济周期理论的声音也经常出现在马克思主义经济学内部,引起过数次世界范围的激烈争论。在革命和战争年代,马克思主义经济学研究资本主义经济危机主要服务于革命目标,那些只注重根本原因研究而忽视对具体原因分析,只注重规范性论证而忽视实证性分析,只注重本质关系研究而忽视对经济运行的探讨等做法,在今天看来似乎有些偏激,但在当时的历史条件下,都是较为合理的做法,后人不能因此而对他们有过多的不符合当时历史条件的苛求。

　　在马克思之后的马克思主义理论家行列中,希法亭承认经济危机发生的必然性,但认为随着科学技术的发展和垄断组织作用的加强,出现了有组织的资本主义,使资本主义的暂时性得以延伸,危机得以减缓或至少是抑制危机对工人的消极影响。列宁在继承马克思危机理论的基础上,对当时盛行的非马克思主义经济危机理论思潮进行了批判,坚持认为生产社会化与资本主义私人占有之间的矛盾是资本主义经济危机的根源。

　　由于基本矛盾具体地表现为个别企业生产的有组织性与整个社会生产无政府状态之间的矛盾,以及生产无限扩大的趋势与劳动人民购买力相对缩小之间的矛盾,分析资本主义经济危机实际上表现为对这两对矛盾的分析,包括列宁在内的许多前苏联学者——如瓦尔加、门德尔逊、库钦斯基等人——都采用这种模型分析过资本主义经济危机,结果形成了一个结构相对稳定,很适合为战争和革命目的分析资本主义经济危机的模型,并且在50年代被教科书所吸收,成为一个具有广泛影响的分析资本主义经济危机的标准模型。

　　随着历史的发展,对经济危机起反作用的因素陆续出现,与此相适应,逐渐形成了"教科书模型"或"基本矛盾模型"的改进型。分析的侧重点也由对基本矛盾的分析逐渐转向对基本矛盾与起反作用因素之间矛盾的分析,分析方法也更加多样化,从而大大地拓展了对资本主义经济危机的分析领域,使模型不仅适合于对本质关系的分析,还适合于对经济运行的分析。

西方学者在马克思危机理论的基础上引入更多的因素分析资本主义经济危机,除了学术争鸣的因素之外,事实上也拓展了马克思主义经济学分析和认识资本主义经济危机的视野,属于有益的探索。他们中的一些人对马克思危机理论的指责明显地犯了与非马克思主义经济学相同的错误——用资产阶级庸俗经济学的方法论挑战马克思主义政治经济学方法论,这样的理论是不值得讨论的,因为他们忽视了资本主义经济危机周期性进行这样一个最基本的事实。

比较现有研究长波现象的文献,尽管分歧难以弥合,但有两点长处值得肯定:一是运用统计数据、统计方法以及计算机手段证明了长波现象的存在,表明长波现象是实证分析的结果;二是从政治经济学的角度揭示了长波现象存在的原因,尽管带有学术争鸣的色彩,但它是运用马克思主义历史唯物主义原理分析现实经济关系的结果。长波理论尽管尚未成熟,但它已成为许多学者解释世界经济发展史、预测世界经济发展趋势的有效工具,许多国家的战略决策、宏观经济政策选择都受到了长波理论的影响。

四

20 世纪 30 年代大萧条之后到 80 年代初,资本主义经济危机在总体上逐渐趋于缓和,出现了一些新的特点:再生产周期四个阶段的交替进程和每个阶段的特征趋于模糊;危机的程度及引起的震荡逐渐减轻;各主要资本主义国家经济危机的同期性与非同期性交错出现;经济停滞与通货膨胀同时出现。

面对这些新变化,有些人把二战前的资本主义经济危机称作"古典危机",把第二次世界大战后的危机称作"增长型危机",认为现代资本主义已经不再有发生古典危机的可能性。有人甚至认为周期性资本主义经济危机已经退出了历史舞台,现实经济生活中只存在无规则的经济波动。

受这种偏见的驱使,许多人失去了理论洞察力,迷失了寻求真理的方向,他们不仅自己放弃了对资本主义经济危机问题的研究,还规劝他人不要再做那种"徒劳无益"的工作。许多缺乏科学眼光的人不再关心资本主义经济危机问题,也很少关注马克思主义经济危机理论,其学术热情极大地转向西方新自由主义经济周期理论,引进、介绍、解释这些理论并将其用于解释现实经济周期在很长时期内成了学术界的时髦。

与此形成鲜明对照的是马克思主义经济危机理论遭遇了前所未有的冷落,相关的研究成果很难发表,因为在许多人看来这是一些过时的话题。1997年亚洲金融危机爆发后,西方主流经济学对政府主导型经济进行了猛烈的抨击,中国经济学界的一些人也竭力予以附和,但来自马克思主义经济学的声音微乎其微。很少有人认为它是一场周期性资本主义经济危机,它的发生具有客观必然性,绝大多数人认为亚洲金融危机缘于偶然因素,如果相关国家能对以往的经济政策进行必要的修正,按照新自由主义政策主张行事,就会从根本上避免危机的再次发生。

可以说,新自由主义经济学在1997年亚洲金融危机期间出尽了风头,贩卖这些理论的人根本没有意识到,亚洲金融危机的爆发与新自由主义经济学的政策主张有直接的关系,并且为2008年世界经济危机的爆发埋下了祸根。

应当说明的是,战后资本主义经济危机逐渐趋于缓和,其原因主要在于国家垄断资本主义奉行了国家干预主义的理论和政策,有效地缓解了资本主义基本矛盾,从而减轻了危机的强度,打乱了危机发生的自然频率。由于这些干预政策并未触动资本主义生产关系的本质,所以也就不可能从根本上消灭资本主义经济危机。

20世纪80年代后,随着新自由主义经济学占据主流经济学的地位,资本主义又开始推行自由放任的经济政策,资本主义经济危机重新出现加剧的趋势,其发生频率、普遍性、同期性、传导路径等再一次向古典经济危机回归,只是危机的表现形式发生了新的变化——由原来突出地表现为周期性产业危机转变为周期性金融危机。

事实再一次证明,只要存在着资本主义制度,周期性资本主义经济危机就不可避免，马克思主义关于资本主义经济危机的理论就仍然具有生命力。

五

作为本书的三位作者，我们都有经济学博士学位，而且有共同的研究方向——资本主义经济危机和周期的历史、理论和现实。1997年，因为跟踪研究亚洲金融危机，使我们走上了长达十几年研究资本主义经济危机和周期问题的道路。我们深入、全面地研究了资本主义经济危机和周期的历史，研究了各种经济危机和周期的理论与流派，事实使我们确信，唯有马克思主义经济危机和周期理论才能够令人信服地解释周期性资本主义经济危机现象。

所以，与当前那些热衷于描述危机之表面现象的应时之作不同，本书虽然也注重对2008年世界经济危机现象的描述，但没有就此止步，而是层层深入，在充分认识了这次危机之本质关系的基础上，揭示了危机的本质与现象、根本原因与具体原因之间的内在联系及其表现形式，从而进一步揭示了现代周期性资本主义金融危机的实质、表现形式和根源。

在写作本书的过程中，我们力求通俗易懂、雅俗共赏，既能给理论工作者提供一种认识当前经济危机的视角，也能够为普通读者了解当前危机提供便利。我们深知兼顾所有读者、实现多重目标绝非易事，但我们为此尽了最大努力。

在本书即将与读者见面之际，我们要感谢责任编辑吴应宁先生，他为本书的写作和出版做了许多工作。

编著者

目 录

美联储前主席格林斯潘将这场席卷全球的次贷危机形容为"百年一遇",可以说用百年一遇来形容次贷危机的影响一点都不过分。次贷危机几乎消灭了美国的全部投资银行,从有158年经营历史的雷曼兄弟公司的破产,到花旗转化为商业银行,到美林证券被美国银行收购,再到高盛和摩根士丹利转为银行控股公司,投资银行大厦如多米诺骨牌接二连三地倒下。次贷危机再次让人们感受到了金融是把双刃剑,它能让你在不断上涨的资产泡沫中陶醉于金钱的五光十色,也能让你感受到资产价格急剧萎缩时候的切肤之痛。

以史为鉴,可知兴衰。从最早的三大泡沫危机,到1929年世界性的经济危机爆发,金融危机在西方发达国家沿着它的特定模式在不断演进。研究"大萧条"的著名学者本·伯南克也许不会想到,有一天他会在美联储主席的位置上,与另一场可能发生的"大萧条"作战。在美国《华盛顿邮报》的专栏作家罗伯特·塞缪尔森看来,两场危机的相似之处在于,美国人在危机前都债台高筑:20世纪20年代人们向银行借钱购车、买家电,而在过去10年,人们则疯狂举债购房,这直接引发了金融体系的动荡。

第三章　历次金融危机比较研究 / 59

在人类历史上,金融危机像一个幽灵,来了又去,去了又来。从 1636 年荷兰曾出现过的"郁金香狂热",到 1720 年法国的"密西西比泡沫"和英国的"南海泡沫"事件,再到 20 世纪 30 年代全球爆发的大萧条,它总是以不同的形式展现它惊人的破坏力。但最近的金融危机与人类以往所经历的金融危机有很大的不同,它是在全球经济一体化、金融自由化和金融创新的背景下出现的,它在对经济持续增长和人类财富的安全提出挑战的同时,也对经济和金融理论提出了挑战。

第四章　2008 世界金融危机的原因和传导机制 / 97

金融危机本质上是货币危机,虽然它表现为企业和银行的流动性危机、债务支付危机,但对货币的追求是金融危机最基本的特征。生产过剩和金融过剩是金融危机的两个条件,金融危机既可以因生产过剩,在经济危机中爆发,也可以在以虚拟资本为代表的金融系统超常发展的混乱中爆发。虽然在现代社会,社会经济结构发生了深刻的变化,产业资本也让位于金融资本,实体经济让位于虚拟经济,但资本主义基本矛盾没有改变,周期性资本主义经济危机仍然存在。

第五章　金融危机的政治经济学分析模型 / 131

在生产过剩危机之前,往往首先发生金融危机,这使得金融危机成了生产过剩危机的征兆。然而当这场危机一步步向世界走来的时候,许多人都不敢相信这是一场周期性资本主义经济危机,因为西方主流经济学从来就没有正面承认过周期性经济危机是资本主义制度的痼疾。实际上,发源于美国的这场经济危机,本质上就是资本主义制度下资本最大限度赚钱的本质要求与华尔街老板贪婪的本性相结合,借助于信用关系和房地产业相互推动以及信用链条的衍生功能,并造成社会经济的均衡和连续关系出现严重的失衡和中断,最终因强制性恢复而引起的危机。

第六章　金融危机下世界经济遭受严重冲击 / 159

次贷危机之所以称之为危机,很重要的一个原因就是可能导致美国这座世界经济发展的"火车头"减速甚至掉头,从而给全球经济带来灾难。次级债危机通过负向财富效应抑制了居民消费,加剧了房地产价格的进一步下滑,极大地影响了美国经济的发展。受美国次贷危机不断深化、金融市场巨幅动荡的影响,2008年以来,世界贸易几乎陷于停滞,世界经济增长步伐明显放慢,多数发达国家经济面临衰退风险,许多新兴市场经济增长也显著放缓,这将在很长时间内制约世界经济增长步伐。

第七章　世界各国纷纷举起救市大旗 / 183

华尔街的"金融海啸"让美国金融体系重新洗牌,也迫使美国政府迅速推出新的救援计划,对于动用 7 000 亿美元的资金购买金融机构不良资产这样的大手笔,或许是上世纪30 年代经济大萧条以来美国政府最庞大的救援计划,另外,美国政府领导人也在积极游走世界各国,寻求各方面的援助。与此同时,欧洲联盟多数成员国自危机爆发以来也相继实施了规模不同的救市计划。然而,令人匪夷所思的是,在这场救市高潮中,世界金融危机仍然按照它不变的速度向世界各个角落不断蔓延。

第八章　金融危机下的中国经济发展 / 205

在经济全球化时代,各国经济的相互依存度越来越紧密,发达国家的经济衰退对发展中国家必然产生深远的影响。对于外贸依存度非常高的中国经济来说,在内需的替代作用还没有完全展开的情况下,如果由于美国经济的衰退而导致世界经济危机的发生,中国将很难独善其身。不仅如此,次贷危机还将通过金融领域、房地产领域进一步影响中国,并最终可能冲击到我国的实体经济,这也是我国政府实行积极的财政政策和适度宽松的货币政策的实际经济背景。

第九章　展望全球金融危机 / 231

面对这场来势凶猛的世界金融危机,有些人认为,2009 年将是世界经济最艰难的一年，很可能迎来第二轮金融风暴，实体经济也将遭遇全面重创。也有人认为，美日欧等将经历一个漫长的萧条期，经济的走势将表现为 L 形或 W 形；一些新兴工业化国家的经济走势将是 U 形；只有中国经济的走势将是 V 形，而且中国经济最坏的时期已经过去，已经出现了复苏的迹象，在 2009 年第一季度触底反弹后，将迎来强劲增长。面对各种各样的预测，读者究竟该相信谁？

美国正陷于"百年一遇"的金融危机中，这场危机将持续成为一股"腐蚀性"的力量，直至美国房地产价格稳定下来，最终导致美国经济的衰退。金融危机正在加深，而且还诱发了全球一系列的经济动荡，并传导给了实体经济。对于美国联邦储备委员会前主席艾伦·格林斯潘来说，这是他职业生涯中所见到的最严重的一次金融危机，他预测，危机可能仍将持续相当长的时间。

"我不相信，一场百年一遇的金融危机不对实体经济造成重创，我认为这正在发生。"

——艾伦·格林斯潘

第一章

从美国次贷危机到全球经济危机

　　2008 年 8 月 4 日,美联储前主席格林斯潘在英国《金融时报》上撰文表示,次贷危机将可能将导致更多银行和金融机构倒闭,还将有一些濒临破产的机构将被迫需要政府出面解救。格林斯潘将这场席卷全球的次贷危机形容为"百年一遇"。可以说用百年一遇来形容次贷危机的影响一点都不过分,次贷危机几乎消灭了美国的全部投资银行,从有 158 年经营历史的雷曼兄弟公司的破产,到花旗转化为商业银行,到美林证券被美国银行收购,再到高盛和摩根士丹利转为银行控股公司,投资银行大厦如多米诺骨牌接二连三地倒下。

　　如今,在华尔街你再也找不到财大气粗的投资银行,见到的是茫然失措的失业人群。据报道,美国人把 2/3 的存款投入到华尔街,因此,华尔街梦想的破灭对美国经济将有多大的影响不言而喻。次贷危机再次让人们感受到金融是把双刃剑,它能让你在不断上涨的资产泡沫中陶醉于金钱的五光十色,也能让你感受到资产价格急剧萎缩时候的切肤之痛。时至今日,次贷危机还在持续,华尔街巨头还在漫天风雨中岌岌可危,美联储还在积极往危机深渊里扔钱,企图重现曾经的繁荣。历史不可倒退,现在就让我们回到最初时刻,一同来感受这场暴风骤雨吧!

第一节 从次贷危机到金融危机

虽然格林斯潘将这场席卷全球的次贷危机形容为"百年一遇",但其实在某种程度上讲,次贷危机的发生是必然的,其来源于市场经济固有的非均衡特性——贫富分化,消费不足。因为一个经济体真正的驱动力来自于消费,只有消费才是真正的最终需求,无论是投资、外贸,还是央行注资,都是为了消费,消费构成人类生产的最终目的,在根本上决定着一个经济体是不是能够持续前行。

信贷消费企图弥补消费不足,但信贷消费往往促进和加速了积累,致使积累超越了本身的极限。因此,信用体系下的市场经济必然会不断造成通货膨胀和贫富分化,并且由于消费的边际递减,高收入阶层的消费上涨幅度受到限制,而同时又由于贫富分化的不断扩大,低收入阶层的总消费也会受到限制,因而消费不足无法避免。据 2007 年美国国税局数据显示,最富有的 1% 美国人占有 2005 年全部国民收入的 21.2%,大大高于 2004 年的 19%,并超过 2000 年 20.8% 的历史最高纪录,为第二次世界大战以来最高。

美国人的次贷梦

在美国,贷款是非常普遍的现象,从买房子到买汽车,从信用卡消费到电话账单交费,贷款无处不在。当地人很少全款买房,通常都是长时间贷款。可是我们也知道,在这里失业和再就业是很常见的现象。这些收入并不稳定甚至根本没有收入的人,他们怎么买房呢?为了更好地"繁荣"市场,一些贷款银行就开始细分市场,这些人因为信用等级达不到标准,他们就被定义为次级信用贷款者,简称次级贷款者。

这些次级按揭贷款者,就是信用状况较差、没有收入证明和还款能力证明、其他负债也较重的客户群,他们既无收入,又无工作,更无财产,违约风险非常高。既然如此，银行为什么还要贷款给他们呢？

这就要从美国的经济背景说起了。2000 年美国网络科技股的泡沫破灭即 IT 泡沫破灭之后，美国的经济陷入了低谷，再加上美国的"9·11"事件，美国经济逐渐陷入了衰退。为了刺激经济增长，抑制衰退，美联储采取了非常宽松的货币政策，在很短时间内将联邦基金利率从 6.5% 调低至 1%。

宽松的货币政策刺激了经济增长，也刺激了房地产市场的发展，由于较低的利率降低了购房者的购房成本，于是购房需求不断增加，作为抵押品的住宅价格一直在上涨。因为即便出现违约现象，银行也可以拍卖抵押品（住宅）来收回成本甚至获取额外收益，因此，在房价一直上涨的情况下，银行并不担心因借款人违约而遭受损失。

另外，证券化即通过金融工程把流动性差的某个或某一组资产转化为流动性较强的债券使得银行可以把风险转移给第三方，因而住房金融机构并不会因借款人违约而遭受损失。次级住房抵押贷款能够为住房贷款金融机构带来收益（借款人的还本、付息），因而是一种资产，具有价值，但是，由于交易成本过高，住房贷款金融机构无法在二级市场一份一份地出售这种资产。为了能够出售这种资产，住房贷款金融机构通过特殊手段把众多次级住房抵押贷款收集起来做成标准化的次级（住房）抵押贷款支持债券（MBS）和债务质押支持债券（CDO）。一旦 MBS 和 CDO 被投资者购买，风险就从住房贷款金融公司转移给了投资者。

到了 2002 年，在房地产行业复苏的重要作用下，美国经济开始出现回暖。然而经济发展自有它的周期性规律，有繁荣就有萧条，不可能一直都繁荣下去。到了 2003 年美国经济渐显过热之势，为避免通货膨胀，美国又从宽松的货币政策转向了紧缩的货币政策，从 2004 年 6 月到 2006 年 6 月，美联储连续 17 次上调联邦基金利率。不断的升息导致住房贷款市场利率上升，于是购房成本上涨，需求下降。

从 2006 年开始，楼市开始掉头，房价开始下跌，购房者难以将房屋出售或通过抵押获得融资，随即放贷机构的贷款也难以收回。那么，由此发行的债券，也就不值钱了，因为和它关联着的贷款收不回来了。之前买了这些债券的机构，比如很多投资银行、对冲基金由于都买了这些债券或者是由这些债券组成的投资组合,于是亏损逐渐浮出水面。

除了美联储连续上调利率之外,次贷违约率的上升还与次贷本身的设计有关。很多次级贷款都是前三年不需支付任何利息,三年之后则要支付很高的利息。因此,三年前的次贷合同,经过三年的缓冲期后,本来就要支付很高的利息,现在却恰逢市场利率的上调,这就使得购房者的还贷压力加倍增加,对还贷者来说无疑是雪上加霜。

由于这些不利因素叠加在一起,导致美国房价不断下跌,次贷违约率不断上升。到2007年,美国住宅房地产的销量和价格均持续下降,第二季度的整体房价甚至创20年来的最大跌幅。在这种情况下,借款者面临的还款压力进一步增加,房地产业进入萧条期,借款者很难获得新的次贷,即使出售房地产也不能偿还本息,违约风险全面暴露,房地产市场泡沫即将破碎。

危机浮出水面

2007年4月2日,饱受信贷记录差的贷款人违约率上升打击的美国新世纪金融公司向法院申请破产保护,并解雇大约3 200名员工。当天,新世纪金融公司在场外交易市场的股价下跌14%至9.15美元,至此公司股价已经跌去了97%。

得悉新世纪申请破产保护的消息,美国国会参议院银行、住房与城市事务委员会主席 Christopher J. Dodd 发表声明称:"新世纪的破产再次昭示次级房贷市场危机的深度与广度。已经有几百万美国家庭有丧失自己家宅之虞,而如今新世纪的数千员工亦将丢失自己的工作。我希望新世纪的境遇能够向联邦监管当局和住房金融业的其他参与者传递一个信号:你们必须立即采取行动,务必不要再让更多的美国人丧失自己的住房。"

2007年7月10日,美国穆迪投资者服务公司宣布,降低对总价值约52亿美元的399种次级抵押贷款债券的信用评级。同日,标准普尔公司也宣布,可能会下调对612种此类债券的评级,总价值高达120亿美元。

两大权威评级机构对次级抵押债券的大规模降级,使得投资人对潜在金融风险的忧虑陡然升温,同时也令美国经济的增长前景愈加暗淡。受此影响,全球金融市场纷纷出现剧烈波动,各大股市大幅下挫,跌幅几乎普遍超过 1%,如图 1-1 所示;同时,美元汇率也继续创新低,兑欧元再度刷新历史低点,兑英镑则触及 26 年低点;与股票的下跌形成鲜明对比的是,相对安全的国债则成为投资人的避险新宠,欧美等国国债价格纷纷走高。①

图 1-1　2007 年 7 月 10 日全球主要股市变动情况

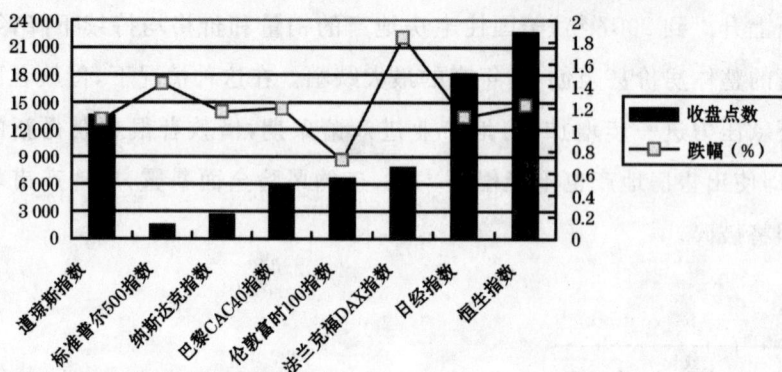

图例:
- 收盘点数
- 跌幅(%)

横轴:道琼斯指数　标准普尔500指数　纳斯达克指数　巴黎CAC40指数　伦敦富时100指数　法兰克福DAX指数　日经指数　恒生指数

2007 年 8 月 16 日,美国最大的住房抵押贷款公司,提供美国购房者 17% 的按揭贷款的康特里怀特金融公司宣布动用银行的信用额度 115 亿美元,一时间,其资金周转发生困难立即引起了市场的极大恐慌,几乎所有债券都卖不出去,谁都借不到钱了。

随着新世纪金融公司的破产,次级抵押债券信用等级的降低和住房抵押贷款公司资金周转的日益困难,贷款机构的问题逐步暴露出来,次贷危机也开始渐渐地浮出了水面,以其巨大的杀伤力展现在人们的面前。

危机全面爆发

次贷危机以来,美国银行业几乎是哀鸿遍野,不只是美林、花旗、高盛等金融巨头深陷危机,华尔街大多数有名有姓的金融机构都不可避免地

---

① 次级抵押贷款债券评级降低国际金融市场遭巨震,上海证券报,2007 年 7 月 12 日。

沾染次贷风潮,美国银行业在经过百年繁荣后再次面临暴风雨的洗礼。同时,伴随着次贷危机的是全球股市的剧烈震荡下行。美国股市跟随着次贷危机的发展和美联储的"救市"行为跌宕起伏。虽然紧急降息和央行联手注资行动给股市带来了短期反弹,但整体上股市仍处于向下通道中。由于经济衰退没有任何结束迹象,投资者信心快速消退,纽约股市2009年2月23日再遭重挫,三大指数跌幅全部超过3%,道琼斯和标准普尔指数创下自1997年以来最低收盘纪录。

遭到次贷危机重创的世界各国都在思考同样的问题:世界迫切需要构建不依赖于美国的多元化货币金融体系和公平公正的金融秩序。对新兴市场经济国家来说,还需要认真反思的是:在本国金融制度不健全、金融体系比较脆弱的条件下,如何把握好金融创新和金融开放的度与节奏,如何进行有效的金融市场监管和防范金融风险,如何才能保护好本国利益和金融市场的主导权,如何谨慎地实施国际金融投资等。

"一夜之间"倒闭的贝尔斯登

在华尔街投行巨头中,首先是名列第五大投资银行、有着85年历史的贝尔斯登(Bear Stearns)的崩溃。其实,在2007年底公布的公司业绩就显示,公司在四季度减计了19亿美元的抵押贷资产,三季度资产减计了8.5亿美元。2007年全年预计摊薄每股收益为1.52美元,较2006财年的14.27美元大幅下降,净利润为2.33亿美元,低于2006财年的21亿美元。由于市场对其经营状况忧虑造成的恐慌,在48小时之内,其客户和交易对手因为对其履约能力产生怀疑而一下提走了170亿美元的现金,导致其流动性枯竭。贝尔斯登几乎是在"一夜之间"走向了崩溃。

贝尔斯登陷入危机的根源是其大量涉足抵押担保证券市场。抵押保证证券业务是目前使用最广泛的转付债券,同时也是证券市场上利率最高的业务。在2003年,贝尔斯登就因占领抵押保证证券业务(CMO)的主要市场,使其税前利润超过高盛和摩根士丹利,成为全球盈利最高的投资银行。近5年来该投行在同行中的排名一直非常靠前,很长时间内它

贝尔斯登世界总部

（来源：维基百科）

都是美国固定收益证券市场上的领头羊，2007年为美国第二大抵押证券承销商，是国债、市政债券和公司债券的最大交易商之一，同时还是大型对冲基金的管理人。

华尔街五大投行中，贝尔斯登规模最小，但对房屋抵押债券及其衍生信贷产品的风险敞口最大。近年来大力发展包括与次级抵押信贷相关的衍生产品，如 CDO、CDS、奇异期权等等。在获利颇丰的同时，也将其资金杠杆比率提高到33：1。高杠杆比率要求贝尔斯登拥有足够的现金支持保证金要求，当市场传言导致资金链断裂时，流动性危机就出现了。市场普遍认为，贝尔斯登的业务过于集中于房贷抵押债券产品，当高风险业务受到重创，吸纳大量流动资金的时候，整体业务亦受到影响。自 2007 年 6 月其属下两只从事信贷衍生品交易的对冲基金报出巨亏以来，贝尔斯登蹇耗不断，在次贷危机的泥淖中越陷越深。①

在美国政府的帮助下，摩根大通仅用两亿多美元就将这家拥有 85 年历史、在 2007 年市值曾经达到 200 亿美元、美国排名第五的投资银行收购，其中包括价值 12 亿美元的贝尔斯登总部大楼。为了免除摩根大通的后顾之忧，美联储承诺 300 亿美元的担保，承担了主要风险。② 7 月，摩根大通董事长兼首席执行官杰米·戴蒙表示，摩根大通与贝尔斯登业务整合进程中的最困难部分已完成 75%，后者的风险加权资产也已减半，这也标志着美国第五大投资银行贝尔斯登的彻底破产。

---

① 贝尔斯登流动性危机的原因分析，方宏，《今日南国》，2008 年 5 月。
② 美国投行巨头的崩溃与政府危机对策分析，成十，《世界经济与政治论坛》，2008 年第 6 期。

不得不救的"两房"

2008年9月7日,美国政府决定接管两大住房抵押贷款融资机构——房利美和房地美公司,这一举动预期耗资可能高达2 000亿美元。"两房"是美国政府支持的从事住房抵押贷款融资的机构,美国12万亿美元的住房抵押贷款中,有42%来自这两家机构。对于接管一事,一些经济学家就认为,"两房"完全是以其重要性绑架了美国政府,迫使政府最终拿纳税人的钱为它们不负责任的市场行为埋单,这是违背市场经济规律的行为。美国前劳工部长罗伯特·赖克批评说,美国目前的救市是在用纳税人的钱帮两大机构的高管们解套,创造的是"最糟糕的公费资本主义"。

正因为两大房贷机构的特殊性质和他们对美国房地产市场、金融市场、美国经济乃至美国全球利益至关重要的影响,所以美国政府绝不会容许其破产。房利美和房地美的财务困境如不能及时解脱将对美国经济产生灾难性打击。首先,其最直接影响是可能造成美国住房抵押贷款市场链条断裂。两大房贷机构占有美国房地产抵押贷款市场的近半壁江山,而且主要为相对优质的房屋抵押贷款提供担保。一旦他们因严重的流动性不足而倒闭,将导致其他许多商业银行的房产抵押贷款"断粮",也将使仍在衰退中的美国房地产市场彻底失去近期复苏的希望;其次,大量金融机构将面临比原先"次贷危机"预计规模更大的资产损失。目前12万亿美元的住房抵押贷款已经接近美国全年GDP总额,而其经过各种"创新"包装的金融衍生产品更是高达数十万亿美元。一旦两家房贷机构停业,则意味着一个更大的金融泡沫将破灭,引发金融市场的多米诺骨牌效应,包括一系列中小商业银行和投资基金的破产。这是美国经济无论如何难以承受的;三是美国政府信誉和美元资产将面临更加沉重的打击。由于大量外国政府央行和投资机构持有两家房贷机构的债券,客观支撑着美国房地产和金融市场的正常运转。一旦海外投资者因投资所谓优质美元资产而蒙受巨大损失,将被迫采取更加保守的投资策略,甚至可能出现抛售美元资产风潮。从长期来看,美元的统治地位将因此面临更加严峻的挑战。

正如美国前财长保尔森为政府救援贝尔斯登破产案时所强调的,这些机构已经大到不能破产的地步。危机发生后,美国前总统布什发表讲话,表示政府会尽快解决两家机构面临的问题,并承诺不会改变两家机构的私有性质。美国财政部和美联储很快提出了一揽子紧急救助计划。美联储发表声明说,如果有必要,美联储将对这两家非银行融资机构开放"贴现"窗口,即像对待商业银行一样,按 2.25% 的贴现率为它们提供直接贷款,以解决融资困难问题,这些贷款将由美国政府担保。此外,美联储还将扮演"法律顾问"角色,为两公司制定资本金要求、金融安全和标准等。同时财政部还要求,如有需要并经国会批准,政府将购入两家公司的股票,向公司注入短期所需资金。①

"无人问津"的雷曼破产

雷曼兄弟控股公司(Lehman Brothers Holding Inc.)成立于 1850 年,是世界主要的证券发行人,在世界金融产业中占据重要地位。历史

上,雷曼公司曾经历过数次危机。19 世纪的铁路公司倒闭风暴,20 世纪 30 年代的美国经济大萧条,以及 10 年前的长期资本管理危机都未使雷曼倒地,而这一次,雷曼却最终未能经受住打击而"轰然倒下"。

2008 年 9 月 15 日,雷曼兄弟总部附近聚集了报道的媒体

(来源:维基百科)

1994 年,从美国运通新独立的雷曼,在强势首席执行官 Richard S. Fuld 的率领下,迅速成长为一家横跨美、欧、亚三大洲 23 个国家,集证券承销与买卖、公私客户资产管理、投资咨询各大业务于一身的综合型国际性证券公司。雷曼 1994 年公开

---

① 美国两大房贷机构危机及其影响,《中国经贸导刊》,2008 年第 17 期。

上市，1998 年进入标准普尔 500 指数，2001 年进入标准普尔 100 指数；2001 年收购 Cowen & CO 的私人客户服务业务；2003 年重返 1989 年已经退出的资产管理业务；继而收购林肯资本管理和 Neuberger Berman 的固定收入部门。

通过一系列的并购扩张，雷曼规模迅速扩大，公司总资产达 6 910 亿美元，在 2007 年度《财富》全球最大 500 家公司排名中列第 132 位。短短 13 年间，公司净收入从 27.3 亿美元增加到 192 亿美元，增长 600%；员工人数从 8 500 人增加到约 28 600 人，增长 230%。2007 年雷曼各项业务共为公司带来 31 亿美元的总收入和 8 亿美元的税前所得。事实上，正当规模高速扩张并取得一系列辉煌成就的同时，雷曼也愈来愈偏离金融企业的稳健性原则，以致在高风险的轨道上越滑越远。

与同类公司相比，雷曼在房地产证券业务上投入比例最大。作为华尔街规模相对较小的投资银行，雷曼在固定收益市场和住房抵押债券市场尤为进取，迅速成为 30 万亿美元固定收益市场的主角和最大抵押债券承销商，并在 1.67 万亿美元次贷市场占据龙头地位。2006 年，雷曼居次级债券承销商之首，大约占到全美抵押债券市场份额的 11%，2007 年上升到 12.1%。将大部分赌注押在房地产抵押贷款上是雷曼在过去几年做得最大也是最好的业务，住房市场景气期间，公司的抵押债券业务为其获取了巨额收益。

然而，随着房产泡沫的破裂和次贷危机的来临，公司这块过去最盈利的业务直接变成了减记和巨额亏损的来源。

自从贝尔斯登被收购以后，雷曼也面临同样的信用危机。股票被大量抛售，资产大幅缩水，随着市场信心的恢复，2008 年 4 月 22 日，雷曼宣称"最糟的时刻已经过去了"。然而，第二季度，雷曼却报告 28 亿美元的亏损，超过市场预期。股票再度受到抛压。但终因对次贷危机冲击的破坏性和持久性估计不足，雷曼再次向投资者许诺"糟糕的业绩数据不会再发生"。但或许上帝此时也无法挽救这个庞然大物了，第三季度雷曼又报出了近 40 亿美元的亏损。

雷曼过去经历的死亡体验是拒绝出售企业，这使公司在寻求一系列出售公司资产的谈判中，因定价过高，而无法和对手达成交易。但终因亏

从美国次贷危机到全球经济危机

损和股价暴跌的双重打击,雷曼资本实力大幅下降。2008 年 9 月 10 日,美国第四大投资银行雷曼兄弟公布三季度财报,亏损达 39 亿美元,相当于每股损失 5.92 美元,穆迪随即调低了它的资信评级。最终,雷曼不得不寻求出售资产,但是,由于美国政府拒绝给予支持,美国银行(Bank of America Corp.)和英国巴克莱银行(Barclays PLC)也均放弃收购雷曼。于是,当地时间 2008 年 9 月 14 日,有着 158 年历史的雷曼公司不得不宣布破产,这是美国历史上最大一项破产案。雷曼的总资产超过 6 300 亿美元,远远超过了 2002 年电信巨头 World Com 申请破产时 1 040 亿美元的资产。

9 月 15 日,雷曼兄弟正式申请破产保护,受此利空消息影响,美国时间 9 月 15 日,美股纷纷低开,道琼斯工业平均指数下跌了 94.04 点,至 11 327.95 点;标准普尔 500 指数下跌了 16.26 点,至 1 235.44 点;纳斯达克综合指数下跌了 57.22 点,至 2 204.05 点。雷曼兄弟的破产意味着这家在华尔街生存了 158 年的老牌投资银行的寿终正寝。

“闪电”出售的美林公司

拥有 94 年历史的美林公司(Merrill Lynch & Co.)是美国最大的券商之一,在国际金融产业占据极为重要的地位。为了能够在这场金融危机中保全自己,美林公司采取了比其他美国金融业巨头更多的措施。美林曾筹集了巨额资本,清除了“问题”资产,出售了所持的大笔股权资产,包括金融信息巨头彭博资讯(Bloomberg)的股份。

然而,在采取了这么多措施的情况下,美林仍然难以摆脱困境。为了渡过眼下这场席卷美国金融界的风暴,避免重蹈雷曼兄弟的覆辙,2008 年 9 月 14 日雷曼公司宣布破产的当晚,美林公司闪电般地同意以 500 亿美元的价格将自己出售给美国银行。美林出售完全出乎人们的预料。因为,两天前,美国银行还在积极调查雷曼的账目,致力于推动与雷曼的收购交易,然而,仅仅 48 小时之后,在美林的请求下,美国银行就转向了美林,谈判随即成功并一举成交。美林之所以要迅速出售,其原因是为了

"在公司还值钱的时候,卖个好价钱",以免重蹈贝尔斯登低价出售或雷曼破产的覆辙。同时,也是因为雷曼垮台发出了一个明确的信号:政府不是任何时候都会出手救助的。不过闪电出售也确实避免了市场更大的动荡。

"迫不得已"转型的高盛、大摩

第一大投资银行高盛集团(Goldman Sachs Group)和第二大投资银行摩根士丹利(Morgan Stanley)一直是美国投行领域的佼佼者,也是华尔街的中流砥柱。由于美联储担心美林将成为雷曼兄弟公司之后的又一个次贷危机牺牲品,2008年9月14日,美国银行与美国第三大投资银行美林证券达成协议,将以每股29美元价格共约440亿美元收购后者。至此,随着贝尔斯登公司出售给摩根大通、雷曼兄弟公司的破产和美林证券被美国银行收购,曾经的华尔街五大投行仅剩下了高盛集团和摩根士丹利公司两家,一场百年一遇的金融"海啸"正席卷华尔街。

雷曼破产后,高盛和摩根士丹利随即面临着市场的冲击,逐渐感到了丝丝寒意,用唇亡齿寒来形容它们一点也不为过。虽然两家公司2008年9月16日都公布了良好的收益报告,但是,市场担心,雷曼兄弟的破产和美国国际集团(AIG)的崩溃会产生连锁效应,株连高盛和摩根士丹利。因此,摩根士丹利和高盛的信用迅速下降,雷曼破产的第二天,它们的股价就双双下跌。摩根士丹利股价下跌了24%,因为投资者认为该公司将沦

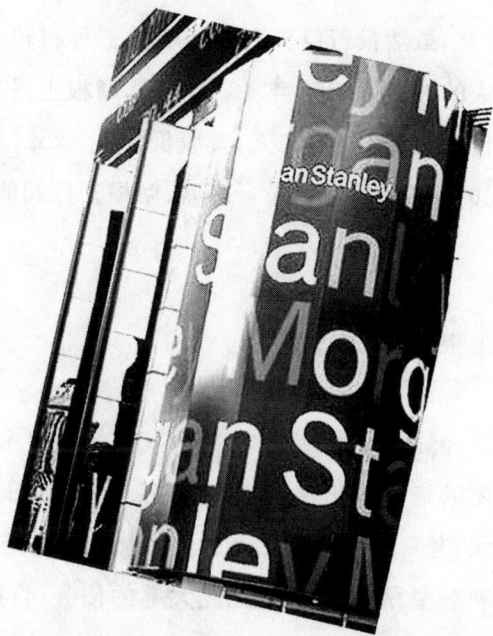

位于时代广场的摩根士丹利总部
(来源:维基百科)

为雷曼兄弟破产之后的下一个牺牲品,而市值最高的高盛股价也下跌了14%。虽然高盛和摩根士丹利还没有出现资金危机,在信贷危机中的表现也比其他同行好得多,但它们也看到,虽然雷曼等公司极力采取了各种融资措施来解决问题,但是,在市场的打击下,它们还是迅速败落,无法生存。2008年9月,两家投行分别公布了第三季度财政报告,高盛集团第三季度净利润下降70%,摩根士丹利第三季度净利润下降7%。这样的业绩虽然要好于正处在"金融海啸"冲击下的华尔街其他公司,但作为两家华尔街仅存的独立投行,这样的业绩似乎还是蕴涵着巨大的风险。

于是,为了防范华尔街危机的继续蔓延并波及到这两大重要金融机构,美国联邦储备委员会在2008年9月21日晚间采取了一项非同一般的措施,批准摩根士丹利和高盛集团从投行转型为传统的银行控股公司。此举虽意味着大摩和高盛从此将接受美联储、证监会和美国联邦储蓄保险公司等更多监管机构的严厉监督,但同时也让两家公司获得了永久性向美联储获取紧急贷款的资格,并且也获得了一个新的稳定资金来源——储蓄业务,并向包括美林在内的投行巨头提供更多的流动性支持。

虽然投行巨头高盛和摩根士丹利转为商业银行,但是仍然受到了巨大的冲击。2008年10月9日,摩根士丹利又遭遇新一轮的股票抛售,股价重挫26%,第二天,其股价再跌22%,市值缩水至约103亿美元,创下10年来的低点纪录。高盛、摩根士丹利能否最终摆脱困境,尚难预料。

花旗"瘦身"

除掉五大投行外,美国其他的许多金融机构也同样面临着亏损和倒闭的绝境。花旗银行2008年1月15日宣布,2007年度损失98.3亿美元,并将因此注销180亿美元债务。这是这家银行自1998年以来首次出现季度亏损,而注销如此大笔的债务,将抹去花旗银行2007年的全部盈利,甚至可能出现赤字。而到了2008年11月20日,花旗股价重挫26%,市值三天缩水三分之一,2008年全年花旗股价总跌幅约84%。

不过对于花旗来说,噩梦还没有结束,金融危机的逐步升级迫使金融巨头花旗集团不得不拆分出售旗下的资产。2009 年 1 月中旬,花旗集团与摩根士丹利公司同时宣布,旗下经纪业务部门正式合并。交易一旦完成,这家新成立的合资公司将超过刚刚收购美林的美国银行,成为全球最大的证券公司。不过有消息称,这可能只是花旗集团重组计划的开始,"从不歇息"的花旗集团

花旗银行香港中环会德丰大厦分行

（来源：维基百科）

终于顶不住金融危机的折腾,迈出了"瘦身"分拆的步伐。

第二节 从金融危机到经济危机

现金为王 银行惜贷

　　美国的次贷危机已影响到了实体经济,华尔街著名投行高盛集团曾发布报告说,美国次级抵押贷款危机将对实体经济造成"巨大"冲击,预计杠杆投资者的放贷额度可能缩水达 2 万亿美元。由于市场透明度不够,各金融机构不知道下一个倒闭的会是谁,因此只能坚守"现金为王"的原则,努力变现各种资产,投资和贷款也越来越谨慎。这使政府大量注资缓解流动性不足的努力大打折扣,以至于连白宫发言人都被迫出面,直接呼吁银行增加贷款,不要囤积资金。融资难给华尔街以外的企业同样带来生存威胁,连三大汽车巨头都被迫直接向政府申请贷款救助,中小企业流动资金短缺情况就更加严重。

　　进入 2008 年后,美国破产企业大幅攀升,其中资产规模在 10 亿美元以上的重磅型企业倒闭达 7 家。据有关资料显示,这是自 2003 年以来的历史最高值。另外,在 2008 年《财富》榜单上,美国公司相比去年下滑最

为厉害,上榜公司数目从 2007 年的 162 个下滑至 153 个,为 10 年来表现最差。可见,由美国次贷危机引发的全球性经济危机已经严重影响到了美国的实体经济。

据统计,2007 年 12 月美国非农就业人数增加 1.8 万人,为 2003 年 8 月以来的最小增幅,且远远低于经济学家预期的 7 万人,而失业率增至 5.0%,为 2005 年 11 月以来的最高水平;12 月的制造业活动指数下降至 47.7,低于 50.4 的市场预期,为 2003 年 4 月以来的最低点,该指数已连续第六个月下滑。2007 年的第四季度,美国经济增长率由第三季度的 4.9% 下滑至 0.6%,到了 2008 年第一季度和第二季度,美国的经济增长率分别为 1.0% 和 0.8%,仍以低位运行。同时,伴随着住宅市场的进一步下滑,消费增长可能发生的逆转以及信贷市场的紧缩,引发了对美国经济可能进一步陷入衰退的担忧。

华尔街裁员成风

受次贷危机的影响,华尔街不断冒出裁员的消息,这也加剧了美国的就业压力,因而对实体经济产生负面影响。2008 年 10 月下旬,投资银行高盛将裁员一成,全球约 3 260 名员工将受影响。2008 年 11 月,摩根士丹利计划在主要业务部门机构证券部门裁员 10%,并将把资产管理部门员工裁减 9%,共计划裁员超过 2 000 人。而到了 2009 年 2 月,因市场继续下滑、交易和投资银行业务依旧疲软,摩根士丹利再次考虑将裁员至多 5%。随着华尔街裁员潮的进一步加剧,有报道指出,华尔街失业人数或超 20 万。

除掉金融企业外,受全球经济衰退的影响,到 2008 年 10 月,世界多家知名实体企业都采取了裁员的措施以缓解压力,包括百事集团裁员 3 300 人;雅虎裁员 10%,

坐落在桑尼维尔的 Yahoo! 总部

(来源:维基百科)

大约为1500人;通用汽车裁员1600人等。来自美国劳工部的一份报告显示,2008年第四季度,因产品和服务需求下降,美国裁员人数超过50万人。另据美国劳工部于2009年2月13日公布的报告显示,裁员规模达50人或以上的发生次数为3140次,使508 859人连续31天或以上处于无业状态。总计裁员人数和定义为雇主一次性裁员50人或以上的大规模裁员次数达到劳工部自1995年开始跟踪此数据以来的最高水平。

美国人节衣缩食了吗

次贷危机从很多方面都对美国的实体经济造成了冲击,但给美国实体经济带来的最大冲击和风险主要还在于消费缩减,因为美国消费在拉动经济增长方而占有重要地位,而其消费很大一部分是依靠借贷,次贷危机使得商业银行和金融机构开始紧缩信贷,减少消费放款。因此,次贷危机将使美国消费缩减和美国经济衰退。图1-2所示为美国消费信贷余额增长图,从中可以看出美国消费信贷从2004年到2008年第二季度一直还是处于高增长状态,但从2008年第三季度开始,美国消费信贷余额增长率开始大幅度下降,到2008年第四季度,甚至出现了负增长,这说明在次贷危机中,以高消费高负债著称的美国人面对萧条的经济和大范围的失业时,也不得不节衣缩食了。

图1-2 美国消费信贷余额增长率 （％）

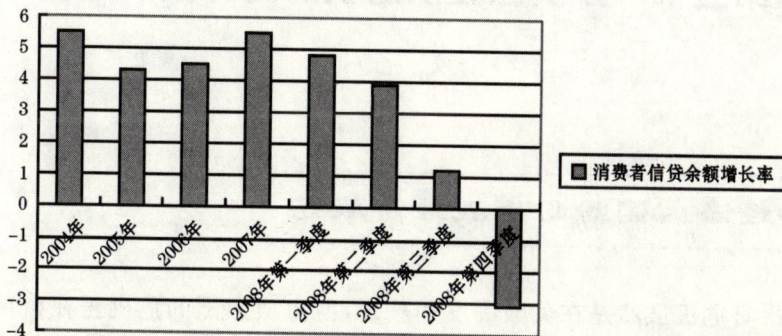

正是由于美国的消费很大部分都是依靠信贷,所以很多美国人都是

超前消费,美国消费者整体上都是处于"负储蓄"状态。那么我们不禁要问一下,为什么美国人能够超前消费,美国信贷市场能够发放大量贷款呢?其实,这归根结底都是因为美元在当今的国际货币体系中处于霸权地位。

虽然布雷顿森林体系早已崩溃,美元也不再具有法定意义上的国际本位币地位,然而在目前的国际货币体系中,美国和美元依旧处于霸权地位。美国仍然是全球最庞大的经济体,其经济走势对整个世界经济依然有举足轻重的影响。

在国际市场上,绝大多数商品都是利用美元来标价的,美元在国际贸易中是最常用的结算货币,这给进出口上带来了极大的便利,使他们在相当程度上不用考虑汇率波动是否会带来损失。而且美元是除美国外其他国家必不可少的外汇储备货币,而要想获得美元,就需要为美国提供真实的商品和服务。所以,美国人并不缺"钱",只要美国开动印钞机,印出大把大把的美元,就能从其他国家手中换到大量的实际商品和服务,这就为美国人的超前消费提供了物质保证。在人类贪婪的本性驱动下,消费欲望不断上升,于是美元无节制地发行,最终导致了国际市场上的流动性过剩,进一步推动了美国房地产市场的非理性繁荣,在此背景下,美国联邦基金利率不断上升,一场由利率风险引爆出的信贷危机不断演化成为一场次贷危机,并最终影响到了美国实体经济的发展。

第三节　从美国经济危机到全球经济危机

各经济大国纷纷出现经济震荡

次贷危机虽然是在美国爆发和蔓延,但愈演愈烈的危机正在由单一的国家、单一的市场和单一的业务迅速向全球的金融市场和实体经济延伸并引发金融动荡,严重影响了欧盟、日本等经济体和国家的经济形势。

在以次贷为基础的金融创新过程中,涉及的不仅仅是美国的金融体,世界各国的金融体也普遍参与其中,如欧盟、日本等国的金融机构,这使得美国的次贷危机迅速从美国波及到世界其他国家,导致这些国家的经济增长率明显放缓,如图1-3所示。

图1-3　欧元区和日本 2004 年～2008 年 GDP 年增长率　（%）

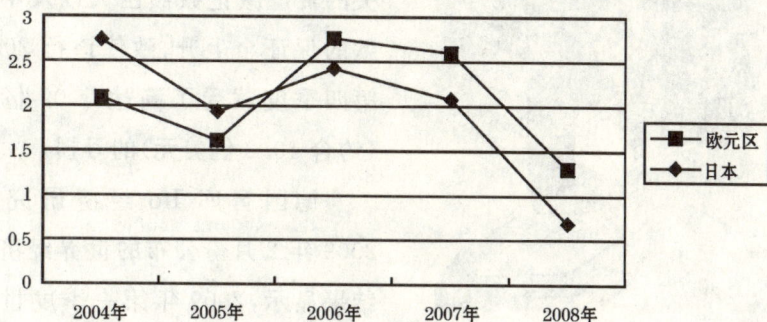

数据来源:世界货币基金组织　数据整理:国研网数据中心

美国次贷危机引发了一场全球性的金融动荡,致使世界经济举步维艰,英国自然也受到严重影响。根据英国统计局的数字,2007 年英国经济全年增长了 3.1%,然而,从 10 月到 12 月的增长率只有 0.6%。从 2008 年 9 月至 11 月,英国失业人口上升至 192 万,比前 3 个月增加了 13 万多,据预计,英国的失业人口将自 1997 年以来首次突破 200 万大关。正如前英国央行经济学家加贝所指出的那样,此轮经济危机将导致 400 万人、也就是总劳动人口的 13% 失业,比撒切尔夫人执政前期的失业率还高。

受次贷危机的影响,2008 年 7 月份英国住房均价同比跌幅创 7 年来之最。伦敦房地产研究机构曾发布报告,2008 年 7 月份英格兰和威尔士地区单套住房平均价格比 2007 年同期下跌 4.4%,降至 16.85 万英镑,跌幅高于 6 月份的 1.2%,为 2001 年开始该项统计以来的最大月度跌幅。

英国抵押贷款协会数据还显示,2008 年有 4 万家庭因无法支付房贷被赶出家园,创 12 年来最高纪录。该协会预计 2009 年这一数字将上升至 7.5 万人,那将意味着每天有 200 个家庭或者说每超过 10 分钟便有一个家庭将失去住房,后果不堪设想。

德国最大银行德意志银行发布的 2008 年财报显示,由于受到金融危

莱茵河畔法兰克福的
德意志银行总部
（来源：维基百科）

机的不利影响，公司在股票和债券交易领域损失惨重，2008 年第四季度净亏损高达 48 亿欧元（约合 62 亿美元），创下历史新高。德国第二大银行——德国商业银行，由于与债务相关的资产减记数额巨大以及不良贷款的保证金上升，致使该行 2008 年第四季度蒙受了高达 8.09 亿欧元（约合 10.2 亿美元）的亏损。

德国智库 Ifo 经济研究所在 2009 年 2 月份公布的世界经济调查结果显示，2009 年第一季度世界经济景气指数从上一季度的 60.0 点进一步大幅下降至 50.1 点，成为该指数连续第六次下降，创出历史新低。

2008 年 12 月，德国工业产出经季节调整后比上个月大降 4.6%，创近 18 年来最大降幅。对此，德国央行行长韦伯曾表示，德国正遭受全球金融危机的负面影响。由于金融危机和经济衰退导致全球贸易不断萎缩，德国 2008 年 12 月份出口继 11 月份大幅下降 10.8% 后，继续下滑 3.7%，而德国批发与外贸协会甚至预计 2009 年德国出口将可能下降 8%，降幅高于该机构此前预测的 4%～6%。

受次贷危机的影响，法国银行股成为股市重灾区，各大银行股票市值大幅缩水。2008 年 6 月 30 日，巴黎银行市值比去年同期缩水 37%，兴业银行市值减少 49%，农业信贷银行市值减少 56%。而诞生还不到两年的法国 Natixis 银行集团则由于受次贷危机影响进行了巨额资产减记，2007 年其利润比上年减少近半；2008 年 8 月 28 日该行公布的财报显示，由于上半年次贷危机造成了近 20 亿欧元的损失，银行整体亏损近 10 亿欧元。

另外，在 2007 年因次贷危机造成资产损失数额排行榜上，前 11 家银行中就有 4 家法国银行——农业信贷银行（第三）、兴业银行（第六）、Natixis 银行（第十）和巴黎银行（第十一）。其中法国第一大银行巴黎银行受全球金融危机的影响,2008年第四季度亏损高达13.7亿欧元(约合17.2亿美元)。

受汽车业产值和半成品产值下滑拖累,法国2008年12月份工业产值较前月下降了1.8%。实体经济的衰退导致了法国失业人数的增加,据统计,法国2008年12月失业人数增加了4.5万人至211万人。

在席卷全球的金融风暴冲击下,东欧国家的经济和金融体系也正经受着严峻考验。匈牙利2008年国内生产总值仅增长0.3%,失业率则高达8%,纯外债为13 589亿福林(1美元约合236福林),占全年国内生产总值的51.3%。金融风暴爆发以来,波兰的失业率从8.8%迅速上升至2009年2月份的10.5%,仅2009年1月份就有16万人失业,创下了自1991年以来单月失业人数的最高纪录。2009年1月份捷克失业率也达6.8%,创2007年以来的最高纪录。

欧盟统计局2009年2月12日公布的数字显示,经季节调整后欧元区15国工业生产2008年12月份环比下降2.6%,同比下降12%,是1990年开始有此记录以来的最大降幅。与2007年全年相比,2008年欧元区工业生产平均下降1.7%,欧盟工业生产下降1.6%。

由于欧盟许多国家都采取了积极的救市政策,所以欧盟多国预计2009年的财政赤字占GDP的比例将"超限"。欧盟调查显示,今年成员国多数将面临巨额财政赤字。法国财政赤字占GDP的比例预计为4.4%,爱尔兰、西班牙、德国和希腊的这一比例预计分别为6.5%、5.8%、3%和3.7%。欧盟委员会还计划审查多个成员国的财政预算情况,以便决定是否对其采取相关行动,受审查的国家包括法国、德国、希腊、爱尔兰、马耳他、荷兰和西班牙等国。

伴随着欧盟经济衰退程度的不断加深,欧盟委员会2009年2月17日公布的报告预计,2009年欧盟就业人口将出现负增长,全年萎缩1.6%,这意味着约350万人将会失去工作。报告还预计,到2010年年底,欧盟失业率将从2008年的7%左右攀升至近10%。

在亚洲,日本的经济形势同样不容乐观。随着次贷危机向全球金融危机转变,以美国为中心的世界经济出现下滑趋势。受此影响,日本对欧美国家的产品出口明显减少。日本财务省2008年12月份公布的数据显示，日本 2008 年 11 月未经季调贸易赤字为 2 234.2 亿日元，为连续两个月出现贸易赤字。

位于日本东京的东芝总部大楼
（来源：维基百科）

日本电器巨头的经营业绩也正急剧恶化，2008 财年（2008 年 4 月至 2009 年 3 月）九大电器巨头的合计营业利润将大降 56%。其中，据统计，索尼和东芝公司本财年将陷入营业亏损，两家的亏损额均在 1 000 亿日元（约 89 日元合 1 美元）到 2 000 亿日元之间；三洋电机的营业利润预计比上年水平下降 61%，仅为 300 亿日元。另外，2008 年，日本小型车、轿车、卡车和公交车的销量下滑了 5% 至 508 万辆，是 1980 年以来的最低水平。而 2009 年 1 月的新车销售数字较一年前大跌 27.9%，是自从 1974 年 5 月首次石油危机时销量按年大跌 45.1% 之后，最为严重的跌幅。

日本内阁府 2009 年 2 月 16 日公布 2008 年第四季度 GDP，数据显示，实际 GDP 较第三季度下降 3.3%，折合成年率下降 12.7%，创下 1974 年第一季度以来的最大降幅。可以说，使用"恶化"一词来评估日本当前宏观经济形势一点也不为过。

各国政府救市与政策分析

随着金融危机在全世界的不断蔓延，许多国家都切身感受到了危机的巨大杀伤力：银行相继破产，企业出口受阻，GDP 增长放缓，公司裁员不断，失业率急剧上升等等。虽然西方国家大多奉行自由放任的经济政策，但面对这场百年一遇的金融危机，各个国家还是不敢有丝毫的马虎，都不约而同地捡起了曾被自由主义经济学家大肆批判的凯恩斯主义经济学，通过财政政策和货币政策干预市场经济，调节宏观经济运行。

（1）经济刺激计划层出不穷

财政政策就是国家通过财政支出与税收来调节总需求，以调控宏观经济发展。政府可以通过政府购买来增加对企业产品的需求,也可以通过政府的转移支付和减税来增加居民的实际收入,从而刺激国内消费,增加政府支出,以减轻通货紧缩,促进经济增长,反之则可以抑制通货膨胀。

　　面对国内严峻的经济形势,美国总统奥巴马当选之初就启动了包括大规模基建投资在内的积极的财政政策,以带动国内投资,增加就业岗位。随着危机的不断加深,2009 年 2 月中旬,美国政府将再次投入最多 3 万亿美元政府和私人部门资金,以解冻信贷市场并抑制不断上升的失业率。奥巴马还签署了总额达 7 870 亿美元的经济刺激计划,据估计,将为美国保住和创造 350 多万个工作岗位。同时,在这一揽子经济刺激方案中,还包括为个人消费者提供 400 美元的税收抵免额度以及为每对夫妻提供 800 美元的税收抵免额度,此外,政府还将以社保支票的方式向退休人员、伤残老兵及其他不需支付工薪税的人员提供 250 美元的补贴。另外,该计划还将向美国企业提供税收减免措施,以及向那些生产和投

奥巴马主题演讲

（来源：维基百科）

资太阳能和风能等可再生资源的公司提供减税等。不难看出,奥巴马的经济计划试图让更多的资金回到国民的口袋里来,并通过增长国民消费能力来达到刺激经济的目的。

　　美国的次贷危机是从房地产开始的,由于当初利率上升,导致许多家庭供房成本增加,由此,继 7 870 亿美元的经济刺激方案后,美国政府还公布了一个 2750 亿美元的新援助法案,以帮助 900 万个美国家庭继续供楼,防止更多的抵押房屋被银行收回拍卖,从而稳定房价,同时还将用于优先购买美国两大房贷公司——房地美及房利美的股票,以使这两大公司有更充足的流动性贷款给购房者。

　　受金融危机等因素影响,2008 年以来的美国汽车消费大幅萎缩,导致美国三大汽车制造商——通用、福特和克莱斯勒处于破产边缘,这无疑将会对美国的税收收入和就业带来巨大的压力。为此,美国政府又开始

了新一轮汽车救援计划,如美国政府将分别向通用汽车和克莱斯勒发放40亿美元的紧急贷款,以帮助企业走出困境,同时,通用汽车公司下属金融分支机构通用汽车金融服务公司也将获取50亿美元的救援。

在欧洲,各国政府也同样"沉浸"在经济救援计划中。德国联邦参议院2009年2月份就通过了德国第二次世界大战后出台的规模最大的经济刺激方案,计划投入500亿欧元的资金,主要用于公共基础设施建设。在银行方面,德国政府向德国商业银行

位于美国密歇根州底特律的文艺复兴中心,为通用汽车的全球总部所在

(来源:维基百科)

注资100亿欧元(合137亿美元),以努力支撑这家德国第二大银行的资本基础,德国内阁还批准了银行国有化选择法案,以防止系统性危机导致银行倒闭。而对于地产业,德国政府对德国第二大商业地产信贷机构——地产融资抵押银行提供120亿欧元的债务担保。

法国政府也计划投资265亿欧元用于发展上千个项目,其中重点投资交通、能源和住房建设等领域,同时加大政府在教育、科研以及医疗、社会福利和文化等方面的投入,增加对落后困难地区的拨款支持,鼓励或直接向企业投资,扶持中小企业发展,争取保护或增加就业,以刺激经济增长,应对金融危机。对于汽车产业,法国政府将向汽车制造商提供65亿欧元的优惠贷款,贷款利率为6%,远低于目前法国银行向企业提供贷款的11%~12%的利率,其中标志雪铁龙和雷诺汽车将各获得30亿欧元的贷款,瑞典沃尔沃旗下的雷诺重型卡车将获得5亿欧元。

作为首个陷入衰退的经济发达体,随着金融危机的加剧,为了鼓励银行重新向企业及业主贷款,英国政府2009年年初不惜大幅修改2008年10月对多家主要银行推出的救助方案,而财政部也将担保至少1 000亿英镑的新贷款。自金融危机发生以来,英国的失业率一直居高不下,英国政府2009年将计划推出一个总额为5亿英镑的就业刺激计划,以鼓励企

业减少裁员并增加就业岗位,据预计,这一计划大约可以使50万人重新回到工作岗位或参加就业培训。

在亚洲,日本也在为刺激经济忙得不亦乐乎。2009年,日本政府出台总额超过1万亿美元的大规模经济刺激计划,主要用于公共事业投入,修建、扩建机场、港口和高速公路建设等。另外,为了有利于中小企业的生存发展,日本政府动用167亿美元购买中小企业股权,同时,为了挽救金融企业,日本央行还将买进1万亿日元(约合107亿美元)的金融公司债券,并最多斥资1万亿日元购买商业银行股票,以改善这些金融机构因股价下跌、资产缩水而惜贷的状况。

(2)各国央行纷纷降息

利率调整是货币政策实施的重要手段。银行通过调整利率,可以改变市场上的现金流动,从而可以调整社会投资,调节国民经济的运行。金融危机发生后,西方国家也纷纷拿起了降息的武器,通过连续的降低利率,增加货币流动性,刺激国内投资和消费,抑制经济衰退。

2007年下半年,信贷危机在美国就已经爆发,并愈演愈烈,为了防止可能产生的经济衰退,2007年9月18日,美国联邦储备委员会决定,将联邦基金利率即商业银行间隔夜拆借利率由原来的5.25%降到4.75%,这是美联储自2003年6月以来的首次降息。不料,这次降息只是个开始,随着次贷危机的爆发和蔓延,在随后的一年多时间里,美联储不断调低联邦基金利率,

位于华盛顿特区宪法大道
爱扣斯大厦的美联储总部

(来源:维基百科)

以挽救美国经济,如图1-4所示。从图中可以看出,到了2008年10月末,美国的利率已下调到了1%,创历史新低,然而,2008年12月16日,美联储公开市场委员会(FOMC)又将联邦基金利率降到0到0.25%的区间,至此,美联储的这一目标利率已降至历史最低水平,甚至可以说,这实际上就是零利率。

就在美国马不停蹄地降息的同时,欧洲央行也在酝酿着一系列的降息计划,以缓解欧洲经济形势。2008年10月8日,总部在德国法兰克福

图 1-4 美联储自 2007 年 9 月以来的降息情况 （％）

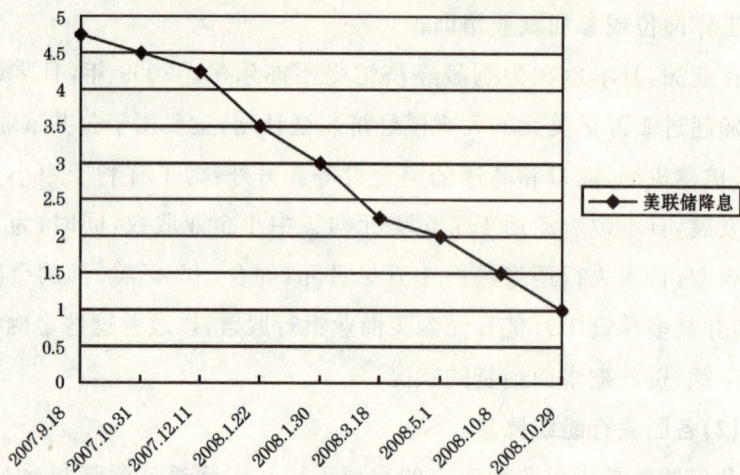

的欧洲央行突然宣布降息 50 个基点，将两周期基准利率从 4.25％下调
到 3.75％，这是自 2003 年 6 月以来欧洲央行的首次降息。随后，欧洲央
行连续降息，到 2009 年 1 月 16 日，其利率已降至 2％，如图 1-5 所示。

图 1-5 欧洲央行自 2008 年 10 月以来的降息情况 （％）

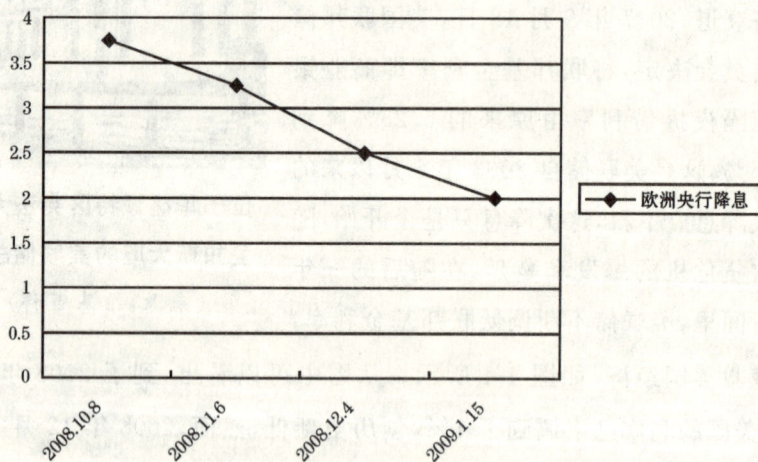

随着英国经济衰退的加剧，英国央行也是连续地调低利率。2007 年
12 月 6 日，英国央行货币政策委员会决定降低基准利率 25 个基点至
5.5％，这是英国央行两年来的首次降息。2008 年 11 月 6 日，英国央行
宣布下调基准利率 150 个基点，从 4.5％降至 3％，这是英国央行货币政

策委员会自 1997 年获得政策独立性以来最大幅度的降息。2009 年 2 月5 日,英国央行英格兰银行宣布,降低基准利率 0.5 个百分点至 1％,再次试图以利率手段来刺激已经陷入衰退的英国经济,如图 1-6 所示。至于利率,英国央行 2009 年 1 月 8 日将利率降至 1.5％时,就已经是英格兰银行建行三百多年来的最低水平了。

图 1-6　英国央行自 2008 年 11 月以来的降息情况 （％）

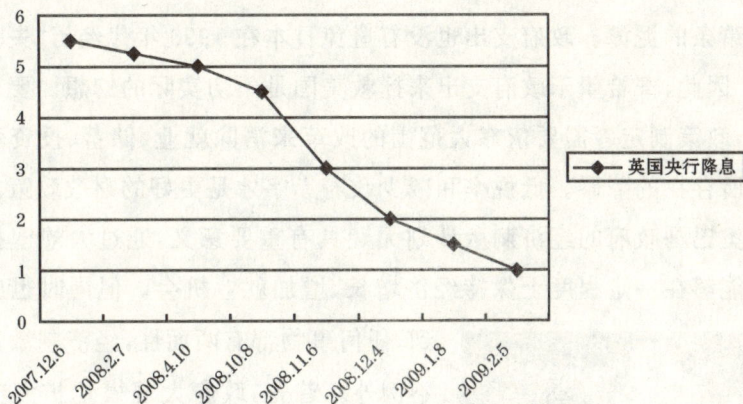

随着金融危机在世界各主要经济国家的蔓延,包括瑞士、瑞典、挪威、韩国、澳大利亚和日本在内的许多国家都纷纷采取降息的措施,以刺激国内经济增长。降息固然能在一定程度上刺激投资,但降息也不是万能的,期望降息来解决所有经济问题也是不现实的,还须有综合宏观调控政策的运用。同时,降息还导致货币流动性不断增强,因此,在救市过程中,还要防止经济减速与通货膨胀并存的风险。

(3)拯救措施难避周期性危机

市场经济到底能不能不需要政府的干预而发展得很好,这一直以来就是宏观经济学争论的热点问题。面对这场"金融海啸",政府也许没有时间去考虑到底是自由放任好还是干预调节好,因为经济形势在不断地恶化,失业人群在不断地增加,如果再不加以干预管制的话,也许政府自身也要破产了。但专家学者们也许是出于自身的立场,也许是出于经济本身就能自我调节的这么一个信念,所以当政府在出台一系列的救市政策后,那些信奉自由主义经济思想的经济学家们就没有停止过他们的反对呼声,甚至最后动用了他们的撒手铜——联名上书。

就在美国总统奥巴马2009年2月中旬签署总额为7 870亿美元的经济刺激方案后,包括著名经济学家、诺贝尔经济学奖获得者布坎南在内的美国201名经济学家联合签名上书奥巴马,认为这种经济刺激计划是不对的。

文章指出:"尽管现在所有的经济学家都成了凯恩斯主义者,并且我们都赞同大幅提高政府的财政赤字,但是我们不相信政府支出会改善经济环境。1930年代,胡佛总统和罗斯福总统的政府支出并没有将美国带出大萧条的泥潭。政府支出也没有避免日本在1990年代经历"失去的十年"。因此,寄希望于政府支出来拯救美国是不切实际的幻想。要想改善经济,政策制定者需要依靠大范围的改革来消除就业、储蓄、投资和生产领域所存在的障碍。低税率和减少政府赤字才是更好的财政政策。"

奥巴马政府的经济刺激计划无疑具有重要意义,通过大规模投资和退税能够在一定程度上保持经济增长,增加就业机会。但同时也应该看到,任何事物都有两面性,经济刺激计划也不例外。首先,政府大规模地扩大支出必然会加剧财政赤字。刺激计划的钱从哪里来,这恰恰是美国公众及世界各国对美国政府的救市计划最为疑虑和关切的问题。美元是世界通用货币,世界上大多数贸易往来都是以美元来结算的,而且世界上很多国家持有大量的美元资产。为了筹集扩大财政开支的钱,开动"美元印钞机器"很可能是美国政府的最后选择,这种结果必然导致美元大幅度贬值,这对大量持有美元资产的国家来说无疑将会受到巨大的损失。同时,美元的大量发行将会使全球流动性再次泛滥,其结果必然是全球物价上涨,通货膨胀死灰复燃,这对全球经济来说相当于另一场灾难。

不过,在奥巴马政府的经济刺激计划

位于北卡罗来纳州夏洛特
的美国银行企业中心

(来源:维基百科)

中,减税措施还是很可取的,其中有 2 860 亿美元用于减税,占总计划的三分之一强。通过减税,可以减轻企业成本负担,有利于企业提高利润,刺激投资,扩大生产,增加就业;同时,减税还可以减轻个人和家庭负担,增加居民的实际收入,从而刺激国内消费。但是对于其他一些措施如向银行注资则受到了较多的质疑。例如,2008 年年底,在美国前任财长保尔森的主导下,政府就向金融企业注入了巨额资金,但结果是包括花旗集团、美国银行在内的几大商业银行第四季度还是出现了巨额亏损,金融企业几乎成为了无法救助的"黑洞"。而到了 2009 年 2 月中旬,花旗和美国银行股价每个交易日均大幅下跌,其中花旗累计跌幅达 42%,美国银行累计跌幅达 38%,市场也传出了花旗银行欲国有化的风声,而美国政府也希望把对花旗持股的比例提高到 40%。

另外,在经济刺激方案中,还包括一个"购买美国货"的条款,同时,财政部部长蒂姆·盖特纳在国会实证听证会上对中国"操纵汇率"进行了抨击,这反映出贸易保护主义有可能在美国重新抬头,因此,奥巴马将面临着极为严重的贸易保护主义挑战。同时,欧美政府目前在挽救本国金融业过程中,也迫使欧美许多大银行撤回在海外的投资,将资金转向国内市场,这实际上也是一种金融保护主义。金融保护主义的崛起无疑将严重阻碍全球经济的复苏,其中由于发展中国家的金融行业基础脆弱,易受到冲击,所以它们会是最大的受害者。

现任美国财政部部长盖特纳

(来源:维基百科)

多年来,以美国为代表的一些国家,在自由市场机制与金融监管问题上,始终坚持市场至上、放松管制的理念。格林斯潘甚至认为,最少的监管就是最好的监管。正是由此,导致金融创新层出不穷,虚拟经济与实体经济脱节,在非理性繁荣的背后,也积聚了巨大的金融风险。同时,由于美国拥有国际储备货币发行权,美元又是世界货币,所以美国通过财政赤

美联储前主席艾伦·格林斯潘
（来源：维基百科）

字和贸易赤字，将美元转化为其他国家和地区的外汇结余，然后再利用美国房地产吸收这些流动性，自己却在国内寅吃卯粮，将他国美元货币财富转化为美国国民财富。因此，一旦遇到如海啸般的金融危机，即使有大规模的政府干预行动，但其作用还是很有限，无济于事，难以解决金融市场发展的根本问题，虽然这些措施在一定程度上有助于缓解金融危机的压力，化解一部分金融风险。

所以，这次次贷危机的发展和扩散也暴露了以美国为代表的一些信奉自由市场机制国家的金融监管体系和金融产品结构的弊病，因此，加强这方面的监管是势在必行的。但同时我们也一定要认识清楚，这些因素都是表面的、肤浅的，其解释力、说服力也是有限的。由美国发生的次贷危机，经过一年多的演化已经发展成为普遍性的世界性经济危机，甚至当这场危机一步步向世界走来的时候，许多人不敢相信这是一场周期性资本主义经济危机，因为西方主流经济学从来没有正面承认过周期性经济危机是资本主义制度的痼疾，危机的发生具有客观必然性，尤其是近30年来甚至连"经济危机"这个字眼也很少提及，在这种经济学熏陶下成长起来的经济学家们，自然不会敏锐地意识到这是一场与资本主义制度有关的经济危机。

实际上，发源于美国的这场经济危机，本质上是资本主义经济危机，它是由产业危机引起的次贷危机，再由次贷危机进一步引起整个金融系统的危机，由金融危机在更大的规模上、更深的层次上推动产业危机向深处发展，形成经济的全面危机。它是资本主义制度下资本最大限度赚钱的本质要求与华尔街老板贪婪的本性相结合，借助于信用关系和房地产业相互推动以及信用链条的衍生功能，使信用经济过度虚拟化，虚拟经济过度泡沫化，造成社会经济在本质上的均衡和连续关系出现严重的失衡和中断，最终因强制性恢复而引起的危机。

第二章

走进1929年大萧条

历史总是相似的，今天发生的金融危机似乎也是在重演。1929年，资本主义世界发生的一场前所未有的经济危机几乎终结了资本主义制度，并改变了人类的历史。从世界范围内来看，这次金融海啸在本质上与1929年大危机是相同的，均由过度投机所引发，先引起金融系统崩溃，进而传导到实体经济，也突出地表现为由世界金融中心、经济已经金融服务化的美国传到中国这样的商品生产和出口国。以史为鉴，可知兴衰，我们应该从历史的每一次衰退中吸取教训。

"我坚决相信，我们唯一引为恐怖的只是恐怖本身。"

——罗斯福

　　古人云：知古通今。只有了解历史，才能把握现实。从最早的三大泡沫危机，到 1929 年世界性的经济危机爆发。金融危机在西方发达国家沿着它的特定模式在不断演进。研究"大萧条"的著名学者本·伯南克也许不会想到，有一天他会在美联储主席的位置上，与另一场可能发生的"大萧条"作战。美联储前主席格林斯潘将此次次贷危机引起的金融危机看做是 1929 年至 1933 年"大萧条"以来华尔街遭遇的最严重危机，百年一遇。

　　"将结束于 1929 年的投机风潮与现在的房地产泡沫作比较十分诱人，却是误导。"最近出版的英国《经济学家》如是评论，不过，包括《经济学家》在内的多家西方媒体仍将"大萧条"与当前的金融危机作对比，美国《时代》周刊干脆将当前的危机称为 Depression 2.0①（大萧条 2.0）。

　　银行破产，保险机构告急，贝尔斯登、"两房"、雷曼兄弟、AIG 这些曾风光无限的华尔街巨人接二连三倒下，对未来的恐慌充斥华尔街，这一幕与 70 多年前的"大萧条"何其相似。在美国《华盛顿邮报》的专栏作家罗伯特·塞缪尔森看来，两场危机的相似之处在于，美国人在危机前都债台高筑。他在评论《是 1929 年再现吗？》中写道，上世纪 20 年代人们向银行借钱购车、买家电，而在过去 10 年，人们则疯狂举债购房。这直接引发了金融体系的动荡，而金融系统的动荡也正是两次危机的共同表象。因此，回到最初的历史，了解金融危机的最初雏形，对我们把握当今次贷危机的发展脉络有着至关重要的作用。

---

① 1929 年的大萧条会重演吗，王晓洁，《报刊荟萃》，2008 年第 12 期。

第一节　1929年大萧条的产生和发展

在华尔街之前经历的数次危机中，警惕"大萧条"重演都是市场极易发生的联想，幸运的是此前的联想从未真正发生。这一次，类似的担忧仍旧是多虑吗？也许华尔街有史以来形势最为严峻的时刻到了。

1922～1929年，美国空前的繁荣和巨额报酬让不少美国人卷入到华尔街狂热的投机活动中，股票市场急剧升温，最终导致股灾，引发了美国乃至全球的金融危机。1929年10月24日，美国爆发了资本主义历史上最大的一次经济危机。

历史会重演吗

1929年的大萧条前美国是一派繁荣景象。在1925年，股指大幅跃升，股指的上升标志着多年好日子的到来。从股市非常萧条的1921年到1928年，工业产值每年平均增加4％，1928～1929年，则增加了15％。通货膨胀率很低，新兴工业四处萌芽。美国经济在股票、证券等"经济泡沫"的影响下迅速增长，年生产率增长幅度达4％。乐观主义越来越流行，再加上资金成本很低，大大刺激了股票投资者的投资活动，经过1926年短暂的反转下

1929年大萧条下美国一家银行出现挤提

（来源：维基百科）

跌后，股市月月创新高，由此诞生了一代炒股致富的人。这又激发更多的人通过经纪人现金贷款以买进更多的股票，随着股民的增多，信托投资公

司也随之增加。在 1921 年,大概只有 40 家信托公司,而到了 1927 年年初,这个数目上升到 160 家,同年底又达到 300 家。从 1927 年年初到 1929 年秋,信托投资公司的总资产增加了 10 倍,人们基本上毫不怀疑这些公司的信用。

"大萧条"始于 1929 年 10 月 24 日的"黑色星期四",当天,道琼斯工业指数暴跌,并持续到 28 日,黑色 1929 年华尔街的崩盘结束了历史上一幕最大的疯狂投机。

崩盘并不是突然发生的。但是,当巴布森于 1929 年 9 月 5 日发表股市要跌 60~80 点的著名预言后,市场开始对巴布森的警告有了第一次反应。当天,道琼斯指数就下跌了 10 点,很快就有了"巴布森突变"的说法。几天后,收到利好谈话的刺激,买家重新入市,这其中有耶鲁大学教授欧文·费雪的著名论断:"即使以现在的价格来衡量,股市也还远远没有达到其内在实际价值。"许多报纸也刊登正面股评,以抵消负面批评。

但是,股票价格从来没有回到过去的高点,到了 9 月底,新的大跌开始出现。费雪教授说:"我预期股市在几个月内就会看好,并创新高。"

1929 年 10 月 21 日,技术分析师哈密尔顿警告说,指数图形走势很不好,指数已经跌破密集成交区。而就在那一天,工业指数跌穿了哈密尔顿的临界值,两天后铁路指数也步其后尘。市场垂直跳水,成交量也达到历史第三位,高达 600 万股,崩盘拉开序幕。

10 月 24 日,成交量放大到 1 200 万股,人们聚集在大街上,流露出明显的恐慌气氛。事态已经明显失去控制,10 月 25 日,胡佛总统发表下述谈话:"国家的经济基本面,即商品的生产和销售,是建立在坚实和繁荣的基础上的。"胡佛的讲话与飞行员宣布发动机没有着火具有同样的保证作用。

恐慌迅速蔓延,随后几天股价连续跳水,市场似乎永远无底。有这么一个传说,交易所的一个送信员突然间想到一个主意,出价每股 1 美元购买一块无人问津的地皮,他居然做成了这笔生意。

直到 11 月 13 日,指数跌到 224 点才稳住阵脚。那些以为股票已经很便宜而冒险买进的投资者又犯了个严重错误。罗斯福想利用他的"新政"化解这个危机,其结果只是范围更大、更严重的衰退。1930 年价格进

一步下跌,工业股票跌去市值的 85％。星期一,股指更是狂泻 13％,29
日再跌 22％。在接下来的 3 年里,美国股票市场缩水 89％,在 1932 年 7
月到达历史低谷后,直到 1954 年才回到了 1929 年的最高水平,如图 2-1
所示。当时,绝望的储户们狂敲银行的大门是常见的街景。

图 2-1 1929～1934 年美国股市的下跌情况

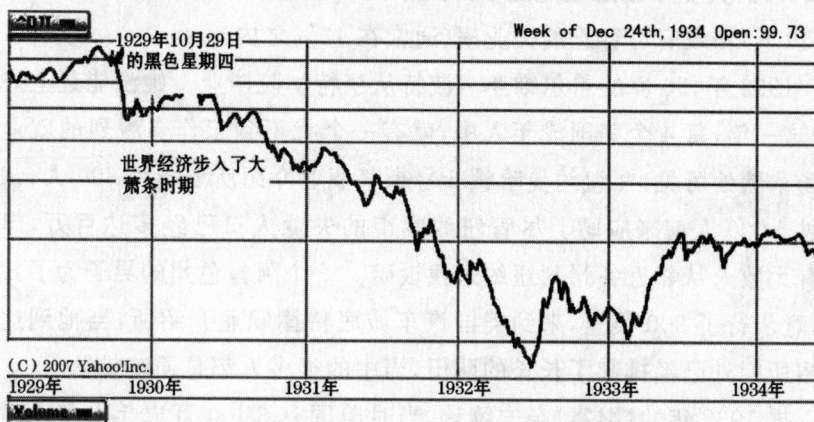

资料来源:http://www.chinavalue.net/UploadFile/UserFiles/2008/3-5/
6df81f52-c06c-4ef7-ab0f-5253dddd2036.JPG

1933 年情人节当晚 10 点,胡佛正在共和党全国委员会发表临别演
说——美国整个的银行系统终于开始总崩溃了。当天下午,密执安州州
长威廉·A·康斯托克接到紧急电话,请他去底特律市商业区参加银行
界会议,这一去就脱不了身了。这时底特律的联合监护信托公司已经到了
山穷水尽的地步,它一倒,全市银行很可能跟着纷纷倒闭。银行家们要求
康斯托克下令全州银行一律暂停营业。商量到半夜,康斯托克同意了,便
坐车到首府兰辛市,宣布全州 550 家银行一律休业 8 天,说是“银行放假”。

自股票市场大崩溃以来,全国倒闭的银行已超过 5 500 家。可以想
见,群众的心情是多么惶惶不安,他们的对策是囤积黄金。这时银行黄金
库存每天都在减少,存户搞不到黄金就要纸币。结果是,一方面,作为货
币储备的黄金越来越少;另一方面,财政部又不得不增发纸币。加之这次
危机发生时通货紧缩已经 3 年,形势就更加复杂了。当时即使是情况最
好的银行,手里的抵押品和各种证券,其市价也只落得原来的一个零头。

经济增长放缓与失业率上升等表象也是两场危机共有的特征。在整

个经济危机结束时,美国工业生产下降了 56.6%,其中生铁产量减少了 79.4%,钢产量减少了 75.8%,汽车产量减少了 74.4%,失业人数达1 200 多万人,失业率升至 25%,至少 13 万家企业倒闭。在西方国家,失业率 如果是 4%,政府就视为充分就业;小于 4%,就是劳动力短缺;不大于 12%时,仍容许政府在短期内解决更紧迫的经济问题,如抑制物价上升。 而 25%的失业率已远远超过了产业结构转型造成的结构性失业(通常在 5%以下)和政府可容忍的失业率(通常在 12%之内)。

1932 年,20 岁的希尔维亚·波特从亨特学院毕业。她没能赶上好年 景,这一年,每 4 个美国成年人中,就有一个找不到工作。激烈的就业竞 争场景随处可见,在纽约曼哈顿 6 号街某职业介绍所要招聘 300 人,却有 超过 5 000 人前来应聘。尽管纽约本市的失业人口已经多达百万,但是 仍有无数人从邻近各州到纽约来找饭碗。一个阿肯色州的男子为了找工 作,竟步行了 900 英里,来到美国汽车城底特律职业介绍所,当他到达时 介绍所门外已经排起了长长的队伍,当中的很多人都是通宵排队。

据 1932 年的《财富》杂志统计,当时美国有 3 400 万成年人和儿童没 有任何收入,失业人数占当时美国总人口的近 3 成,这还没有把近 1 000 万的农民包括在内,否则情况还要严重。

现在,美国经济增速放缓以及失业率的升高虽是不争的事实,但数据 远不及当年惨烈,截至 2009 年 1 月,美国的失业率已经高达 7.6%,如图 2-2 所示。目前市场关心的是,失业率会不会由 6%上升至 10%,其中制 造业的失业率远高于金融服务业的失业率,高达 10.9%。这说明金融危 机已经深入到实体经济,对实体经济产生了显著的影响。当然,与 1929 年 25%的失业率相比还是要逊色很多。

图 2-2 美国 1999~2009 年每年 1 月的失业率变化趋势 (%)

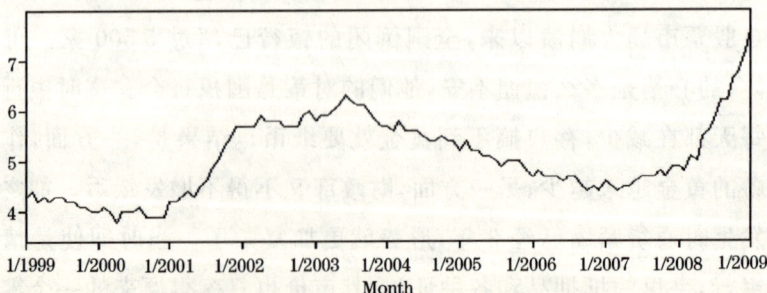

资料来源:由 http://www.dol.gov/整理而得

与之相对应的是,此次次贷危机之前,次级房屋贷款规模的井喷式增长、房地产市场的非理性发展既造成了繁荣,也孕育了之后的危机。2007年春天,美国次级抵押贷款这一悬在全球金融市场上"达摩克利斯之剑"终于摇摇欲坠。2007年2月7日,美国最大的次级房屋信贷提供商全国金融公司(Countrywide Financial Corp)决定,因市场风险正在加大,违约率提高,将减少次级贷款投放量。几乎在同时,美国第二大次级按揭公司新世纪公司向市场发出盈利预警,称去年第四季度业绩可能出现亏损。涉足次贷业务颇深的汇丰控股也在同月为在美次级房贷业务增加18亿美元坏账拨备,美国次级抵押贷款危机开始浮出水面。

当时间走到了2006年年底,风光了整整5年的美国房地产终于从顶峰重重摔了下来,这根链条也终于开始断裂。因为房价下跌,优惠贷款利率的时限到了之后,先是普通民众无法偿还贷款,对冲基金大幅亏损,继而连累保险公司和贷款的银行,花旗、摩根相继发布巨额亏损报告,同时投资对冲基金的各大投行也纷纷亏损,然后股市大跌,民众普遍亏钱,无法偿还房贷的民众继续增多……最终,美国次贷危机爆发。

不断增加的贷款违约背后,除了几百万户梦想破灭的低收入人群、几百万座无人居住的房子外,还有全美20多家深陷危机的次级市场放款机构。这些机构昨天还是资本市场的天之骄子,今天却沦落为人们避之唯恐不及的"麻风病人"。全美第二大次级房贷放款机构新世纪金融公司(New Century Financial)的经历正是这种沧桑剧变的缩影。2008年的9月29日,就在美国众议院否决布什政府7000亿美元救市方案的当天,道指重挫778点,创历史最大单日跌幅。10月6日,道指自2004年10月以来首次跌破万点关口。

大危机的根源探悉

在1929年的世界性大危机中,虽有种种因素在其中酝酿推动着,但与实体经济脱节的金融市场则成了问题的爆发点。

威廉·曼彻斯特在他的《光荣与梦想——1932~1972年美国社会实

录》中是这样认为的:第一次世界大战后,由于有了各种大规模生产的技术,工人每小时的劳动生产率已经提高了41%以上,生产出了大量的商品,但是在20世纪20年代,工人的工资并没有随着生产力的提高而相应增加。就是在黄金时代的1919年,一个家庭如果想取得最低限度的生活必需品,每年也要有2 000元的收入才行,但当年美国家庭60%以上的进款是达不到这个数字的。一句话,购买力跟不上商品产量。当时普通美国人缺衣少食,生活艰难程度超乎想象。波特很多同学的午餐,往往只花5美分——在餐饮店里点一杯咖啡,然后要杯白开水,把柜台上的免费番茄酱倒进开水里一搅和,就算是一杯番茄汤了。

在诸多实体经济部门中,农业是20年代繁荣中的最大阴影。第一次世界大战以前,欧洲就是美国农产品的最大买主。大洋彼岸的战争使美国农业更加兴旺,农民(farmers,或译为农场主)纷纷举债买地,购置生产资料,扩大经营规模。1920年美国地价比1914年上升一至两倍。战后欧洲农业恢复,各国外汇短缺,而阿根廷、澳大利亚已在欧洲大量倾销农产品,这些因素导致美国20种主要农产品市价大幅下跌,农民共损失30亿美元。那时候政府并不向农民提供国内外市场信息,更谈不上现在那种价格补贴——此即自由放任政策。1931～1935年的净投资实际增长率也持续为负。为了维持农产品价格,农业资本家和大农场主大量销毁"过剩"的产品,用小麦和玉米代替煤炭做燃料,把牛奶倒进密西西比河。

已经负债累累的农民只知道盲目扩大经营规模,改进技术,力求以更低的成本在市场竞争中获利。造成总产量上升与价格下跌互为因果,恶性循环。到1933年,棉花每磅售价为0.055美元,而1914年为0.124美元,玉米价格只有煤炭价格的1/3。这就是为什么当时许多企业和家庭宁愿用玉米、小麦生火取暖而不用煤炭的原因。美国农业在此期间长期不景气,1929年农场主纷纷破产;同时工业增长和社会财富分配极端不均衡,全国1/3的国民收入被占人口5%的富有者占有,60%的家庭生活水平仅够温饱。破产的农场主同城里失业工人共同组成百万流浪者"大军",晚上栖身于公园、地铁和废车厢里,白天涌向垃圾堆寻找食物。①

---

① 三十年代大萧条会重演吗,张跃发,《山西师大学报(社会科学版)》,2007年4月。

美国经济的另一支柱产业建筑业同样委靡不振。1930 年全国私营建筑总产值比上一年下降 2 亿美元,1932 年只为 1926 年的 1/4;各级政府的公共工程开支比上一年减少 10 亿美元。37 个州的建筑合同在 1928～1933 年间减少了 81.5%。全国到处是已停工的施工现场,建筑物大梁或基础部分裸露在外,任凭风吹雨打。由于固定资产投资对社会总需求的拉动作用具有乘数效应,因此,公私业主都大幅度削减投资对全国市场的打击就特别严重。1929～1933 年间,美国煤炭、汽车、铁、钢产量分别减少一半至 2/3。一般物价指数 1926 年为 100,1929 年达 105,1933 年降至 75 点。1929～1933 年间全国资本家总收入从 336 亿美元降至 98 亿美元,同期工人工资从 505 亿美元降至 290 亿美元。同一时期美国 GNP 也下降了一半。

吉尔伯特·菲特在其著作《美国经济史》中写道:农业始终未从第一次世界大战后的萧条中恢复,农民贫困,所谓工业部门工资水平较高的说法也掺了水,因为新机器把大批工人排挤掉了。在 1920～1929 年间,美国工业总产值增加了 50%,而工人数量却未增多,工农作为消费主力,其收入降低必然导致国家总需求减少。而在 1924～1929 年间,分期付款销售额从 20 亿美元增至 35 亿美元,这已经大大超越了社会的购买力,银行注定将尝到资金链崩溃的苦果,而政府出台对策过于滞后则加剧了危机。

国内市场萧条,本可以通过扩大出口来弥补,但美国国会 1922 年关税法把进口税率提高到 33%,1930 年关税法更把平均税率提高到创纪录的 55%。这一贸易保护主义做法遭到了西方各国的报复,导致世界贸易大幅度萎缩。1929～1933 年间,世界贸易总值下降了 40%,贸易总量下降了 25%,同一时期美国出口总值也从 54 亿美元降至 21 亿美元。

第二节　罗斯福新政

新政是美国在 1929～1933 年空前严重的世界经济危机的打击下,不得已而为之的行动。富兰克林·德兰诺·罗斯福(1882～1945)1933 年就任总统时,美国的经济已全面瘫痪,工业生产比 1929 年几乎下降了一半,整体经济水平倒退至 1913 年。1932 年已有 86 000 家工商业停产,1933 年全国失业工人 1700 万,在业工人的工资也下降了 35％～40％;农业总收入比 1929 年下降 60％,100 多万农民破产。他在 1933 年 3 月 4 日的就职演说中就表达出了对当时美国糟糕的经济形势的认识。他说:"价值下降到了惊人的地步,赋税上涨了,人们支出能力下降了,各级政府面临严重的收入紧缩,当前贸易的交换媒介冻结,工商企业枯萎的落叶随处可见,农民的产品找不到市场,成千上万的家庭多年的积蓄化为乌有。"更为严峻的是,"一大批失业的公民面临严峻的生存问题,同样有一大批的人辛勤工作只能得到微小的报酬。只有盲目乐观者才能否认目前黑暗的事实。"当时的美国人民也普遍担心银行会继续倒闭,挤兑的风潮会更加疯狂,于是"人们排着长队,带着提包和纸袋,准备从银行提走黄金和货币,存放到褥子里和旧鞋盒内。把毕生积蓄放在阁楼里,似乎比存在美国最大的金融机构更为安全"。①

面对史无前例的危急局面,任何人都不可能立刻拿出现成对策。罗斯福上台时心中亦没有一幅"新政"的完整蓝图,他只是认识到必须改变胡佛政府"自然调节"的放任政策,这就可能要运用政府的权力对经济进行干预,至于干预的范围有多大,干预到什么程度,他并非成竹在胸,而是在实际中逐步摸索。正如他后来所说的:"既没有整顿经济的灵丹妙药,也没有什么奇特的计划。"罗斯福临危受命,宣誓就职,发表了经过长时间思考的、充满自信与激情的、简洁缜密的就职演说。就职演说取得了巨大成功,仅周末就有 50 万封信飞向白宫,人们热烈期待着新总统的"新政"。

从胡佛的自然调节说起

在面对危机时,一个强权政治显然比放任自由的危机管理方式更加有效。虽然胡佛的政治理念也是出于改善美国经济状况,然而,在危机面

---

① 罗斯福实行赤字财政政策的原因分析,温荣刚,《渤海大学学报》,2008 年第 3 期。

前,他的经济举措显然过于理想化。在政府经济哲学方面,胡佛始终坚持着其"自治"的信念。早在1922年,他担任商务部长初期就出版了一本名为《美国的个人主义》的专著,强调自由的重要性,提倡保护个人的自由。出任总统后他则把自治作为其施政的主要原则,强调经济运行各部门的合作。当萧条开始之后,他仍坚持这种建立在合作基础上的自治理想。1930年12月当萧条已经十分明显时,他依然在其年度咨文中表示:"经济萧条不可能因立法行动或政府声明而恢复。经济的创伤必须要靠经济机体本身细胞即生产者和消费者自己的活动来治愈。合作行

第31任美国总统赫伯特·胡佛
（来源：维基百科）

动将加快恢复的进程,萧条的破坏会减轻,政府最大的贡献在于鼓励社会中的这种自愿合作。"

　　1928年踌躇满志的胡佛在接受总统候选人提名时,曾表示:"我们美国今天比任何地方历史上以往时代更接近于取得消灭贫穷的最后胜利。……我们这里的贫民院正在消失。我们尚未达到目标,但是,只要让我们继续执行过去8年的政策,我们借上帝之助,很快将看到贫穷从这个国家消失的日子。"然而,正当刚刚从幕后走到台前的新总统想要大干一番的时候,突如其来的大萧条使他在手忙脚乱中匆匆应战。1929～1933年间,美国的GNP下跌三成,CPI下降25%,工业和建筑业萧条意味着工厂、矿山纷纷关门,工人大量失业。1929年美国失业率为3.2%,而1932年上升至23.6%,失业人数达1 200万。成千上万失业人员游行示威,要求政府立即解决失业和饥饿问题。这表明,高失业率已经对社会安定和政治稳定构成严重威胁,美国人祖祖辈辈引以自豪的价值观动摇了,"美国梦"破灭了。除美国外,英、德、日、意大利(法国萧条来得稍晚)等也危机深重,资本主义世界无一幸免。

　　胡佛作为总统,究竟在这场萧条中起了什么作用呢?

　　第一,他召开了白宫会议。1926年10月股崩后,胡佛遂于11月19

日～22日在白宫连续召集企业界巨头、劳工领袖等召开私下会议。经其协调,暂时达成了相互合作的君子协定即企业界保证维持现有工资水平、劳工承诺不进行罢工。从短期效果来看,白宫会议在早期对于稳定人心、防止崩溃的更大蔓延起了一定的作用。尽管失业人口近300万,但比1920～1921年间经济衰退时要低很多,仅比1922年高了1个百分点。这种协定毕竟是理想化的,很快由于受国际金融动荡等因素影响,企业界巨头们首先背叛了胡佛,所谓的君子协定也宣告破产。①

第二,扩大公共开支和实行贸易保护主义是任何美国政府面对经济危机时的最初选择。在80年前的胡佛政府统治也不例外,其通过扩大政府公共工程项目开支、提高关税、降低个人和私人企业的所得税等财政政策,创造就业机会、保护国内市场、提高国内购买力。在胡佛担任总统的4年里,美国政府公共工程开支达7亿美元,是1900年以来到1929年总和2.5亿美元的近3倍。在此期间37 000英里的公路在联邦政府的资助下建成,国家公园增长40%,国家森林面积扩大了250万英亩,亚利桑那州的胡佛水坝于1930年动工等等。

胡佛水坝俯视图

(来源:维基百科)

为了保护美国国内市场,1930年6月17日,他不顾1 028位经济学家的反对签署了"霍莱—斯姆特法令"提高关税税率,在1 125种美国进口的商品中,有890种商品提高了进口税率31%～34%。新关税法是为了保护美国的农产品市场,实际上,它保护了美国垄断资本家和大农场主利益,使他们免受外国进口产品的竞争。使美国在此后的3年中遭到了33个国家反关税政策的抵制。此外,他于1929年12月向国会提出了降低个人和公司所得税的请求,下降幅度达整整一个百分点。虽然其下降幅度相当可观,但这对处在萧条中的美国人来说已经无关紧要了,因为他们更担心的是就业问题。

---

① 胡佛与美国1929～1933年大萧条——重评胡佛的反萧条措施,陆更颖,《华东师范大学学报(哲学社会科学版)》,2002年1月。

第三,1931 年受欧洲金融动荡的影响萧条进一步恶化时,采取颁布联邦法令、建立有关反萧条机构等应对措施稳定金融秩序,防止萧条的扩散。1931 年 10 月 4 日,他首先召集约 50 个纽约主要银行家和保险公司总经理举行秘密会议,要求银行建立 5 亿美元的紧急信贷备用金,要求保险公司在债权人真有困难时不取消抵押品赎回权。1932 年 1 月 22 日,他又签署了建立复兴金融公司的法令,设立 5 亿美元的基金,为出现问题的银行、铁路和保险公司提供政府贷款。同年 2 月 27 日,胡佛签署格拉斯—斯特高尔法,规定了政府公债和一些新的商业票据可以代替联邦票据作为支付工具,并使 7.5 亿美元的政府黄金向商业借贷开放。7 月 21 日,签署了恢复重建法案,根据法案,复兴金融公司可以向各州的复兴计划和公共工程提供总额达 18 亿美元的贷款。第二天,他又批准了联邦住宅贷款银行法,建立 8～12 家住宅贷款银行,提供总额为 1.25 亿美元的贷款,刺激私人住宅建设,稳定国内的金融秩序。

胡佛的措施很大程度上保护了垄断资本家和大农场主的利益,从而减轻了许多大企业和大农场由经济危机带来的冲击。胡佛认为:"只要大公司大企业得到繁荣,千百万失业劳动群众最终也会得到好处。"从 1929 年 11 月起,胡佛政府通过扩大信贷和减低公司所得税的方法,给资本家以财政援助。胡佛成立了一个拥有 38 亿美元(相当于现在 260 亿美元)的"复兴金融公司",把 35 亿美元(相当于现在 240 亿美元)借贷给银行、工业和铁路企业,帮助资本家渡过难关。

第四,继续对农业的援助政策。在全国大部分行业都享受着繁荣的时候,农业却很早就处在大萧条中,胡佛在担任商业部长时就已经注意到了这一点。1929 年 6 月在其上任后不久,股崩尚未发生时,他便促使国会通过了农业产品销售法,并建立联邦农业局,希望改变农业萧条的局面。1930 年 2 月,在股崩爆发后,又成立谷类稳定公司,力图通过收购多余的粮食来制止价格的下滑。但这在当时,对美国农业局和谷类稳定公司来说,实际上是把大量的钱投向了一个无底洞。此外,1930 年 8 月,胡佛还就大范围久旱问题,召开了中西部和南部各州州长会议。1932 年 3 月 7 日,他又敦促国会批准了一项由联邦农业局以红十字会名义向灾民发放小麦的计划,并于 7 月 5 日,追加了 4 500 万蒲式耳。

上述这 4 个方面的政策构成了胡佛应对萧条措施的重点。从中不难发现，当时胡佛竭力要做的是帮助经济系统实现自我恢复的目标，而这与他作为政策制定者本身的政府经济哲学和其对大萧条的认识有关。即使是在 1931 年 12 月，他仍认为"如果个人放弃其自身的创造和责任，那么他也放弃了自身的自由。国民政府正是有这个职责坚持使地方政府和个人相信并担负起这些责任，因为这对保卫我们自由的基础来说是根本条件之一"。

所以，当国家经济面临最严重的考验而需要总统和国会进行最大限度的合作的关头，他放弃了与国会的合作，失去了国会的支持；而他屡次拒绝支持联邦直接救济的做法又令他被曾经拥护过他的广大人民所抛弃。这些对于胡佛来说是致命的，他的种种计划也就因此不可能得到有效的推行，似乎他注定是要失败的。然而，不可否认的是，在经济危机爆发后，胡佛反经济危机措施虽未能摆脱经济困境、扭转经济颓势，但其 3 年多的反危机措施的铺垫、经验教训和维护社会安定政策还是为后来的罗斯福新政打下了一定的基础。

罗斯福与凯恩斯主义

在国家干预经济这一理论主线上，罗斯福新政与凯恩斯理论有着惊人的一致。罗斯福一上台，就明白一向作为美国经济支柱的私人企业，此时已终告失败，复兴经济的唯一手段只能是动用政府的经济调节职能，除此别无选择。因此，罗斯福要求国会准许他使用干预经济的大权，这就是"对紧急状态作战的广泛的行政权力，像我们真正遭受外敌侵略时所赋予我的权力一样大"。从而把政府对国家经济的作用大大提升，为国家干预经济政策的实施创造了政治条件；在赤字财政方面，罗斯福内心深处是一个抱有正统

1933 年罗斯福总统和夫人于就职日上

（来源：维基百科）

财政思想的人。由于罗斯福在财政政策上总是过于谨慎，尽量避免巨大的赤字开支，直接导致了 1934 年春季到 1935 年春季，全国经济仍然停滞不前，而凯恩斯理论所主张的政策，是抛弃自由放任，运用财政政策与货币政策，实施国家对经济的调节与干预，以确保足够的总需求，实现所谓经济的稳定增长。从这一点上来看，罗斯福新政作为一种国家干预经济政策的具体实践，凯恩斯理论作为国家干预经济

英国经济学家约翰·梅纳德·凯恩斯

（来源：维基百科）

政策的理论倡导，两者在理论主线上是相一致的。

凯恩斯把这次回落归咎于新政实行的借债支出没有达到适当规模，他认为"1933 年初开始的复苏几乎完全要靠以后几个月更大量的借债支出才能继续下去"。这种形势迫使罗斯福进一步摆脱平衡预算的正统观点，加大赤字开支，以解决广大群众的就业、救济等问题。

表 2-1　1933～1939 年间国家救济与联邦工程计划支出　（单位：美元）

年　份	金　额
1933	1 223 329 000
1934	2 380 865 000
1935	2 532 512 000
1936	3 119 013 000
1937	2 653 918 000
1938	3 236 600 000
1939	3 185 447 000

资料来源：《1942 年美国统计摘要》，第 428 页

从表 2-1 可以看出，1933～1939 年，美国政府各项救济工作的支出总

额达到了约 180 亿美元。这样的结果,毫无疑问就是造成了美国政府的连年赤字,但客观效果却使整个国家的境况有所好转,大大减轻了失业者的贫困和痛苦。从 1933～1936 年,至少有 600 万人有了职业,1936 年的国民收入为 1933 年的一倍半。自罗斯福上台以来,工业产量几乎翻了一番,到 1936 年秋,底特律滚滚开出的汽车,比 1929 年以外哪一年都多,比 1922 年多 3 倍。电力工业售出的电比任何时候都多。1936 年 5 月,《纽约时报》的商业活动指数上升到 100,这是 1930 年以来的第一次。公司利润方面,1933 年显示有 30 亿美元赤字,1936 年变为盈利 50 亿美元,从 1933 年第一季度到 1936 年第三季度,农场主的净收入差不多增加了 4 倍。1936 年 4 月 25 日,罗斯福在纽约市纪念托马斯·杰斐逊诞辰宴会上的讲话中同样提道:"虽然联邦政府今年有大约 30 亿美元的赤字,但是合众国人民的国民收入已从 1932 年的 350 亿美元增加到 1936 年的 650 亿美元。"

正是这种政绩使罗斯福在 1936 年大选中取得了决定性的胜利,民主党在国会和州长的选举中也大获全胜,这样,又对罗斯福一系列政策的贯彻和执行提供了保证。[①]

如今,同样是用巨额的财政赤字来填补美国的经济亏损,美国财政部采用了一种重要短期融资工具就是现金管理券,期限通常在一个月以内,主要特点是在银行间市场发行,不流通,类似于财政部向金融机构的短期拆借。美国财政部 2008 年 1～10 月现金管理券已累计发行 41 次,发行总额 12 320 亿美元,分别是 2003～2007 年同期发行次数和发行总额平均值的 2.97 倍和 6.17 倍,如图 2-3 所示。

可以说,美国财政部 2008 年 1～10 月的现金管理券发行额之大,发行次数之多,发行期限之长,均属历史罕见。这在一定程度上避免了金融市场的进一步恶化,为未来金融救援计划的全面实施降低了成本。由此可见,美国政府面对次贷危机,采用的同样是凯恩斯的扩张财政支出政策,利用巨大的赤字财政,增发现金管理券来支持救援计划。

[①] 罗斯福实行赤字财政政策的原因分析,温荣刚,《渤海大学学报》,2008 年第 3 期。

图 2-3　美国财政部 2003～2008 年 1～10 月

现金管理券发行情况表

（单位：亿美元）

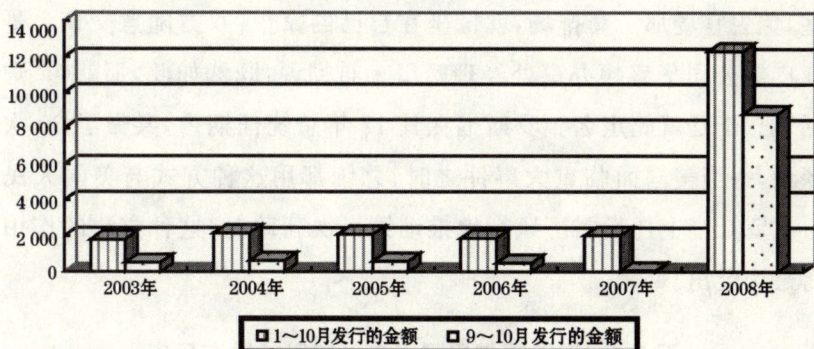

　　现在，为挽救美国经济，从财政赤字角度看，奥巴马的确面临着不小的压力。资料表明，2008 年美国政府赤字已达到惊人的 5 000 亿美元，相当于国民生产总值的 3.5％。而未来 4 年奥巴马的减税计划可能导致财政收入减少 6 690 亿美元，而计划中的财政支出则可能累计上升 8 752 亿美元，这样 2009 年和 2010 年，美国政府财政赤字占 GDP 比重将可能高达 6％和 4.4％。不仅如此，美国经济的深度衰退意味着税收收入大幅下降，政府的失业保险以及可能的经济刺激方案的成本会显著上升，这些都让奥巴马的开支项目面临巨大的掣肘。①

罗斯福的四次炉边讲话

　　在华盛顿的罗斯福广场，我们可以看到这样一个塑像：一个穿着平常服装的平民，坐在房间一角，侧着脑袋，正全神贯注地听着什么，原来他是在听罗斯福的"炉边谈话"。"炉边谈话"是罗斯福当选总统后一种联系群众的广播方式，这恰恰体现了在罗斯福雷厉风行干练作风的后面，其很强的平民意思。在危机到来之时，普通民众需要的不仅是食物、金钱和房子，更重要的是一种信心。

――――――――――

　　① 《美国经济的奥巴马时代》，张锐。

1933年3月12日即罗斯福就任总统后的第8天,他在总统府楼下外宾接待室的壁炉前接受美国广播公司、哥伦比亚广播公司和共同广播公司的录音采访,工作人员在壁炉旁装置扩音器。总统说:希望这次讲话亲切些,免去官场那一套排场,就像坐在自己的家里,双方随意交谈。哥伦比亚广播公司华盛顿办事处经理哈里·布彻说:既然如此,那就叫"炉边谈话"吧,于是就此定名。罗斯福在其12年总统任期内,共做了30次炉边谈话,每当美国面临重大事件之时,总统都用这种方式与美国人民沟通。在罗斯福上任后雷厉风行地推动第一次新政时,这种方法的作用表现得最为突出。①

图 2-4　罗斯福与里根当选总统时的股市反应

政治性反弹
美国股市在富兰克林、罗斯福就任总统后大涨,而里根就任总统时肌市却没有多大动静。

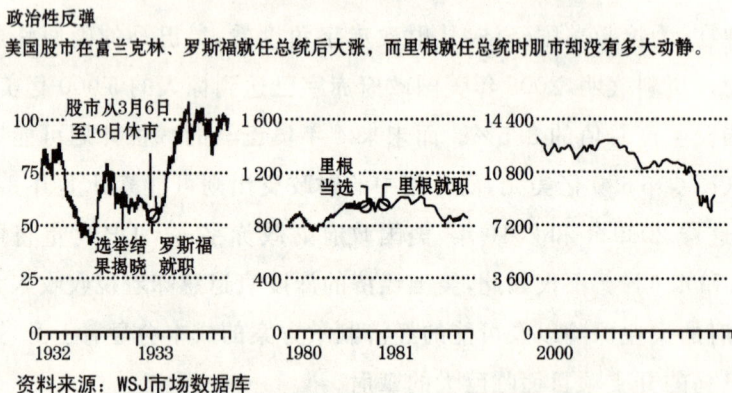

资料来源:WSJ市场数据库

从图2-4中可以看出,在罗斯福当选总统之后,股市大涨,这可以看出普通民众对罗斯福的支持,对其政治领导能力的信心,这也是后来罗斯福新政能成功实施的基础。

而如今,贝拉克·奥巴马当选美国总统后第一个交易日,纽约股市三大股指狂泻。纽约三大股指2008年11月5日重挫大约5%,创下历届美国总统选举后首个交易日最大跌幅。与前一个交易日相比,道琼斯30种工业股票平均价格指数跌486.01点,收于9 139.27点,下跌5.05%,标准普尔500种股票指数和纳斯达克综合指数跌幅分别为5.27%和5.53%。可见,在经济危机中,在政治领导人当选背后,亲民意识是多么

---

①　http://www.people.com.cn/GB/paper85/13064/1173475.html

重要,如何考虑人民的切身疾苦,提出真正解决危机的治理方法是危机中领导人最重要的责任。

坐在轮椅上的罗斯福

（来源：维基百科）

1933 年 3 月 12 日,即银行即将重新开业的前夜,罗斯福对全国 6 000 万听众发表了第一次"炉边谈话"。他以亲切诚挚的声调、质朴实用的语句,对全国人民就银行暂停营业的问题进行了耐心的解释、劝告和教育,他说:"我要指出一个简单的事实,你们把钱存进银行,银行并不是把它锁在保险库里了事,而是用来通过各种不同的信贷方式进行投资的,如买公债、做押款。换句话说,银行让你们的钱发挥作用,好使整个机构转动起来……我可以向大家保证,把钱放在经过整顿、重新开业的银行里,要比放在褥子下面更安全。"

简短的谈话,化解了长期郁结在人们心中的疑团和不满。第二天,部分银行开业了,人们携带着装有黄金和货币的大箱小包,在银行门前排起长龙,把就在不久前也是这样排着长队挤兑的通货存入银行。只过了 3 天,美国有 574 家银行开业,几天里,银行回收了 3 亿美元的黄金和黄金兑换券,不出一周,就有 13 500 家银行(占全国总数的 3/4)复了业,交易所又重新响起了锣声。

罗斯福为拯救工业,于 5 月 7 日发布了第二次"炉边谈话",要求"企业界和政府合作,共同拟订计划",并强硬地指出,政府在各个工业绝大多数从业人员的协助下,"有权制止不公道的做法,并强制执行所订立的协议"。罗斯福的目的是要消除你死我活的企业竞争和对女工、童工的残酷待遇。在经济危机中,企业的恶性竞争、极度贫困的劳工及劳资关系异常紧张,使美国犹如处在一个火山口上,随时都有被摧毁的可能。新政如果不能解决这些问题,工业的复兴是没有希望的,而要解决这些问题,除了制定相关的法规外,还必须取得企业和劳工的理解和支持。

为了让全美国 1 700 多万人不再依靠亲属和政府救济,1933 年 5 月,国会通过联邦紧急救济法,成立联邦紧急救济署,将各种救济款物迅速拨往各州。第二年,又把单纯救济改为"以工代赈",给失业者提供从事公共事业的就业岗位。1935 年 4 月,国会通过了"紧急救济拨款法案",建立了包括工程兴办署(1939 年改称为工程计划署)在内的几个新的救济机构。该法案通过了美国有史以来最庞大的近 50 亿美元的拨款。把第一笔资金 5 亿美元拨付各州尤其是贫困州政府,并许诺今后州政府每花费 3 美元救济金,联邦就增拨 1 美元配套资金以资鼓励。该署 6 年来还兴建 25 万个工程项目,共花费 113.6 亿美元。全国每户穷人救济款月均 15 美元。政府还用低息贷款资助穷人赎回自有住房、盖新房或买住房。1934 年在全国建立老年保障制度,使 2 800 万人受益,到 1942 年,65 岁以上老人和失业者每月可领到 10～15 美元保险金,这标志着西方"福利国家"进入了新阶段。到 1941 年为止,工程兴办署共雇员 800 余万人,相当于美国劳动力的 20%。其间工程兴办署完成了约 5 900 所学校、13 000 个游乐场所、2 500 所医院和 1 000 个飞机场的修建,客观上也为美国政府保留了不少的国家技术人才。

1935 年后,罗斯福通过社会保险法案、全国劳工关系法案、公用事业法案、公平劳动标准法等立法,创立失业保险、老年保险、最低工资标准、按收入和资产的多寡而征收的累进税制度,保障工薪族的经济安全。与此法规相配套的,是许多详细的行业法规,如再就业法规,该法规禁止雇用童工,规定产业工人最低工资为每小时 40 美分,每周工作时间为 35 小时,脑力劳动者为 40 小时。愿意接受这项规定的,雇主将得到一个"蓝鹰"标志。许多小企业都自愿或被迫地接受了该法规,但是,绝大多数大企业在开始阶段都拒不加入"蓝鹰"行动。

为此,罗斯福发布了第三次"炉边谈话"。他说:"打起仗来,如果进行夜袭,士兵们都在肩上带上耀眼的标志,免得误伤自己人。根据这个原则,那些跟我们合作,参加全国复兴运动的人,也要被一望而知。"他的意思很清楚,要么合作,要么挨揍。广大的中小企业和劳动群众对此热烈响应,全国范围内支持复兴运动的游行接连不断。

工业复兴取得了一些成就,到 1935 年初,"它使大约 200 万失业者有了工作;它帮助制止了通货膨胀的重新加剧;它有助于促进企业道德和提倡文明竞争；它建成了最高工时和最低工资的全国性样板；它部分地肯定了工人运动的斗争成果；它在很大程度上取消了童工和血汗工厂"，人们热情洋溢地议论着，连前总统胡佛都表示赞成。

实行新政的前半年里，罗斯福把美国的萧条局面扭转过来了。头4个月，工业生产指数由59上升到100。影响最大的《纽约时报》声称"罗斯福已经挽救了一场史无前例的绝大危局"，"从来没有哪一个总统能在如此短的时间里叫人觉得这样满怀希望"。1933年10月22日晚，罗斯福向全国做了第四次"炉边谈话"，他回顾了3月份以来"足以自豪的事实和行动"，并高度概括了"第一次新政"所致力于实现的目标。

罗斯福上台后，推出了旨在保证资本主义制度稳定发展的新政，从全国银行"休假"整顿开始，对美国经济进行改革、复兴和救济，此次经济危机也在持续4年之后终于落下帷幕。而罗斯福本人，也成为美国历史上，迄今为止，唯一一个连任4届的总统。

2008年11月4日，美国民主党总统候选人贝拉克·奥巴马在总统选举中击败共和党对手约翰·麦凯恩，当选第56届美国总统。历经近两年的马拉松式选举过程，民主党总统候选人奥巴马终于在6.05亿美元庞大资金的支持下将对手麦凯恩彻底击败，以绝对优势拿到了入主白宫的门票，他将成为美国历史上首

奥巴马于华盛顿国会山宣誓
就任美国第44任总统
（来源：维基百科）

位非洲裔总统。不过，这位于2009年1月走马上任的新总统必须面对满目创痛的美国经济，因此，未来4年的执政过程能否将处于倒退中的经济列车带到健康的轨道就构成了对奥巴马决断智慧和领袖才能的最大考验。奥巴马的获胜，表明大部分美国人都将未来的赌注押在了他身上，期望出现第二个罗斯福新政式的奇迹。但现实毕竟是现实，从大选结果出来当日美股的大幅下跌看，美国人显然意识到，也从奥巴马的获胜演讲中

体会到"我们也许在一年甚至一届总统任期之内都无法解决这些问题"。

确实,奥巴马与罗斯福的相似之处在于都因为危机而当选,但其不同之处在于,奥巴马面临的是刚刚开始的危机,而罗斯福则是在危机过后3年、在胡佛被证明对当时的经济状况无能为力之时。除罗斯福是在1933年美国大萧条的危机状态下接过白宫主人的权杖之外,还没有哪位总统像奥巴马这样在上任时就面临如此复杂的经济环境。在总统选举中,美国民众把拯救经济和变革现状的满腔希望寄托于奥巴马,而他执政后若不能尽快改善经济形势,其执政能力就难免遭到质疑。奥巴马在任内解决问题的难度非常大,所以他聪明地在获胜演讲中给美国民众打了预防针,这种降低大众预期的手法确属高明,最后即使达不到民众的期望,也不至有欺诈之嫌;奥巴马虽然没有罗斯福幸运但他至少比胡佛幸运,因为大家都会将危机归于共和党或者小布什,都知道奥巴马只是收拾烂摊子的人,收拾得不好很大程度上只能怪烂摊子太大、太烂或者会在奥巴马第一任期内表现不太差的情况下,再给他一次机会。

金融危机爆发后,美国出台了不少救市措施,但多是针对金融领域而不是实体经济。在金融危机冲击下,实体经济严重失血,下行压力加大。自从2007年7月次贷风波爆发以来,华尔街金融危机如同汹涌的海啸无情击打着美国经济的躯体。截至2008年10月,美国制造业(该指数等于或高于50表明制造业扩张,低于明则表明该行业收缩)连续第三个月收缩并抵至38.9,创下了26年来的最低。与此同时,占经济活动总量逾七成的消费开支出现了17年来的首次下滑,同时以3.1%的季度降幅刷新了近20年的最大记录。

更加令人忧虑的是,美国的失业率目前已经攀升至6.1%,而且2009年很可能会冲至7%甚至8%。作为实体经济的晴雨表,美国道琼斯工业股票平均价格指数时下较上年同期大幅下跌。一系列清楚的事实提醒奥巴马,美国经济已经进入较为严重的衰退状态。尤其让人忧虑的是,美国失业率2009年1月份达到过去26年来的最高点,且呈继续攀升之势,民生问题正变得越来越严重。如果美国立即实施兼顾金融体系和实体经济的经济刺激计划,不仅有助于改变美国经济的衰退局面,也有助于刺激世界经济。

第三节　金融体系大变革

作为对大萧条的应急反应,1933 年,美国国会颁布了《1933 年银行法》,即《格拉斯—斯蒂格尔法案》(Glass-Steagall Act)。该法案明确规定,不允许商业银行经营证券业务,而原先以经营证券业务为主的银行将改组为新型的"投资银行",同时也不允许投资银行从事商业银行业务。

由此,"投资银行"便作为一类全新的金融机构在美国诞生了,投资银行与商业银行也开始步入了"分业经营"与"分业管理"的新时代。如今,次贷危机一场飓风把美国五大投行都吹倒了,美国未来的金融体系将如何变革呢,是继续自由发展还是走向中央集权呢?

对金融机构的救助措施

由于金融市场是现代市场经济的核心和神经中枢,经济危机通常始于金融层面的损坏,而最先救助和根治的也是金融机构。罗斯福总统上台前夕全国金融体系已经瘫痪,新总统 3 月 4 日宣誓就职后便促使国会通过了头一个法令即《紧急银行救济法》,主要有两大措施:

其一,1933 年 3 月设立房主贷款公司。作为政府代理机构,其主要任务在于提供房主房屋贷款,避免因交不出房贷而被迫丧失房屋所有权。此机构提供贷款的方式有两种:一是直接提供贷款给有房贷压力的住户。在 1933～1936 年间总共向 100 万个家庭,提供了为期 30 年的固定利率房贷;二是以折价 20％方式向贷款机构购买房贷,透过发行债券和贷款机构交换账上的不良贷款,再以更优惠的方式将贷款再度贷放出去。

其二,1932 年 1 月设立金融重建公司。初期由财政部提供 5 亿美元当作资本,并允许通过发债或是向财政部借款的方式,取得解困资金。1933 年 3 月随着国会通过《紧急银行法》,赋予复兴银行公司(RFC)通过购买问题金融公司的优先股的方式提供资金。RFC 主要针对体质较佳的银行进行收购,同时只对在 RFC 设立以前就已存在的公司解困。在《紧急银行法》通过及罗斯福总统宣布抢救金融体系、保护房屋市场正常运作下,美股标准普尔 500 指数 6 个月上涨了 66％。

这些法令、机构和措施从制度和组织上堵住了漏洞,稳定了金融秩序尤其是股市秩序,此后存款户因银行倒闭而受损失的比例,已减少到微不足道的地步。挤兑停止,存款增加,人们对市场前景逐渐恢复了信心。随后又陆续通过了《银行法》、《联邦债务法》、《黄金储备法》,授权财政部和美联储即中央银行管理货币、信贷,加强对商业银行和非银行金融机构的规范和监控,如商业银行不得从事投资公司的证券业务,限制存款利率。

格拉斯—斯蒂格尔法案的出台

1929～1933 年全面而深刻的大危机对美国的金融制度造成了严重的冲击,银行大量破产倒闭,货币信用制度和证券市场濒于崩溃。为了保障金融改革措施的实施,美国政府颁布了一系列的对银行体制改革的法令,旨在构建一个新的银行制度。而其中最有代表意义的是 1933 年 6 月 16 日通过的《格拉斯—斯蒂格尔法案》(Glass-steagall Banking Act),也称《1933 年银行法》。这一法律是基于这样一种判断,即如果断开银行、保险业与证券市场的联系,危机的循环就可以被打断,那么证券市场的危机就不一定会演化成整个国家的经济危机。该法的确立标志着美国金融分业制度的正式确立,它有效地分离了商业银行和投资银行,稳定了金融体系。该法案的主要内容有:

1. 除了一定的特例外,禁止属于联邦储备系统的商业银行承销、分销、作为委托人经营股票、公债或其他证券(银行自己发行的除外)。例外的情况包括联邦政府公债、有充分信誉和信用担保(如税收权)的市政公债以及存款类型的证券。

2. 将商业银行用自己的账户购买的证券限制为银行管理机构同意的债务类型证券。

3. 禁止属于联邦储备系统的商业银行和主要从事投资银行业的公

司结成附属关系。

4. 禁止从事投资银行业的公司和个人同时从事商业银行业务。

《格拉斯—斯蒂格尔法案》是它所处时代的产物——大衰退、广泛的银行倒闭、公众对经济和政治系统稳定性信心的严重动摇以及试图找到防止未来类似灾难的快速解决办法。它有以下 3 个方面的目的：

1. 通过商业银行业和投资银行业的分业经营恢复对商业银行系统的信心。许多投资银行在衰退之初都经历了严重的财务困难,而一些银行试图去援助它们遭到麻烦的证券附属机构的行为则削弱了它们已经不安全的资本头寸。人们普遍认为,银行证券活动增加了银行对金融压力下的敏感性并且是造成它们财务困难的主要原因。

2. 防止资金从合理的商业用途流向投机用途。如果商业银行能够参与证券活动,能够建议它们的存款客户购买证券,那么这种更多的偿债金额流向证券市场的行为被认为是增加了金融系统的不稳定性,并在很大程度上成为 1929 年股市大崩盘的原因。

3. 为了清除商业银行和投资银行结合时存在的利益和自我交易之间的冲突。在国会听证会上,某些这类滥用职权的指控已经引起了全国公众的注意。当发生大量的银行倒闭时,这些指控带来了公众要求采取措施以有力、迅速地医治这种情况的呼声。①

《格拉斯—斯蒂格尔法案》是美国金融法上的一座"里程碑"。它不仅标志着现代商业银行与投资银行的分离,也标志着纯粹意义上的商业银行和投资银行的诞生。继《格拉斯—斯蒂格尔法案》之后,美国国会又相继颁布了《1934 年证券交易法》、《投资公司法》等一系列法案,逐步形成了金融分业经营制度。美国国会又在 1956 年通过了《银行控股公司法》,堵塞了银行业控股公司持有证券机构股份来间接从事证券业的漏洞,并进一步隔离了商业银行和投资银行业务。

美国不断完善的分业制度虽然在一定程度上稳定了金融秩序,促进了经济的持续发展,但随着经济形势的变化和金融环境的变迁,美国的分业制度也面临多方面的挑战。为了顺应这种金融产业日益融合的趋势,

---

① 《现代金融体系(第六版):货币、市场和金融机构》,[美]乔治.考夫曼著,经济科学出版社,2001 年出版,第 300 页。

提高本国金融业的国际竞争力,从 20 世纪 80 年代初美国就开始了金融监管放松的进程,逐步改变了各金融机构的业务经营范围。1987 年 4 月,美联储对《格拉斯—斯蒂格尔法案》的第 20 条款进行了重新的解释,允许一些大银行如花旗银行、J. P. 摩根和银行家信托公司等通过建立第 20 条款附属公司的方式开展某些"不合格"的证券业务,其中包括承销商业票据、某些市政收入债券、抵押担保债券和资产支持证券。

1999 年 11 月 4 日美国参、众两院通过的《1999 年金融服务现代化法案》废除了《格拉斯—斯蒂格尔法案》中的第 20 条(禁止会员银行与任何从事有价证券业务的机构进行联营),从法律上消除了银行、证券、保险各个金融机构在业务范围上的边界,允许商业银行以金融控股公司(FHC)形式从事包括证券和保险业务在内的全面金融服务,实行混业经营,结束了美国长达 66 年之久的金融分业历史,当时的总统克林顿称这一变化"将带来金融机构业务的历史性变革"。

而如今次贷危机的源头就是美国政府对金融机构尤其是对金融创新及其衍生品监管的缺失。吸取这一惨痛的教训,奥巴马上台后会不遗余力地推进和加强对金融活动的监管与约束,这项即将在奥巴马手上展开的金融改革计划将是美国自 1930 年代经济"大萧条"以来最大的一次金融监管体制改革。

2008 年 3 月,美国《金融监管改革蓝图》的发布,标志着美国金融业将结束双轨制分业监管模式,走上中央统一监管的道路。该《蓝图》表明美国将按"三步走"的思路,依次实现短期、中期和长期的改革目标,完成由双轨制、多头监管向"目标导向型"单层、综合监管模式转变。

短期内,美国将针对次贷危机中暴露出的金融监管漏洞采取一系列改革措施,以求稳定市场,有效防范类似危机再次爆发。在中期,美国将尝试就目前分业监管的各部门进行改制,设立一个新的监管机构,主要行使目前由证券交易委员会和商品期货交易委员会行使的职能,负责规范商业活动和保护消费者利益;国会建立一个联邦委员会,制定抵押贷款经纪人执照发放最低标准,以改变目前许多此类经纪人脱离联邦监管的现状;国会在财政部内部设立一个全国保险业监管办公室,以逐步开始由联邦政府负责监管保险业,包括将银行的最终监控权完全转移至美联储或联邦存款保险公司,以适应当今市场变化,强化证券业监管的统一性和全面性,促进行业内部自我监管。对尚处于州级监管水平的保险业,美国财政部建议经由类似于目前银行业的"双轨制"监管逐步将其转变为中央统一监管,以避免直接改为中央监管可能给市场带来的动荡局面。

美国金融改革的最终目标是建立一个"目标导向型"的金融监管模式。在这种由于格林斯潘时代的美联储过分放大了金融创新工具的有利性而忽略了风险性,次贷与信贷危机才得以利用政策的缝隙不断发酵,而这种状况与美联储只关注通货膨胀的目标有直接关联。因此,为了强化对金融市场的监管,奥巴马会在创建新的金融体系时考虑重新定位美联储的角色,一个极有可能的做法是将维护金融稳定纳入美联储的职权体系中。

金融作为现代经济的核心，其业内的高管也一直是很多人梦寐以求的奋斗目标。然而，美国经济学家、2001年度诺贝尔经济学奖得主约瑟夫·斯蒂格利茨认为，此次全球性金融危机与金融业高管的巨额奖金有一定关联，因为奖金"刺激了高风险行为"。高风险投资可以在短期内获得更多的利润，员工的收入也会增加，但一旦出现亏损，则由其他人来承担。因此，在某种意义上，经理层管理人员乐意进行风险投资，更严重的问题是，他们一直鼓励高风险投资。

　　"这就像出钱让他们赌博，如果一切顺利，他们携巨额红利走人；而当事情变糟，就像现在那样，他们不用共同承担损失。"

——斯蒂格利茨

第三章

历次金融危机比较研究

　　在人类历史上,金融危机像一个幽灵,来了又去,去了又来。1720 年法国的"密西西比泡沫"和英国的"南海泡沫"先后破裂;在这之前的 1636 年荷兰曾出现过"郁金香狂热";1873 年、1893 年、1907 年美国出现了 3 次严重的银行恐慌;1922 年 8 月到 1923 年 11 月的德国出现了平均月通货膨胀率达 2％的恶性通货膨胀;20 世纪 30 年代全球爆发了大萧条;1931 年、1949 年、1967 年英镑 3 次大幅度贬值;60 年代美元危机爆发;1973 年布雷顿森林体系崩溃;1982 年爆发债务危机;90 年代以来先后出现欧洲货币危机、墨西哥金融危机和 1997 年的金融危机。

　　与金融危机的频频爆发相比,人们对金融危机进行的系统研究则显得相当薄弱。最近的金融危机与人类以往所经历的金融危机有很大的不同,它是在全球经济一体化、金融自由化和金融创新的背景下出现的,它在对经济持续增长和人类财富的安全提出挑战的同时,也对经济和金融理论提出了挑战。

第一节　史书上记载的最早金融危机

一滴肥皂水,一口气就可以吹出一个绚丽多彩的气泡,可是好景不长,泡沫越大,迸裂得越快。人们将自然界的泡沫现象用来形容一个经济实体在一段时间内迅速繁荣、然后又急剧下降的兴衰变化。泡沫经济正如虚假繁荣,看起来像肥皂泡,光彩夺目,可是一旦破裂,繁荣景象顿时消失得一干二净。

金德尔伯格在《新帕尔格雷夫经济学大辞典》中这样定义泡沫经济:"泡沫状态这个名词,随便一点儿说,就是一个或一系列资产在一个连续过程中陡然涨价,开始的价格上升会使人们产生还要涨价的预期,于是又吸引了新的买主——这些人一般只是想通过买卖谋取利润,而对这些资产本身的使用和产生盈利的能力是不感兴趣的。随着涨价常常是预期的逆转,接着就是价格暴跌,最后以金融危机告终。通常'繁荣'的时间要比泡沫状态长些,价格、生产和利润的上升也比较温和一些。以后也许接着就是以暴跌(或恐慌)形式出现的危机,或者以繁荣的逐渐消退告终而不发生危机。"

"没有什么事比眼看着一个朋友变富更困扰人们的头脑与判断力了"。1636年发生的荷兰郁金香泡沫、1719～1720年发生在巴黎的密西西比股市泡沫,以及随后在伦敦发生的南海股市泡沫等是经济学公认的比较典型的泡沫经济案例。

1637年郁金香狂热

1637年的早些时候,当郁金香依旧在地里生长的时候,价格已经上涨了几百甚至几千倍。现在大家都承认,这是现代金融史上有史以来的第一次投机泡沫。

郁金香狂热潮可以分成三个阶段:第一阶段是供需不平衡而变得高

价。在 17 世纪的荷兰，郁金香是一种十分危险的东西，它是一种难以短时间大量繁殖的植物，郁金香从栽培到开花要历经 3～7 年的时间，因此造成了"郁金香狂热"中的缺货状态，因而变得高价。

第二阶段是投机者开始进入市场。1634 年前后，郁金香的大受欢迎吸引了投机分子的目光，他们对于栽培郁金香或是欣赏花的美丽并没有兴趣，只是为了哄抬价格取得利润。此时郁金香受欢迎的风气从莱顿传到阿姆斯特丹、哈勒姆等城市，需求量日渐扩大。这些投机分子有计划地行动，有人因此一掷千金，当时甚至还有过一个高级品种的球根交换了一座宅邸的纪录。在 M.戴许所著的"郁金香狂热"一书中有以下的描写："1636 年，一棵价值 3 000 荷兰盾的郁金香，可以交换 8 只肥猪、4 只肥公牛、两吨奶油、1 000 磅奶酪、一个银制杯子、一包衣服、一张附有床垫的床外加一条船。"

对郁金香狂热批判的宣传手册
（1637 年出版）
（来源：维基百科）

第三阶段则是卷入了缺乏资本的平民。郁金香交易在短时间内让人一掷千金的传言在工匠和农民之间广为流传，吸引他们进入了这个交易市场，他们原本没有资金，所以仅从买得起的程度开始进行，这种情况使得非顶级的品种价格也开始抬升，渐渐出现了因转卖而取得利益的民众。

逐渐开始出现全年交易和引进了期货交易制度，市场的交易模式至此也开始改变。这种交易的模式并非前往正式的证券交易所，而是前往酒店。交易也不需要使用现金或是现货的球根，而是提出一份"明年 4 月支付""那时候会交付球根"的票据，或是加上少许的预付款即可完成交易。这个预付款也并非限定只能使用现金，像是家畜或是家具只要可以换钱的东西都可以抵用。因此，这样的票据转过数手也出现了连谁是债权人谁是债务人都不知道的情况。这种预付的制度也吸引了原本完全没有资金的投机者参加，从面包师傅到农民都加入这个市场，因此需求量再次膨胀,就算是原本便宜的品种也飞涨。

但是随着价格飞涨,原本最初的买家也就是爱好植物的人开始变得不买,特别是民众交易的低价球根,爱好者也看不上眼。1637年2月初,价格突然暴跌,与其说是暴跌不如说是找不到买家,因为票据无法兑现,导致无法付出货款的却又背负债务的人据说达到3 000人。荷兰各都市陷入混乱,其中有人还同时身兼债权和债务人。虽然有人倾诉,但是在债务人明显没有偿还能力的情况下,事情无法寻得解决的途径。

事情最后震动了议会和市政府,并随即展开行动,最后做出了"在调查结束之前保留郁金香的交易"的决定,这个决定使得票据失效,却很快地把问题解决了,留下的只是少数的破产者和暴发户,郁金香狂热时代就此结束。

1720年南海泡沫

1720年倒闭的南海公司给整个伦敦金融业都带来了巨大的阴影。这是历史上第一次世界证券市场泡沫事件,"泡沫经济"一词即来源于此次事件。

1711年,英国政府为了向南美洲进行贸易扩张,而专门成立了一家公司——南海公司,南海公司是英国一个特许贸易公司,具有在南海贸易的特许权,垄断经营。所谓南海,就是现在的拉丁美洲、大西洋沿岸地区。南海公司拿到这个特许权以后就开始造势,说这个地区发现了金矿、银矿、香料等等,做这方面的买卖在当时都是非常赚钱的。公司因拥有1 170万英镑的英国国家债务而成为英国国债最大的债权人,1720年1月,南海公司向英国政府提出利用发行股票的方法来减缓国债的压力。为了迅速筹集还债资金,不堪重负的英国政府决定把南海公司的股票卖给公众。

17世纪,英国经济兴盛,人们的资

南海泡沫事件

（来源:维基百科）

金闲置、储蓄膨胀，当时股票的发行量极少，拥有股票还是一种特权。为此南海公司觅得赚取暴利的商机，即与政府交易以换取经营特权，因为公众对股价看好，促进当时债券向股票的转换，进而反作用于股价的上升。很快人们开始相信了，南海公司海市蜃楼般的利润前景，唤起了英国人超乎寻常的狂热，于是，股价开始猛涨。1720 年，为了刺激股票发行，南海公司接受投资者分期付款购买新股的方式，接着投资十分踊跃，股票供不应求导致了价格狂飙到 1 000 英镑以上。据历史资料记载，从 1720 年 3 月到 9 月，在短短的半年时间里，南海公司的股票价格一举从每股 330 英镑涨到了 1 050 英镑。

当时的英国正处在第一次工业革命的前夕，大量的民间企业同样需要筹集资本，当人们看到南海这种泡沫起来后十分赚钱时，民间就纷纷组织公司，并开始背着政府偷偷地发行股票。英国议会在 1720 年 6 月通过了《反金融诈骗和投机法》，禁止民间组织公司。《反金融诈骗和投机法》被民间俗称为"泡沫法"，它的意思是说，"泡沫法"认定了民间股票是泡沫，政府用这部法律去打击民间股票的发行，但同时却助长了南海泡沫的形成。

当人们争先恐后地购买股票的时候，而当时的政府成员，这可以被称为最早的内幕交易者，在股价越涨越高的时候，包括财政部长在内的许多官员卖掉了所持有的股票。内幕人士与政府官员的大举抛售，引发了南海泡沫的破灭。

后来因为国会通过了《反金融诈骗和投机法》，内幕人士与政府官员大举抛售，南海公司股价一落千丈，南海公司的股价从 8 月 31 日的 775 英镑一路下跌，到 10 月 1 日，只剩下 290 英镑，南海泡沫破灭。当时英国的财政部长在南海公司的内幕交易中，为自己赚取了 90 万英镑的巨额利润。丑闻败露之后，他被关进了著名的英国皇家监狱——伦敦塔。但是，比他更悲惨的却是那些不知情的投资人，这其中还包括大名鼎鼎的科学家牛顿，牛顿赔了，他在南海泡沫中的损失超过了 2 万英镑。事后，他不无伤感地写道：我能计算出天体运行的轨迹，却难以预料到人们的疯狂。

然而，比牛顿损失更大的则是英国的经济，南海泡沫的破灭使神圣的政府信用也随之破灭了，英国没人再敢问津股票。1720 年倒闭的南海公司给整个伦敦金融业都带来了巨大的阴影,从那以后,整整 100 年,英国没有发行过一张股票,从而为发达的英国股市历史留下一段耐人寻味的空白。

法国密西西比股灾

1720 年,法国爆发了世界股市史上第一次重大股灾。由于这次股灾是由市场过度投机爆炒密西西比公司股票并最终导致密西西比公司股票暴跌引起的,故称法国密西西比股灾。

1710 年,法国政府面临巨大的财政压力,其财政赤字接近 1 亿锂,国债已近 30 亿锂。到 1715 年,法国国债已有 1/3 到期,而连年的农业灾荒导致税收极度减少,当年财政收入只有 6 900 万锂,开支则为 14 700 万锂。财政入不敷出,法国政府和各部门几乎陷入瘫痪之中。为了摆脱国家财政危机,法国政府授权约翰·劳(John Law)创办一家资本约 600 万锂的私人银行。

约翰·劳是一位善于运用权力财势、华而不实的理想主义者,由于生意失败,在一次争吵中把合伙人杀掉后,离开苏格兰老家逃到法国。他运用计谋争取到机会认识了法王路易十五,当时路易十五仍未成年,摄政权在奥尔良公爵手上。那时,认识皇族是跃升龙门的唯一渠道,约翰·劳以他绝对有能力解决法国政府巨额负债的说辞说服皇室。他向法皇所提的建议是,买一台印钞机然后大量印刷纸币,以偿还所积欠的巨额款项。皇室非常赏识这项创举,因此法国皇室让这位从苏格兰来的移民,拥有完全掌控皇家法国银行及皇家印钞机的主导权。

1717 年,法国政府准许以约翰·劳的私人银行发行的纸币纳税,1718 年,法国政府将约翰·劳的私人银行改为国家银行并授予它发行钞票的权利,且特许约翰·劳建立密西西比公司和包税总所。这样,法国的独家纸币发行权、北美贸易垄断权和代理间接税权以及与此相配合的 3 家垄断机构——国家银行、密西西比公司和包税所都控制在约翰·劳的手中。不久后,劳的纸币发行遍布各地,一夜之间,劳从一个默默无名的小人物变成法国最有名且最富有的人,而他的财富也仅次于法王路易十五,成为法国最有钱的人。

仗着如日中天的知名度,劳宣布他的第二个大计划,成立密西西比公司。这个计划构想来自一些前往美国拓荒的法国移民,其目的是投资开采密西西比河周围丰富的金银矿产。当年,法国的拓荒者河尔贝尔(Colbert)、乔利那(Joliet)及马凯特(Mzquette)最先发现沿着路易斯安那区顺流的密西西比河,而此区随后又被法国所占有。据当时这些自美国返国的法国人描述,密西西比河有如第二个墨西哥,到处都是金矿及银矿等待开采。因此,从未到过美国新大陆的劳遂创立密西西比公司,提出一个强而有力的销售计划,说服广大群众相信他们所听到的淘金计划是一个事实,而开始蜂拥抢购密西西比公司股票。

1718 年,密西西比公司以筹措 1 亿锂资金开发路易斯安那金矿为由,计划发行 1 亿锂共 20 万股股票,每股发行价为 500 锂。约翰·劳采取各种促销方法和贿买政府官员授予密西西比公司更多特权等手段,大肆营造社会购买该公司股票的热烈气氛,并允许持有政府债券的人用债券购买股票。由于债券在市场上的价格还不及面值的一半,绝大多数债券持有人都迫切想用手中的债券去购买该公司股票,于是出现了抢购股票的风潮。就像摇滚乐迷在滚石音乐会场一般,疯狂的法国人涌进离劳住所很近的狭窄街道,申请购买密西西比公司股票。他们挥舞着钞票,企图贿赂劳的员工将股票卖给他们。这股抢购热潮使得密西西比公司股价不断向上攀升,甚至荒谬到比金矿本身的价值还高,但投资人仍不断盲目抢进。①

市场投机愈演愈烈,整个法国甚至欧洲热衷于投机、赌博的人们携带着资金潮水般地涌入股市购买密西西比公司股票。1719 年,密西西比公司股票 500 锂一股在 7 月份达到 5 000 锂,8 月份上升到 10 000 锂,10 月份升至 21 000 锂,最高涨至 31 000 锂,涨幅为发行价的 62 倍,创造了当时及以后相当长一段时间内世界股市暴涨的最高纪录。

1720 年 7 月,投机狂潮终于接近尾声。密西西比公司为了替政府偿

---

① http://gupiao.heima.com/show.aspx? id=826&cid=43

还债务,背上了沉重的包袱。同时,被派出去的人回来报告说,人们所期望的从路易斯安那滚滚涌向法国的财富也只不过是一个泡影。随后,许多股民开始为过高的股价担忧,赚了钱的人都想把股票换成纸币,再将纸币拿到银行去兑换硬通币,以求万无一失。市场上开始出现大量抛售密西西比公司股票的现象,股价迅速下跌。为了支撑股价,约翰·劳不惜通过大批量发行纸币来吸收投资者卖出的股票,结果适得其反。人们由怀疑密西西比公司股价转到怀疑国家银行是否有能力兑换无数的纸币,抛售股票的狂潮迅速演变为挤兑狂潮。密西西比公司股价一泻千里,创造了至今仍保持的跌幅一次达99%的世界股市最高纪录。挤兑狂潮导致了法国银行的倒闭,无数纸币顷刻变成废纸,法国经济随之陷入了长期的大萧条。①

利息、股市和危机

从最原始的金融危机的发生,可以看到其端倪和发展脉络。这是一系列由交易所危机引发的金融危机,繁荣初期的低利息率刺激了虚拟资本市场价格的上涨,而这又助长了猖狂的投机活动。投机活动的扩大又引起了对股票需求的进一步增加,结果又进一步推动股票价格上涨。股价上涨又推动了创业活动发展,新的股份公司纷纷涌现出来,现有的股份公司扩大了自己的资本。于是新股票大量增加,股价依然呈上升的态势,这是创业活动最活跃和银行由发行活动获得利润最大的时期。

受获取更大收益的驱动,投机者开始依赖信用资金进行投机,于是对信用的需求大增,这种需求增加开始推动利息率上涨。随着繁荣进入鼎盛期,股价继续狂涨,投机者以股票作抵押,从银行取得信用贷款,然后变本加厉地进行更加猖狂的投机,与这种投机相一致,利息率继续上涨。当利息率达到顶点时,投机者不得不停止他们哄抬市价的努力,并转而从投机中抽回一部分信用资金。与此同时,创业利润也因高利息率而减少到

历次金融危机比较研究

最低限度,从而使发行受阻,投机活动达到饱和状态,因为他们面临着新股票不能出售或只能以较低价格出售的危险。于是,投机活动开始紧缩,股价随之开始下跌。股价的下跌,使银行意识到了鼓励投机的危险性,于是,开始将抵押股票强制拍卖。拍卖造成股票供给突然增加,并进一步引发证券市场更大幅度的跌价。

此时,一些职业投机者开始大肆抛售股票,银行也加入其中进一步拍卖抵押股票,在各方力量的共同推动下,终于使股市全面崩溃,一场交易所危机就此爆发。

不过,交易所危机还不是危机的全部,它仅仅是产业危机和商业危机的前奏或征兆。交易所危机发生后,股价随即降到最低点,此时,大资本家和银行家开始大量买进这种贬值了的有价证券,以便在恐慌过去、市价回升后高价抛出。这种情况继续下去,直到在下一个周期过程中,对一部分投机家的剥夺过程和财产向货币资本家手上的集中过程重新进行,从而交易所执行了作为通过虚拟资本的集中而实现财产集中的手段的职能。

第二节　金融危机的现代形式

从最早的三大金融危机,可以看出泡沫产生和破灭的景象,然而,在现实经济中,人们并不能明显地意识到泡沫的存在,而是陶醉于泡沫的五光十色中,当泡沫破灭时,人们可能反而争相抛售资产,加速了泡沫的破灭。泡沫破灭的理由往往多种多样,可能一个小小的事件就能产生很大的蝴蝶效应,但泡沫的破灭却是一种必然趋势。在现代金融危机多种多样的原因中,人们似乎总将其归结为金融自由化的恶果,或者认为发展中国家存在自身金融体制的不健全,人们是否能看到其背后是否还有更深层次的原因?面对琳琅满目、大大小小、五颜六色的金融危机,经济学家们似乎看花了眼,他们能否找到其不变的规律呢?当西方正统自由主义经济思想面对次贷危机走到穷途末路的时候,人们是否该反思危机到底来自何方呢？

金融自由化

加尔布雷斯指出，"一条重要的规则是：金融运作不适宜于革新，因为所有接踵而来的金融革新都涉及以更加有限的资产来应付由杠杆引起的债务。"金融创新，使大量资金滞留于金融市场，这些资金遂形成金融资产并表现为增值资本。金融资产价格的变动会成倍放大实体经济的变动幅度，其中有相当的泡沫成分。金融深化所动员的大量资金进入这种市场，吹大泡沫并从中获利。金融自由化促进了期货、期权、掉期和远期协议等衍生金融工具的发展，由于这些具有高杠杆效应的衍生金融工具可以以小搏大，它们逐步地由套期保值手段异化为投机工具，促进了泡沫经济的形成。

金融创新最直接的结果就是金融衍生产品的产生与飞速发展，根据美国《福布斯》杂志1995年的文章称，国际金融市场已知的金融衍生工具已有1200多种，并且还在不断增加。1996～1997年，仅是有组织的市场中的全球金融衍生品的余额就增长了1.5万亿美元，其交易额则增长了25万亿美元。而在亚洲金融危机向全世界蔓延、其他金融业务都相对萎缩的1998年第一季度，金融衍生品的余额还增长了近一万亿美元，交易额则有82万亿美元。到2000年年底，全部金融衍生品的余额（951 900亿美元）已经远远超过同期的国际信贷与证券融资余额（188 719亿美元），至于其交易额，更是其他任何金融产品都不可望其项背的。

金融创新通过加速推动国际资金投机活动而加大了国际金融市场的动荡和风险，形成国际金融市场的脆弱性。金融创新原本是为了规避市场风险和迎合市场需求而出现的，但是对一种风险的规避，往往造成另一种风险的暴露。同时，作为金融创新的重要组成部分的金融衍生产品，本身具有放大利润和风险的功能和特点，从而使金融市场上的风险大为增加。金融衍生产品过去作为对冲和套期保值的功能，在目前已经日益被投机和谋利的行为所代替，成为人们希望通过自己对市场的预测来赚取利润的投机手段。越来越多的投资者进入金融衍生产品市场进行投机，甚至连保守经营的商业银行，由于其传统业务的利润率随着日益激烈的竞争而不断下降，也利用衍生金融工具进行自营买卖，以此作为其维持利润高增长的主要途径。

金融市场的交易都是零和交易，财富并没有被创造，而只是在不同时间的不同投资者之间的转移。市场创造出一批盈利者，在同时或在以后会产生很多因预期错误而投机失败的人，如果投机失败者在市场中占多数或者具有足够的影响力，便会连带引发整个金融体系的失败。同时，金融创新削弱了货币政策实施的基础，使货币定义与计量较为困难，因为新的金融工具不断涌现，使得金融资产之间的替代性空前加大，从而导致货币的货币与资本的货币、广义货币与狭义货币、本国货币与外国货币之间的界限逐渐消失，部分控制货币供应量的货币政策工具也因此而失灵，存款准备金政策和再贴现政策的作用进一步下降。

金融自由化条件下金融危机的新形式

经济危机指市场经济发展过程中周期性爆发的生产过剩危机。自1825年英国爆发第一次经济危机以来，资本主义经济从未摆脱过经济危机的冲击。第二次世界大战以后，西方国家采取了宏观调节措施，试图"熨平"周期，经济危机的周期性特征便不再明显。经济危机或金融危机可以明显区别开来，金融危机是指某国或地区的全部或部分金融指标（如利率、汇率、证券、地价、商业破产数和金融机构倒闭数）的急剧、短暂和超周期的恶化；金融危机又可分为货币危机、债务危机、银行业危机和证券市场危机等，但现在越来越呈现出混合形式的危机。这4种基本均衡状态被破坏到一定程度，就会爆发金融危机。

1. 货币危机，又称货币汇率危机。由于实行钉住汇率制或固定汇率制的国家，其国内经济变化没有配合相应的汇率调整，导致其货币内外价值脱节，反映为本币汇率高估，由此引发投机攻击，加大市场上本币的抛压，其结果是外汇市场上本币大幅度贬值，该国金融当局为捍卫本币币值而动用大量国际储备干预市场或大幅度提高国内利率,使一国的货币流通领域出现严重混乱,甚至使原有的汇率制度趋于崩溃,因此称之为货币危机。它对证券市场、银行业、国际收支以及整个国民经济将产生强烈的影响,容易引发证券市场危机、银行业危机及债务危机等多种危机。

2. 证券市场危机,又称为资本市场危机,表现为资本二级市场上的金融资产价格强烈波动,如股票市场、债券市场、基金市场及与之相关的衍生金融产品的金融资产价格发生急剧、短暂或超周期的暴跌。由于金融恐慌,使市场全体竞相退出,造成一发不可收拾的金融资产价格狂跌。典型的如股灾,股灾同时具有扩散性,不同的股票市场相互影响,引起连锁反应。证券市场危机与货币市场危机具有联动作用。

3. 银行业危机,又称金融机构危机,即大量的银行被挤兑或濒临破产。在金融领域均衡遭到破坏时,金融资产质量下降,银行资产质量随之恶化,信用等级下降,金融体系的脆弱性显现出来,伴随着一连串的金融机构倒闭。

4. 债务危机,无力偿还外债而发生的危机。危机发生伴随着资金外逃,国际借贷条件就会恶化。出现汇率贬值的现象时,当过度借入外债时,尤其是短期外债,偿债期限过于集中和自身经济结构失调便会导致对外支付手段枯竭。

从现代金融危机的一般表现来看,货币危机占有特别突出的地位,并伴随着其他几种形式的危机,相互演化,尤其银行业危机。但几种危机的界限已经十分模糊,这主要表现在三个方面:第一,各种类型危机的成因往往一致,即非持续性的经济不平衡和资产价格或汇率的失调等。第二,导致这几种危机的因素有时会同时出现。如 1992 年的欧洲危机主要是货币危机,但北欧国家还同时遭受了国内的银行业危机。第三,一种危机也会发展变化为另一种危机。银行危机就常常会演化为货币危机,尤其是在发展中国家,如 20 世纪 90 年代中期土耳其和委内瑞拉的危机。银行危机有时还会转化为债务危机,如 1981~1982 年发生在阿根廷和智利的危机。东南亚一些国家的货币危机也曾转化为银行业危机和债务危机。

当然,一种危机引致另一种危机的现象并不意味着两种危机间存在着必然的因果关系,但不管是哪一种危机,其对金融市场都会造成巨大的负面影响。如果金融危机蔓延到其他经济领域,引发企业大量倒闭、失业增多和经济萧条,则会转化为经济危机甚至社会危机。

第三节　近代三大金融危机回顾

近代三大金融危机概述

回顾20世纪90年代的3次金融危机,不难发现,现代金融危机的爆发往往以货币危机为先导,由货币遭受攻击开始,多数国家金融市场从中央银行开始干预到最后放弃干预,然后央行外汇储备迅速下降,最终放弃固定汇率制度,改为完全浮动或有管理的浮动汇度。20世纪80年代中期以后,国际环境的一个重要变化是短期资本的流动速度大大高于贸易和长期资本流动的速度,同时,20世纪70年代以来,许多国家仍采取调整的固定汇率制度(例如,欧洲货币联盟的联合浮动和很多发展中国家的钉住浮动汇率制度),这使得货币政策自主和固定汇率制度之间存在着冲突,这些都成为国际投资集团冲击一国货币的条件之一。

20世纪90年代以来,欧洲货币联盟和很多发展中国家的固定汇率制度受到了国际投机资本的不断冲击。例如,正是由于以索罗斯为代表的国际游资持有者对英镑、里拉、比索和泰铢的阻击,引起了东盟成员国货币的连锁反应,货币的竞相贬值,发生信心危机、资金外逃等现象,最终导致了金融危机的爆发。一开始,国际投机资本参与了泡沫制造,促使其越吹越大,伴随着国际投机资本的撤退,泡沫破灭,整个金融体系的缺陷凸现,从而引发了深重的金融危机。

据国际货币基金组织(IMF)统计,自上世纪70年代以来,全球共发生了大大小小的金融危机212起。这里主要选取历史上影响较大的1980年代的拉美债务危机、1987年的美国储贷危机、1992年的英镑危机、1990年代的北欧危机和日本金融危机、1997年的亚洲金融危机为考察对象进行规律总结,并与这次美国次贷危机进行对比,以期在对这次危机进行定性的基础上,从历史比较的角度去对此次危机的影响以及后续发展趋势做出判断和展望。

表 3-1　历次金融危机总结 ①

金融危机	起止时间	危机源头	危机类型	政府救市年份
拉美债务危机				
智　利	1981～1985	外　债	货币危机	—
阿根廷	1980～1982	外　债	货币危机	—
乌拉圭	1981～1984	外　债	货币危机	—
美国储贷危机	1986～1992	房地产	银行业危机	1989
日本金融危机	1990s	房地产	银行业危机	1998
英国英镑危机	1992～1993	汇率	货币危机	—
北欧危机				
挪　威	1991～1993	房地产	银行业危机	1992
芬　兰	1991～1993	房地产	银行业危机	1992
瑞　典	1991～1993	房地产	银行业危机	1992
墨西哥比索危机	1994～1995	汇率	货币危机	—
亚洲金融危机				
泰　国	1997～1998	汇率	货币危机	—
印　尼	1997～1998	汇率	货币危机	—
韩　国	1997～1998	汇率	货币危机	—
马来西亚	1997～1998	汇率	货币危机	—
俄罗斯	1998～1999	汇率	货币危机	—
巴　西	1998～1999	外　债	货币危机	—

　　表 3-1 列举了从 1980 年以来主要的金融危机,以拉美债务危机、北欧危机和亚洲金融危机这 3 次危机为现代金融危机的典型代表,它们具有以前金融危机所不同的特点,反映了时代的特征,表现为:①金融

---

　　① 次贷风暴或止于 2010——从历次重大金融危机比较研究看当下危机,于旭辉,蒋建蓉,《首席财务官》。

危机发生的频率加快。②金融危机的超周期性和超前性。③金融危机的蔓延和传染性效应增强,速度加快,呈全球性。④金融危机更容易在新兴市场国家爆发的区域性特征。⑤投机攻击引发货币危机,货币危机成为现代金融危机的先导,并处于核心环节。⑥货币危机与银行危机的双重性。

拉美债务危机

20 年来,金融危机在拉丁美洲频繁爆发,而且其"震中"集中在墨西哥、巴西、阿根廷这 3 个一直被视为带动拉美经济发展"三驾马车"的经济发展态势较好的国家。作为新兴市场国家的拉美各国在体制方面的某些共性缺陷,似乎是酿成金融危机的根源所在。

20 世纪 70 年代中期以后,拉美各国为了实现工业化开始大量向西方银行借债,使债务规模迅速增长。进入 80 年代以后,伴随全球经济衰退,拉美许多国家陷入国际债务危机中。1982 年 8 月,时任墨西哥财长的席尔瓦·埃尔索格向美国政府和国际货币基金组织通报:"墨西哥几乎耗尽全部外汇储备,再也无力偿还到期的债务本息。"揭开了拉美债务危机的序幕,紧接着巴西、阿根廷、委内瑞拉、智利等许多国家纷纷相继宣布无力偿还到期债务,一场以债务危机为特征的国际金融危机席卷拉美地区。

据联合国拉美经委会统计,1982 年年底,拉美 19 国外债总额 3 287 亿美元,其中墨西哥外债余额 876 亿美元,巴西 913 亿美元,阿根廷 436 亿美元,委内瑞拉 350.6 亿美元,智利 171.6 亿美元,五国外债总额 2 747 亿美元,占拉美外债总额的 83.58%。1983 年应付本息墨西哥 431 亿美元,巴西 308 亿美元,阿根廷 184 亿美元,委内瑞拉 199 亿美元。四国偿债率即偿还外债本息额占出口收入的比率分别为 126%、117%、153% 和 101%,远超过偿债率 20% 的国际公认警戒线。

墨西哥比索危机

自上世纪 80 年代末 90 年代初以来,"新兴市场"成为国际资金青睐的目标,外资也一度成为墨西哥经济发展的主要动力。从 1990 年起,墨西哥经济发生了一系列的变化。墨西哥为了遏制通货膨胀,实行了稳定汇率的政策,即利用外资的流入来支持本已非常虚弱的本国货币,使新比索与美元的汇率基本稳定,仅在一个很窄的范围内波动。

由于墨政府推行控制通货膨胀措施之一的稳定汇率政策时间过长,使外国投资者觉得这是一种隐含的"汇率保障",为他们减少了风险,因而吸引了外资证券投资的涌入。高利率吸引了大量外资的涌入,每年流入量达 250～300 亿美元;实际汇率逐步持续上升,损害了其出口商品的竞争力,造成国际收支经常项目的赤字增加到每年约 230 亿美元(占其国内生产总值的 7%);国内储蓄率急剧下降,从 1990 年的 19% 降到 1994 年的 14% 左右,然而大部分外资被用来增加消费,投资和外贸出口并未显著增长,这就使整个经济过分依赖外资,但外国投资的目的是谋取利益,存在一定的风险。

据有关资料显示,1993 年墨西哥接收的 30 亿美元的外来投资中,约 80% 投资在有价证券方面,直接投资仅占 20%。投资资金投向的不平衡更造成经济结构失衡,一旦出现利率和汇率风险,外资大量流失,经济就会崩溃。同时,由于国内投资和生产率停滞,经济增长率仅为 2%。大量美资涌入墨西哥后,随着 1994 年美国 6 次加息,以美元计价的资金成本大幅上升,墨西哥的外债负担也骤然增加。外国投资者一旦察觉,便开始把投资于股票证券的资金回撤本国,由此触发了危机。

但由于外贸赤字的恶化,外国投资者信心动摇,在资本大量持续外流的压力下,1994 年 12 月 20 日墨西哥政府不得不宣布让新比索贬值 15.3%。然而这一措施在外国投资中间引起了恐慌,资本大量外流愈加凶猛,墨政府在两天之内就失掉了 40 亿～50 亿美元的外汇储备。到 12 月 22 日,外汇储备几近枯竭,降到了少于一个月进口额的水平,最后墨政府不得不被迫宣布让新比索自由浮动,政府不再干预外汇市场。几天之内新比索便下跌了40%。

比索汇价的大幅下跌,极大地挫伤了广大投资者的信心,他们纷纷从墨西哥证券市场撤资造成股票市场的大幅动荡。1995年1月10日,股指一度下跌11%。1995年2月2日,主要股票指数一度降到1447点,比1994年12月31日收盘时的2375点还少近1000点,为危机爆发以来的最低水平。2月初,墨西哥一大批银行、金融公司和企业出现支付困难,濒临破产。至此,墨西哥陷入全面金融危机之中。

此次危机造成的对内影响和对外冲击是相当严重的。从1995年2月开始,墨经济进入全面衰退,一场全面的经济危机随之爆发,全年GDP下降6.9%,工业总产值下降15%,农业下降6.2%。通货膨胀率由1994年的4%上升到52%,公开失业率由1994年的3.2%上升到6.6%。一些依靠进口零件进行生产的企业因成本上升被迫停产,银行利率提高,大部分企业面临资金的短缺。货币贬值造成物价上涨,外债危机再次卷土重来,比索的贬值使按比索计算的外债由原来的占GNP的39.3%上升至69.6%,债务利息增加59%。后在美国政府和国际金融机构的援助下,危机才趋于平静。

与此同时,危机已开始波及全球市场,拉美、北美、欧洲和亚洲各主要股市指数纷纷大幅下滑。在拉美地区,由于阿根廷和巴西也是采取联系汇率制度,墨西哥比索危机迅速蔓延到这些国家,造成了金融市场资金短缺、资金外逃等现象。在1994年12月19日至27日那一周里,墨西哥国内危机加剧,阿根廷股市以美元计算市值减少了14%,巴西则减少了17%,秘鲁股市也出现暴跌。

面对墨西哥流动性危机的威胁,各国不得不采取防范措施。阿根廷政府于1994年12月28日出售了35亿美元的外汇储备,以保卫本国货币稳定,这是自1991年可兑换计划后的最大一笔干预。在接下来的3个月时间里,央行近1/3的外汇储备枯竭,银行短期利率迅速提高,在一周内由9.5%升至23%。同时,政府于1995年2月起实施了财政紧缩计划,削减政府公共开支近10亿美元。

巴西自危机以来,已有将近12.3亿美元的资金被抽走,相当于外资在巴西投资总额的 10％，到 1995 年 1 月中旬，股市已累计下跌了 36％，巴西中央银行被迫限制货币供应量。银行隔夜资金拆借利率从 2 月初的 40％ 左右升至 3 月底的 70％，并将本币币值下调及增大允许的波动幅度。这次危机还波及到远东和亚洲新兴市场，投资者担心泰国、香港等会发生同样的现象，故而纷纷将资金转移到日本。据估计，仅美国投资者在此次危机中就损失了 100 多亿美元。另外，加拿大、意大利、匈牙利、西班牙等国的金融市场也受到了冲击。

坐落于巴西利亚的巴西
中央银行总部
（来源：维基百科）

亚洲金融危机

　　在 20 世纪 90 年代前期，主要西方国家在衰退中苦苦挣扎时，亚洲经济增长却势如破竹，令世界为之惊叹。它所表现出的高速的经济增长一度被经济学家和国际组织誉为经济奇迹，因为这种高速增长持续的时间之长也是历史上少有的。在过去十多年中，东南亚经济特别是泰国、马来西亚和新加坡的经济以年均 8％ 以上的速度傲首于世界之林。马来西亚经济增长率连续 9 年保持在 8％ 左右，几乎无失业人口。泰国年经济增长率为 6％，印尼经济发展速度多年保持在 7％ 以上。菲律宾经济也开始加速发展，增长趋势基本健康。

　　经济的高速增长使东南亚国家（地区）的人均国内生产总值迅速提高。其中，韩国由 1960 年的 80 美元增至 1985 年的 10 128 美元。同期，新加坡由 428 美元增至 28 245 美元，马来西亚由 278 美元增至 4 160 美元，台湾由 159 美元增至 12 401 美元，香港由 310 美元增至 23 090 美元。

这种迅速发展和赶超世界发展水平的速度实属经济奇迹。然而1997年,正当人们津津乐道于大谈"亚洲奇迹"和"亚洲模式"之时,一场震惊世界的金融危机首先从泰国爆发,此后迅速蔓延,波及到世界大部分国家和地区。冰冻三尺,非一日之寒,其实危机的引发也有一个经济矛盾多年积累的过程。

(一)引发因素分析

1. 国际收支失衡,经常项目赤字太大

从1990年开始到亚洲金融危机爆发前的几年里,泰国、韩国、印度尼西亚、马来西亚、菲律宾经常项目均为赤字,1995年,这几个国家经常账户差额占GDP的比率分别达到−8.2%、−1.9%、−4.3%、−8.6%、−5.1%。1996年,泰国、韩国、马来西亚、菲律宾经常账户差额占GDP的比率又进一步降到−8.3%、−4.9%、−8.9%、−5.9%,其中泰国和马来西亚的逆差占国内生产总值的比率已经被经济学界认为是"难以承受的水平"。

造成东南亚国家经常项目逆差增加的一个很重要的原因是出口下降。东南亚国家一直以劳动密集型产业为主,电子产品在出口中占有相当比重,1996年以来,世界市场上电子产品需求萎缩,致使东南亚国家出口大幅下降。1996年,东南亚国家平均出口增长率从上年的22.8%降为5.6%,其中泰国从22.5%猛降到0.1%。出口下降,进口增加,从而出现贸易逆差。菲律宾1995年贸易逆差高达108.4亿美元,到1996年外汇储备仅有84.4亿美元。马来西亚1995年贸易逆差39亿美元。泰国1995年贸易逆差92亿美元,1997年仍然有63亿美元逆差。韩国1995年贸易逆差97.6亿美元,1997年仍有逆差80亿美元。

东亚国家经常项目出现赤字的原因不在公共部门,因为东亚国家政府的财政预算基本上保持盈余,菲律宾和韩国在上世纪90年代初期曾经一度出现较为严重的财政赤字,但通过税制改革和紧缩财政的政策已经转为盈余。所以,经常项目赤字的根本原因只能归结于私营部门储蓄和投资的宏观总量失衡,表现为储蓄率的下降和过高的投资率。1990～1996年东亚新兴工业化国家的投资率,泰国保持在40%;韩国保持在

36%～39%之间;马来西亚保持在 31%～43%之间;印度尼西亚保持在31%～36%之间。这些国家不仅投资率高,而且呈现出逐渐提高的趋势,这说明这些国家保持着持续的经济过热。

事实上,从 1993 年以来,东亚一些国家陆续发生经济发展过热现象,国内银行信用的膨胀和巨额外国资本的流入,又进一步引起消费需求过热,从而挤掉了部分国民储蓄的积累。与此同时,资产价格的上升和对市场需求的盲目乐观产生了对房地产、基础工程和电子行业的过剩投资,进而使设备利用率趋近饱和状态,要素市场面临的最大需求压力逐步转化为通货膨胀和资源的匮乏。这一切都加剧了经常项目赤字的积累。

由于多年的经常项目赤字,使东南亚各国外汇储备一直保持在较低的水平。1996 年,印尼、韩国、马来西亚、菲律宾、泰国的外汇储备分别为178 亿美元、332 亿美元、262 亿美元、99 亿美元、371 亿美元。1997 年,由于受金融危机的冲击,又进一步降到 161 亿美元、244 亿美元、210 亿美元、83 亿美元、257 亿美元。由于外汇储备的减少,1996 年,韩国、印度尼西亚、马来西亚、菲律宾、泰国的外汇储备占外债比重分别是 8.9%、15.1%、70.1%、28.4%、42.5%。

巨额的经常项目赤字以及贸易逆差的存在,意味着社会再生产的正常进行要依靠大量地举借外债和引进外资来维持,而这样做的结果又意味着加大了国际支付危机的风险。

2. 生产与消费、供给与需求失衡

东亚国家长期以来形成了一种追随型产业结构,与这种结构相对应的往往又是出口导向型经济发展战略。这种结构和战略之所以能获得经济发展的机遇,是因为这种发展模式选择的产业往往是被追随国家生产要素成本优势已经丧失、国家产业政策发展中准备淘汰或向外转移的产业。在这种产业的进退换位中,追随型产业国家引进了这些产业较为成熟的产品制造设备和技术,凭着劳动力、地价、原材料价格低廉的优势以及积极的创新活动,将其生产的物美价廉的产品源源不断地输到被追随产业国家。这种发展模式显然是有局限性的,因为它的发展严重地依赖于国外市场,一旦国外市场饱和或收缩,经济发展就陷入困境。

上世纪五六十年代,日本追随美国产业结构,实行出口导向型发展战略,成功地实现了经济高速增长,是因为有美国在政治、经济各方面的扶持,以及比较少的竞争对手和相对广大的市场。六七十年代亚洲"四小龙"开始发展外向型经济的时候,竞争手段虽然增加了不少,但市场也有了很大的扩展,除了它们自身的市场之外,它们之间的相互市场、日本和欧洲市场也已经有了很大的吸纳能力,再加之日、欧国家和地区出现了产业转移,更为"四小龙"的出口导向型经济提供了良机。

但是进入 20 世纪 80 年代中期以后,东南亚新兴工业化国家陆续加入追随型产业结构行列,并开始发展出口导向型经济。这些国家日益具有相同的产业结构,大家彼此从各自的利益出发,竭尽全力扩大生产规模,而这一时期的市场情况是:80 年代末、90 年代初,发达国家由于新科技革命高潮尚未到来,产业突破不明显,再加之基本矛盾的激化,使经济陷入危机。出于自身利益的需要,发达国家纷纷实行贸易保护主义,结果使亚洲外向型经济受阻。从 1991~1993 年,出口贸易额增长率为:日本从 2.5% 下降到 −2.4%;印度尼西亚从 9.68% 下降到 4.96%;韩国从 9.9% 下降到 6.8%;泰国从 19.4% 下降到 11.73%。

1993 年以后,西方发达国家由于科技的进步使经济实现了产业升级,经济逐渐步入高速增长期。与此同时,新一轮产业调整也随之进行,美国、日本纷纷将家用电器、汽车、钢铁、水泥、化工等能耗高、非环保型、技术水平相对较低的传统产业向海外转移,这对采用出口导向型发展战略的东亚国家来说又是一次良机。但是,此时竞争者行列中的成员又进一步增加了,中国、越南、东欧等新型市场化国家,也以更加低廉的生产要素条件加入到了出口导向型经济发展战略国家的行列中。

此时的出口导向型阵容及其特征是:十多个国家共计约 22 亿人口的广大地区建立了各种规模的针对欧、美、日市场的工厂,而且数量还在迅猛增加;短缺的资金从国外引进,需要的制造技术和生产线从国外完整地引进;生产能力日益扩大,1996 年达到了近 2 万亿美元的生产和出口能力,而欧、美、日等国家和地区 6 亿多人口的市场却没有大幅度地增加需求;1996 年,印度尼西亚、菲律宾、马来西亚、泰国、韩国出口美、欧、日的产品占总出口比重的 66.7%、75.5%、51.4%、60.7%、52.6%;各国的产业结构和出口产品的结构基本相似,结果是出口导向型国家内部展开了一场日益剧烈的竞争,大家纷纷采取削价竞争策略,进口国家也乘机打压价格,使利润空间日益缩小。

这种结局已经表明,各国大量生产相同类型的、针对欧、美、日市场的低技术产品,其获利前景已越来越暗淡,甚至可以说已经到了没有多少好处的地步。事实上,泰国、菲律宾、马来西亚、韩国从1994年以来进口呈迅速上升趋势,出口则处于相对下降趋势。这样,这些原本想通过大量生产并出口来大幅度增加本国收入,实现经济高速增长,指望以出口创造的大量外汇来偿还所欠巨额外债的目标已无法实现。相反,生产能力与市场的矛盾日趋尖锐突出,已经孕育着日趋成熟的产业危机。

当生产与市场的矛盾日益严重的时候,东亚一些国家和地区也试图通过扩大内需的发展战略带动经济的发展。例如,台湾准备实施一项投资近2千亿美元的基础设施建设计划,以阻止经济下滑的势头;泰国也雄心勃勃地制定并开始实施耗资近8百亿美元的改善基础设施、国民教育条件、北部偏僻地区生产条件的扩大内需计划,其他东亚国家也有类似的举措,但无奈于小国寡民的局限性,生产与市场的矛盾还是不能有明显的缓解。

更值得注意的是,20世纪90年代以来,国际钢铁、电子、重化工、重型机械等行业的产品生产已经严重过剩,一些发达国家甚至将严重开工不足的这类工厂关闭,有的准备拆解后将整厂设备卖给发展中国家,以减少损失。此时的泰国不顾市场形势的严峻,仍然将近20亿美元的巨额资金投到了这些行业,试图进一步扩大生产规模,增加产量。当这一错误的投资决策带来恶果的时候,泰国未能吸取教训,将新投资本与实现产业在高技术含量下的升级换代相结合,发展稳固的自主经济体系,而是又将大量的资金投入到不动产(尤其是房地产业)和非生产性行业,结果这些行业出现了畸形的发展和少有的繁荣:随着房地产价格的直线上升,大量的投资被吸引到这个行业中。一方面高楼大厦像雨后春笋般冒了出来,而且越开发越豪华;另一方面,购房者越购越热,价格不断被抬升,在两方面的作用下,房地产业出现了少有的繁荣和增长。被这虚假现象掩盖着的是,无论建房者还是买房者都不是房屋的最终消费者。极高的房地产价格是在开发商和中间商的炒买炒卖中被抬上去的,并没有反映市场上的

历次金融危机比较研究

真实消费需求,是一种被虚假需求掩盖了的真实供给严重超过需求的畸形发展。

此外,私人医院、高档娱乐业、饭店也出现了极度盲目的发展,结果也同样是供给大大地超过了需求,许多刚刚建成、还尚未开张项目就迫于无法盈利而被闲置起来,有的即使能勉强营业,但惨淡的经营根本无法收回投资。这样,在旧的生产过剩还没有从根本上缓解的情况下,新的供给过剩又随即接踵而来,使泰国本来就已经相当严峻的经济形势,又进一步变得雪上加霜。

出口导向型经济大大提高了相关国家的出口依存度。1995 年印度尼西亚、菲律宾、马来西亚、泰国、韩国的出口依存度分别约为 24%、21%、84.7%、34%、26%,所占比重大大地高于美(14.5%)、欧(18.6%)等发达国家和地区。出口依存度的高水平结构标志着国内生产与市场之间的严重失衡。

在亚洲国家中,韩国比较典型。韩国为了扩大出口,增加收入,带动经济快速增长,曾经在政府的主导下对钢铁、有色金属、造船、机械、电子、化学、汽车、家用电器等传统产业进行过大规模的投资,形成了巨大的生产能力,其产品的相当数量供出口。例如,上世纪 80 年代初才开始走向世界市场的汽车制造业,当时的年产量仅 40 多万辆,到了 90 年代初,生产能力已经突破 400 万辆,仅仅现代集团一家的生产能力就超过 135 万辆。这些汽车的 80% 左右供出口,出口汽车中的 70% 左右销往北美市场。

另据相关资料介绍,在 1996 年韩国 1 200 亿美元的出口总额中传统产业所占比重超过 80%,这也从一个侧面说明了传统产业的外向型特征及其对国际市场的依赖。韩国家用电器、电脑芯片、集成电路块的生产能力也很大,这些产品的 90% 以上必须销往国际市场,尤其是欧美市场。这种高度依赖国际市场的生产,必然会因市场的局限性而最终使其陷入困境。

3. 负债与偿债能力失衡

(1)对国外负债与偿债能力的失衡问题

在此先从国民收入的均衡式看外债产生的原因。国民收入的均衡式为:

（私人储蓄－投资）＋（政府税收－政府支出）＝经常项目余额

（私人储蓄＋政府税收）－（投资＋政府支出）＝经常项目余额

本均衡关系表明：一国私人储蓄加上政府税收与私人投资加上政府支出之差额即为一国经常项目之差额。一国储蓄和投资的缺口往往由净外国资产存量即经常项目的差额来弥补；政府的储蓄和投资缺口实际上就是财政盈余或赤字；对外贸易的逆差从宏观经济结构上看是储蓄不足、投资过旺和政府预算赤字的反映。经常项目的逆差只能通过流入本国的外国资金来弥补，而流入本国的外国资金中，一部分是直接投资，另一部分是借入的外债。

从 1991～1996 年以来，在私人储蓄与投资缺口项目下，泰国保持在 －7.7～－13.0 之间；韩国保持在 －0.5～－4.9 之间；印度尼西亚保持在 －1.9～－6.5 之间；马来西亚保持在 1.0～－9.7 之间；菲律宾保持在 －0.2～－6.2 之间。由于这些国家在与此相对应的年限内始终保持着经常项目赤字，且对外贸易也是逆差，所以，这个缺口只能通过引入外资来弥补。

东南亚国家以及东亚韩国自从上世纪 80 年代中期以来就程度不等地存在着经常项目赤字，进入 90 年代以后，不仅普遍地存在着经常项目赤字，而且日渐增多。导致经常项目赤字增多的原因，一方面是这些国家长期保持着过高的国内投资和政府开支需求，另一方面是贸易逆差的扩大。

表 3-2 列出了韩国、印度尼西亚、马来西亚和泰国外债总额、占 GDP 的比重，以及短期外债占外债总额的比重。

表 3-2　1997 年东亚国家的外债结构　（单位：亿美元）

| | 银行借款 | 借款部门结构（%） | | | 辛迪加贷款 | 债券 | 总额 | 外债总额占GDP 的比重（%） | 期限结构（%） | |
		银行	公共部门	非银行私人部门					长期	短期
韩　国	1530	65.1	4.2	30.7	63	522	2105	48.6	32	68
印度尼西亚	587	21.1	11.1	67.8	99	140	826	43.2	41	59
马来西亚	288	36.4	6.4	57.2	33	125	446	46.9	44	56
泰　国	694	37.6	2.8	59.6	44	143	881	58.3	34	66

资料来源：The Banker, Feb. 1998

历次金融危机比较研究

表中的数据反映了东南亚国家经济中存在的一些问题：

一是外债的数量大，占 GDP 的比重高。1996 年，韩国、印度尼西亚、马来西亚、菲律宾、泰国的外债总额分别为 1 030 亿美元、1 290 亿美元、394 亿美元、412 亿美元、902 亿美元；外债总额占 GDP 的比重分别为 21％、59.7％、42.1％、47.3％、50.3％。这些数字在 1997 年经过亚洲金融危机冲击后变为：外债总额分别为 1545 亿美元、587 亿美元、288 亿美元、325 亿美元、694 亿美元，占 GDP 的比重分别为 34％、48％、36％、53％、47％。数字虽然有升有降，但比重普遍较高，有的国家仍然保持在国际公认的 50％ 的警戒线以上。

二是外债结构不合理。1995 年，印度尼西亚、马来西亚、菲律宾、泰国的短期债务分别为 260 亿美元、73 亿美元、53 亿美元、410 亿美元，占总债务的比重分别为 20％、21％、13％、49％；1996 年，除泰国之外，这些国家的短期债务普遍又进一步增加，分别达到 322 亿美元、111 亿美元、80 亿美元、376 亿美元，占总债务的比重分别达到 25％、28％、19％、41％。另据有关资料显示，1995～1997 年韩国的短期债务占债务总额超过 50％ 以上[①]，其中 1996 年为 62％，1997 年又进一步上升到 53％。在一个经常项目是赤字，外贸余额又是逆差的国家，数量如此之大，所占比重如此之高的短期外债的存在，意味着一旦有偶发事件使新的外资流入停止，这个国家马上就会陷入国际支付危机。

外债结构不合理还表现在外资流入中直接投资比例较低，证券投资比例过高，1997 年韩国、印度尼西亚、马来西亚、泰国外资证券投资额分别达 522 亿美元、140 亿美元、125 亿美元、143 亿美元，尤其是这些证券投资中有相当部分是国际投机套利基金，这些高投机性资本也同样是一有风吹草动就立即撤退，给所在国家造成动荡，亚洲金融危机的发生就是一个例证。

东亚新兴工业化国家引入大量外资后，在使用过程中存在着严重的问题。泰国的事例很典型，20 世纪 80 年代后期以来，泰国将大量的资金投到了劳动密集型的低技术产品的生产行业，这些投资有相当数量是从

---

① 《亚洲金融危机：最新分析与对策》，社会科学文献出版社，1998 年版，第 14 页。

国外引进的资金,投资初期,凭着劳动力成本低、资本供应充足、市场竞争相对比较弱的有利条件,在国际市场上取得了良好的出口业绩。但是,随着国内劳动力成本上升,使泰国劳动密集型的低技术产品的生产行业的国际竞争能力日趋下降,所占市场份额日益减少。于是企业盈利急剧下降,许多工厂开工不足,陷入经营困境,所投资本有相当数量成为呆账或死账。

　　泰国在形成巨额不良外债的过程中,它的非银行金融机构"财务证券公司"发挥了巨大的推动作用。财务证券公司的经营特点是:①它们的资产50％以上集中于4个风险很大、波动较大的领域,即房地产、消费者信贷(大部分是汽车贷款)、个人证券投资贷款和证券投资领域。②将借入的短期资金用于长期的贷款和投资。财务证券公司虽然在国内不能吸收贷款存款,但是由于泰国对外开放了资本市场,它们可以从国内小型商业银行和国外金融机构融入资金,也可以通过向居民发行短期票据的途径取得资金。这样融入的资金基本上是短期借款,但是却被财务证券公司投放于风险很大、期限较长的贷款中。③将借入的国外资金在国内的房地产等行业贷出。由于1996年以来房地产泡沫的破灭,仅仅最大的4家财务证券公司就背上了17.1亿美元的不良外资债务,以致在金融危机爆发初期的2～9月间,91家财务证券公司中有51家被迫关闭。泰国的财务证券公司的经营方式就是很典型的自己借入没有把握偿还的债务,又允许别人从自己手中借出没有把握偿还的债务。

　　韩国的事例也很典型。政府为了满足发展大企业集团对资金的需求,不仅允许各类金融机构以多种方式到海外筹资提供给大企业集团,还允许这些企业利用国内外利率之差,使用国外的短期贷款进行投机。韩国金融机构把借来的1个月至1年的短期低息外汇很大一部分,以3～5年的长期贷款形式高息贷给国内大企业集团,用剩下的短期外汇在国际市场上进行证券投机,其数额按1997年3月底的标准计算约有230亿美元。韩国的非银行金融机构在泰国、印度尼西亚、俄罗斯、乌克兰等几十个国家购买了数十亿美元的债券,而东亚的货币金融危机证明了这些债券都是高风险债券。这样把筹到的短期资金用作长期贷款和证券投机,就是将金融机构本身置于没有把握到期偿还债务的境地,增加了金融业的经营风险。

(2)国内企业、银行的负债与偿债能力的失衡问题

东亚新兴工业化国家在创造了大量超过自身偿债能力的外债的同时,还创造了大量难以偿还的企业和银行负债。造成这种结果的原因固然很多,但是主要原因是经营中的非市场化行为和高风险投资,也就是说使用了没有把握归还的债务。

韩国在这方面有很典型的事例。由于韩国政府一贯靠操纵本国银行向大企业贷款的方式扶植大企业集团,在韩国经济中占统治地位的大企业集团惯于靠高度负债维持经营、进行扩张,结果是韩国企业高度依赖金融机构的信贷。韩国前30家大企业集团自有资产在总资产中所占比例平均只有18.2%,负债率高达449%;制造业企业的资本/负债平均比率为317.1%,大部分资本直接或间接地来自银行贷款,而贷款利息又高于美、日发达国家。

20世纪80年代以来尽管韩国政府进行了体制改革,减少了政府对企业的干预,韩国大企业集团却仍然继续采取过度负债经营和外延膨胀式扩张的老做法。结果是韩国产品的成本高,国际竞争力下降,在世界市场上的销售受阻。到1996年,韩国产品在世界市场上已经面临严重的销售困难。在这种情况下,过度负债经营的许多大企业集团陷入了缺乏流动资金的困难局面,不得不再三向金融机构寻求贷款。它们不仅向本国金融机构借款,还大量借入外债。那些年韩国短期外债迅速增加,其中有一部分就是由亏损企业借入的。

越来越沉重的债务负担使这些大企业集团的财务状况更加恶化,先是韩宝集团宣布破产保护,随着东南亚货币危机和银行企业破产的巨浪袭来,韩国大企业接二连三地爆出破产冷门,排名第8位的起亚集团、第19位的真露集团、第26位的三美集团和第34位大农集团、海天集团公司纷纷倒闭,银行也连带出现财务问题和挤兑危机,形成韩国的金融危机和全面经济危机。

韩国大企业之所以能这样长期借入没有把握偿还的债务,是由于韩国的银行和金融业允许他们这样做,向他们提供没有把握收回的贷款。在上世纪80年代以前,这是由于政府的管制和干预,而在80年代初政府

实行了金融自由化改革以后,则是由于韩国银行和金融业自己运行上的问题。韩国的金融机构无法摆脱过去在贷款业务上只注重企业规模和短期效益的做法,管理机制也不健全,只要行长一句话,就可以轻而易举地决定金融贷款。银行甚至到了对大企业集团提出贷款申请不作任何调查就原封不动地签字批准的程度。亲属、同乡、同学、老部下、老上级等人际关系都能在银行融资中起到有效作用,结果是大量银行资金源源不断地流向有问题的大企业。由于国内可以贷放的资金不足以应付这种胡乱贷款的需要,韩国的各类金融机构就采取各种方法和手段到海外筹资,甚至利用国内外利率之差,使用国外的短期贷款进行投机。他们这样做的结果,使韩国的外债总额从1993年年底的439亿美元激增到1996年年底的1 045亿美元和1997年年底的1 530亿美元,而且其中一半以上是短期外债。这就把韩国拖入了严重的货币金融危机,除了韩国的事例之外,泰国、日本等国也都不同程度地存在着类似的事例。

企业债务关系的失衡导致了银行债务关系的失衡,仅东南亚国家银行的坏账总额就高达730亿美元,尽管比日本的呆账额(1 510亿美元)要小得多,但是对于这些小国来说,它们已经占到了国民生产总值的13%。表3-3所示为东亚国家或地区不良资产的比例,从表中可以看出,按照国际会计标准估计,东亚国家的呆账占总贷款的比例约为10%～20%,其中印度尼西亚的问题最为严重,在高峰时期坏账的比例竟高达40%,泰国坏账比将近20%。这意味着这些国家的政府在未来的一段时间里要

表 3-3　东亚国家和地区不良资产的比例 （%）

	目前比例	高峰比例	高峰期不良资产占 GDP 的比例
新加坡	2.0	8.0	9
香　港	2.1	8.0	13
菲律宾	3.4	15.0	7
马来西亚	5.6	20.0	28
印　尼	9.2	40.0	25
韩　国	14.0	25.0	34
泰　国	18.0	25.0	40

资料来源:IFM 的有关资料

像日本政府一样注入巨额资金来解决呆账引起的银行重建、关闭和合并问题。

在东南亚主要国家中,根据不同国家的情形估算不良资产的损失率(贷款本息完全无法收回),除印度尼西亚为 65％外,其他国家均计为 50％左右。从这些损失值中减去银行体系的资本金和贷款损失准备金便得到剩余净资本,其值除菲律宾外其他国家均为负值。如果需要这些国家的银行进一步达到《巴塞尔协议》中 8％资本充足比率标准,还应再投入新的资本金,剩余资本加上新增资本之和,即为补充银行资本的总成本。表 3-4 所示为挽救银行部门所需要的成本,可以看出,从绝对量上看,韩国最高,需要约 550 亿美元,占国民生产总值的 18.2％,但从比例数上看,泰国最高,解救成本占了国内生产总值的 20.9％,需要 225 亿美元的成本,另外马来西亚和印度尼西亚两国的比例也均在 10％以上。

表 3-4　挽救银行部门所需要的成本估计　(单位:亿美元)

	印　尼	韩　国	菲律宾	马来西亚	泰　国
总不良贷款(1)	194 675	214 170	225	100	2 940
贷款损失额(本币)(2)	126 538	107 085	112	50	1 470
股本＋贷款损失准备金(本币)(3)	116 430	78 291	370	49	1 005
剩余资本(美元)(4)	−54	−196	63	−3	−99
实现资本充足比率所需新增资本(美元)(5)	23	353	…	73	126
补充银行资本总额(美元)(6)	77	549	…	73	225
1998 年名义 GDP(7)	590	3 008	655	695	1 079
解救成本占 GDP 的比率(％)(8)	13.1	18.2	…	10.5	20.9

资料来源:IMF 有关资料

本国企业和银行负债过度、呆账和死账太多都是本国货币贬值的潜在因素,它会使储户丧失信心,将资金兑换成外币汇到国外,从而造成国内资金流失,不利于实体经济的发展。

4. 泡沫经济

从马克思主义经济学的角度说,泡沫经济是指社会经济运行中名义价值和实际价值之间的失衡,即名义价值严重超过实际价值所表现出来的经济现象。如果名义价值开始强制地向实际价值恢复,经济泡沫就开始破灭。

国际投资基金向东南亚金融体系发起攻击,其中就利用了泡沫经济这个重要的条件。泡沫经济往往与投机资本对某些行业的过分投机有关,它发生的经济背景常常是:当经济的发展经过一段时期,原有产业及产品已经饱和或者过剩,而产业又不能顺利实现升级换代,经济增长出现后继无力,缺乏投资热点和投资机会,于是经济增长中积累下来的大量资金因无处投放,滞留在金融市场上,购买各种金融资产和房地产业(20 世纪 80 年代以来的泡沫经济主要发生在这些领域)以获取暴利。对金融资产和房地产业的炒买炒卖推动了这些资产的价格上涨,而这种价格上涨又向市场传递暴利预期的错误信息,吸引大量资金盲目进入,引起金融资产房地产价格的进一步攀升,形成恶性循环,于是形成泡沫经济。当泡沫经济高涨时,由于金融资产价格过快上涨,大量工业资金也转而投入金融市场,使工业生产因此而出现停滞。

众所周知,投机资本的收益归根结底来自于产业创造的利润,产业资本的利润下降,投机资本便失去了稳固的根基。由于金融资产和房地产价格上涨带来的收益大于贷款利息成本,用贷款炒市变得有利可图,形成大量虚假的贷款需求。金融资产价值在整个国民经济中占有很高的份额,整个国民经济就像一个大气泡。一旦缺少新资金的注入,或由于种种原因造成市场中人气不足,投资者信心减弱,金融资产价格的上涨就会停滞,宏观经济前景暗淡,恐慌出现,金融资产价格狂跌直到金融市场崩溃,泡沫不可避免地破灭。泡沫经济最严重的后果是形成大量不良资产,企业和金融机构因金融和房地产市场的资金无法收回而无力偿还债务,形成呆账坏账,纷纷破产或倒闭。经济因此而进入衰退,只有经过较长时期的调整才能得以恢复。

先以泰国为例。20 世纪 90 年代初以来,由于泰国传统产业(钢铁、石油、化工、家用电器等)的国内和国际市场需求已饱和,而且随着包括中国在内的亚洲国家出口竞争日趋激烈,传统产业出现了投资的严重过剩和利润的急剧下降,于是大量的产业资本转而投向了不动产市场和股市、汇市,泰国金融机构也将其贷款总额的 50％贷给房地产,使这些行业的价格迅速上升,投资回报丰厚。丰厚的回报又进一步吸引大量的外资涌入,加入到房地产和股市、汇市的行列中,推动着这些行业的泡沫经济日益膨胀。1996 年,随着泡沫经济的破灭,有近 100 万套房屋处于积压状态,房屋空置率高达 20％,其中新建的办公楼一半卖不出去,造成房地产商资金周转不灵,银行贷款无法回收。据估计,因此而引起的银行呆账高达 200 多亿美元,那些竞相向不动产贷款的非银行金融机构因此而相继陷入困境,并为随后爆发的金融危机创造了条件。

再以日本为例。20 世纪 80 年代国际金融市场资金充斥、利率低下,使得股票和其他证券的价格急剧上涨,导致资产的名义价格远远超过其实际价值。日本的情况更为突出。当时日本的情况一是利率低,二是金融管制自由化,于是银行信贷迅速膨胀,股票价格和房地产价格急剧上涨。日本股市在 80 年代平均上涨 329％,东京地区地价在 1986～1989 年 3 年中上涨了两倍。1989 年,日本地价和股票价格的增值高于当年国民生产总值,相当于国民总资产的三分之一。作为日本银行自有资本重要组成部分的房地产、股票价格的急剧上涨,造成日本银行资本和银行信贷的急剧膨胀,以及对外投资的飞速发展,1987～1988 年日本长期资本净流出额均超过 1 300 亿美元。泡沫经济的恶性膨胀造成总需求的迅速增长和通货膨胀巨大压力,再加上国际清算银行所作的商业银行自有资本的比重不低于 8％的新规定,日本银行被迫采取紧缩银根、提高利率的政策,结果造成股票、房地产价格的狂跌。日本股票价格指数在 1989～1990 年间下跌 40％,1992 年再下跌 38％,地产价格下跌 70％,日本泡沫经济即告破灭。

泡沫经济的破灭使日本经济元气大伤:房地产和股票价格的暴跌使日本的银行资本大幅度减少,广大居民的个人财富受到严重损失,企业在泡沫经济膨胀期间用在股市上筹集的 3 500 亿美元的巨额投资所形成的生产能力严重过剩。这样,泡沫经济破灭后产生了两个最明显的后果:一是日本对外投资急剧下降;二是社会总需求特别是消费需求和投资需求加速减少。从 1988 年到 1992 年,日本的居民消费需求增长率从 5.2％下降到 1.7％,企业投资需求增长率从 11.9％下降到－0.1％,总需求增长率从 7.6％下降到 0.6％。在这种背景下，随之而来的便是长期的经济萧条。

（二）亚洲经济危机爆发全过程

1994 年以来，大量外资的涌入为泰国营造了一个巨大的非生产性经济泡沫，这个泡沫的耀眼光彩，为国际金融炒家盯上。

1997 年 2～3 月间，国际金融炒家大量购入泰铢/美元的期货合同，得到了攻击泰铢的武器。5 月中旬，他们开始炒作泰铢，使泰铢对美元汇率大幅下降，开始动摇泰国的金融体系。后经数次猛烈攻击，7 月 2 日，泰国政府被迫宣布放弃历时 14 年之久的泰铢与美元挂钩的固定汇率制度，实行浮动汇率，当日泰铢兑美元汇率下跌 20％。一场金融危机也就此爆发。

从泰国爆发的这场金融危机迅速波及了菲律宾、印度尼西亚、马来西亚、新加坡、台湾、韩国、日本、越南，甚至延伸到印度、巴基斯坦和缅甸等国家和地区，所到之处，股市暴跌、汇市狂泻、利率上扬、外汇供不应求、企业和金融机构纷纷倒闭……经济陷入一片混乱。

在东南亚得手后的国际金融炒家，10 月份开始北上出击台湾汇市和香港股市。为捍卫新台币汇率，台湾当局发动一场浩大的"救市行动"，决心死保汇率稳定，并为此而先后动用 70 亿美元外

新加坡市中心的摩天大楼，此即全国乃至整个东南亚的区域金融中心

（来源：维基百科）

汇储备进行干预，然而，面对来势凶猛的冲击，台湾当局也只得在 10 月 17 日突然宣布放弃对外汇市场的干预，由市场调节新台币对美元的汇率，此举使新台币兑美元的汇率迅速跌破 30 兑 1 的大关，创下 10 年来的最低水平。同样，台湾当局对股市的干预也未能阻挡暴跌的结局。

与此同时，炒家们也把手伸向了香港，以在香港等地的外汇市场抛售

港币,威胁已经实施14年之久的联系汇率制度为幌子,声东击西,攻击港股,使香港股市恒生指数于1997年10月28日暴跌1438点,跌幅达42%。由于炒家们事前已买入大量恒生指数看跌期权的股票,据有关人士估计,此次炒作港股和港币的得手,使国际金融炒家获利超过35亿港币,并使香港社会财富损失达数千亿港币。

由泰国爆发的金融危机在1997年10月份波及到了韩国和日本。10月中旬韩国股市股票指数跌破600点"心理防线",10月底,韩元兑美元汇率跌到960:1,综合股票指数猛降至500点。进入11月,形势继续恶化,11月17日,韩元兑美元汇率创出1 008.1:1的历史纪录,股价继续下跌,股市、汇市均有一种狂泻不止的趋势。与此同时,日本也因连续发生多起银行和证券公司倒闭事件而引起新一轮货币危机和股市动荡,11月24日山一证券宣布停业的当天,东京证券交易所股票价格跌幅高达800点,而东京外汇市场的日元汇率则跌至127日元兑一美元,并且继续下挫的趋势显得十分强劲。

截止到1997年年底,东亚、东南亚国家和地区本币兑美元的平均汇率、本币兑美元升贬值幅度、股票指数变动情况等经济指标均发生了较大幅度的波动,可见,这场危机来势凶猛,波及面广,是一场破坏性极大的危机。

进入1998年,已经卷入危机的国家和地区的危机仍在继续加深,不仅股市、汇市纷纷创下历史最低点,有的国家甚至出现政局不稳,社会动荡。尚未卷入危机的国家有的最终未能幸免于难,有的国家危机已逼近家门口,有的逐渐受到影响。5月底,危机正式波及俄罗斯,看似晚到的危机对本来就在经济恢复道路上艰难跋涉的俄罗斯来说无疑是雪上加霜。从1988年年初以来,该国的股价就已经下降了50%,而5月27日一天的金融市场剧烈动荡就使莫斯科股票价格下降幅度超过了10%,同日卢布兑美元的汇率也大幅度下跌至一美元兑换6.201~6.203卢布,超过了俄中央银行规定的最高限额6.188卢布。局势的发展引起了俄罗斯金融界的极大恐慌,居民挤兑、外资撤离,迫使俄罗斯当局不得不把贴现率提高到150%,相当于原来的3倍。

由于受俄罗斯金融危机的影响,波罗的海三国及乌克兰、捷克斯洛伐克、波兰、匈牙利等中东欧国家的股市也发生了激烈动荡,与此同时,美国纽约华尔街股市也出现了剧烈的动荡,道琼斯工业指数突降 1 500 点。欧洲国家也惊呼"俄罗斯卢布带来的麻烦可能毁掉整个欧洲!"美国出于对俄罗斯政局动荡可能会威胁西方国家安全的担心,当然主要出于对自身利益的考虑,立即出面提出要向俄罗斯的金融机构提供援助,由美国控制的国际货币基金组织也向俄提出一揽子援助计划。至此,由亚洲爆发的金融危机已由东北亚蔓延到欧洲,并已预示着危机正进一步向美国逼近。

正当俄罗斯金融危机的余波扩散之际,日本经济震荡又起,从 1998 年 5 月份就开始持续走低的日元兑美元汇率在 6 月 8 日跌破 1 美元兑 140 日元大关,创下 140.64 日元兑一美元的新纪录。并且这种趋势还伴随着投资者对日本经济复苏的进一步失望,大量资金从日本撤出转向欧美市场而进一步发展。日元贬值对以出口作为自己的产业和经济发展取向的日本经济来说整体上是利大于弊,正因为如此,日本政府没有采取有力措施阻止汇率的继续下跌,以致日元兑美元汇率曾一度接近 150 日元兑 1 美元大关。日本政府的这种不愿意承担经济大国的责任与义务,不以其雄厚的经济实力展开救市行动,来阻止亚洲金融危机的进一步蔓延,反而想捞一把的行为引起了包括中国在内的亚洲国家严重关切和强烈抗议。中国政府郑重地向日本发出警告,若不制止日元汇率继续下跌,人民币也将难以做到不贬值。在新的一轮亚洲货币竞相贬值即将来临、世界金融动荡进一步加深之际,美国不得不出面与日本联手干预日元兑美元汇率,因为这时美国人已清楚地看到若不阻止这种势头继续蔓延,日益加深的经济危机将最终祸及美国。

到了 1998 年 7 月初,历时一年的亚洲金融危机已经酿成一场世界性的经济危机。一些卷入危机的亚洲国家经过一年金融动荡的轮番打击,经济已出现了严重的衰退,失业增加、物价上涨、人民生活困难、股市和汇市一再创造新低。

尽管有关国家政府以及国际社会为制止危机的蔓延和加深采取了多方面措施,但冲击难以缓减,当危机的一周年到来之际,人们普遍认为亚洲金融危机还在加剧,正面临着进入非常危险的时期,前景难以预料。

进入 1998 年 8 月份后,危机的加深仍在继续。由于外国投资人对俄罗斯经济普遍持怀疑态度,俄罗斯股市、汇市继续下挫,外汇短缺,外国投资者继续从俄罗斯撤出资本,到 10 月初,美元兑卢布的平均汇率已降至 1 美元兑 17~18 卢布。12 月 15 日又进一步降至 20 卢布兑 1 美元。

8 月份以来的俄罗斯金融危机也使拉美新兴国家市场出现信心危机。拉美最大国家巴西进入 8 月份后外资纷纷撤走,一个月内外汇流失达 120 亿美元,政府不得不把利率从 19%提高到 29.75%,并宣布进行严格的财政调整。然而,政府的这些紧急措施未能阻挡住大量美元从拉美这个经济实力很强的国家撤走的势头。在 9 月份的头 9 天中,外逃的美元估计总额达 87.7 亿美元,本来就已使投资者担心的金融形势进一步恶化,市场恐慌情绪迅速上升。与此同时,股市、汇市也大幅下挫,仅 8 月份股市下跌的幅度就达 30%,拉美国家中的墨西哥、阿根廷、智利也程度不等地受到了冲击。国际货币基金组织紧急出面扑救,向巴西许诺提供总额 400 亿美元的一揽子援助计划。

亚洲金融危机以来,尽管美国经济也受到了一些影响,道琼斯工业股票价格指数大起大落,但总体上没有影响它的经济的强劲增长。随着俄罗斯金融危机的冲击,那些搅得金融市场波涛汹涌,被新兴市场国家视之为十恶不赦的美国对冲基金,纷纷受挫,损失惨重,其中尤以美国长期资本管理公司最为突出。该对冲基金由于疯狂地在欧洲、东南亚、拉美和俄罗斯进行投机交易,至 1998 年 9 月初亏损了 1 000 多亿美元。由于在长期资本管理公司中有美国大通曼哈顿银行、美林证券公司、欧洲瑞士银行等多家银行提供的贷款,一旦该公司破产,这些大银行和大证券公司都将陷入危机。面对已经到家门口的金融危机,美联储不得不宣布向长期资本管理公司提供援助,帮助其渡过难关。事态发展到这一步,已经说明一直被视作国际流动资本"避难地"的美国也已开始遭受危机的打击。

这样一场来势凶猛的金融危机,波及的范围、打击的程度远远超过了人们当初的预料。泰国等东南亚国家发生金融恐慌的初期,以美国为首的西方国家及由它们控制的国际货币基金组织,认为这是一场短暂的货币动荡,只要各国政府和公司都迅速适应浮动货币汇率而非受管制的货币汇率的新时代,货币动荡很快就会过去。一些民间组织、社会人士、经济学家也认为金融市场动荡是经济发展过程中短暂喘息而不是崩溃,因而亚洲经济增长既不会放慢,也不会出现不景气。然而事态的发展使人们逐渐认识到,情况并非那么简单。经济危机的发展势如多米诺骨牌效应,眼看着一个又一个国家在金融风暴中劫数难逃,世界对此无能为力。东亚、东南亚、东北亚国家乃至俄罗斯,在经济危机袭来时

国际货币基金组织总部大楼

(来源:维基百科)

都曾大幅度提高短期利率,有些国家不惜有限的外汇储备采取措施进而稳定本国货币与美元的固定汇率,有些国家和地区动用巨额财政储备稳定股市、汇市(如香港),有的国家发动了声势浩大的宣传活动,号召人们买本国货,捐献黄金和外汇以帮助国家渡过难关,等等。

总之,这些国家和地区均竭尽全力试图阻止危机的加深和蔓延,其措施虽然起到了一定的缓减作用,但没有完全幸免于难。剧烈的动荡使它们无一例外地蒙受了巨大的经济损失,损失的数目均以千亿美元计算。从危机爆发以来,国际货币基金组织调动了近 2 000 亿美元的资金援助受灾国,这次有史以来最大的"援救"活动,不仅没有有效地阻止危机的蔓延和加深,对有些国家甚至起到了反作用,结果国际货币基金组织在世界范围内遭到批评,其地位和作用也引起了人们的怀疑,这也在一定程度上说明了危机的不可避免性。

对于这场自 20 世纪 30 年代以来最为严重的肆虐全球的金融危机，美联储主席伯南克将它的"罪魁祸首"归结于美国与其他主要经济体，他认为，当十几年前资本开始大量流入时，美国和其他主要经济体未能利用这些资金进行谨慎投资，而任由房地产市场畸形发展。对此，应对货币市场共同基金能够投资的金融工具进行更为严格的限制，同时，还要为那些寻求维持稳定资产价值的货币市场共同基金建立一个有限的保障体系。

"应负主要责任的是资本流入国，尤其是美国；美国以及其他主要经济体在这方面的失误最终导致了投资者信心的彻底崩溃和信贷市场危机。"

——伯南克

第四章

2008 世界金融危机的原因和传导机制

　　随着信用经济时代的到来及其逐步高级化,社会经济结构也随之发生了深刻的变化。货币交易让位于信用交易,产业资本让位于金融资本,实体经济让位于虚拟经济。但是,资本主义基本矛盾没有改变,周期性资本主义经济危机仍然存在。在这种条件下,资本主义经济在周期性生产过剩的同时,伴随着周期性信用过剩;在周期性实体经济过剩的同时,伴随着周期性虚拟经济过剩。资本主义经济危机的爆发,往往首先从生产过剩危机开始,进而突出地表现为金融危机,金融危机又进一步推动生产过剩危机走向深入,并形成相互推动之势,使危机逐步展开,并沿着金融、贸易等途径向世界扩散。

　　总的来说,在马克思看来:(1)金融危机本质上是货币危机,虽然它表现为企业和银行的流动性危机、债务支付危机,但对货币的追求是金融危机最基本的特征;(2)生产过剩和金融过剩是金融危机的两个条件,金融危机既可以因生产过剩,在经济危机中爆发,也可以在以虚拟资本为代表的金融系统超常发展的混乱中爆发。虚拟资本的自我膨胀运动是独立的货币金融危机形成的主要机制。

第一节　谁吹大了金融泡沫

有些西方学者认为,金融危机缘于人们不合理的经济预期:经济繁荣时期,由于有资产价格将持续上升的预期,大量货币转化成不动产或长期金融资产;当产业危机发生后,由于有资产价格将要下降的预期,人们又纷纷抛售不动产或长期金融资产以取得货币,结果引起金融危机。早期信用扩张的程度、心理预期转向相反方向的速度、一些金融事件引起的信心动摇以及金融界的承诺等,是引起金融危机的一些重要因素。这些看法有一定的合理性,政治经济学虽然不承认心理因素是金融危机产生的根本原因,但也不否认它在金融危机发生和传导过程中重要的影响作用。

美国的低利率政策埋下了危机种子

鼎鼎大名的格林斯潘是美国第十三任(前任)联邦储备委员会主席。虽然次贷危机是在他卸任以后才爆发的,但很多人指出,美国今天严重的经济问题,早在 2000 年高科技股泡沫破裂时就埋下了隐患。格林斯潘抗拒对金融市场的监管,连续 28 次降低利息,放纵美国银行和非银行金融机构在票券业务和房地产上毫无止境地疯狂贷款,助长了房市泡沫化,最后房市崩溃拖垮了信贷市场。虽然他承认自己有"部分的错误",但依然把金融危机的账算到计算机的失误上。2001~2003 年,美联储屡次下调联邦基准利率,并将联邦基准利率保持在较低水平达一年之久。低利率降低了贷款人的付息成本,大大迸发了美国人的购房热情,刺激了美国次贷市场发展,同时也必然导致美国房地产市场过度地投机炒作。

华尔街金融危机的爆发有着很长的发展链条,环环相扣,逐层进阶。众所周知,美国经济在 1995~2001 年间出现了互联网泡沫,该泡沫的崩溃直接导致全球经济在 2001~2003 年间陷入一定程度的衰退。2000 年随着科技泡沫的破裂,美国结束了"新经济"8年的扩张期,2000年第4季度以来,美国经济急剧降温,并于2001年3月进入经济衰退。从图4-1可以看出,美国新技术产业的失业率(计算机及相关技术产业的失业率)在2002~2003年率先达到高峰,分别为9%和8.9%。因此,当时,美国科技产业前景已经不容乐观,美国经济增长的引擎消失,这也是美国后来出现金融危机的实体经济基础。

图4-1　美国2002年至2009年1月的失业率变化情况　(%)

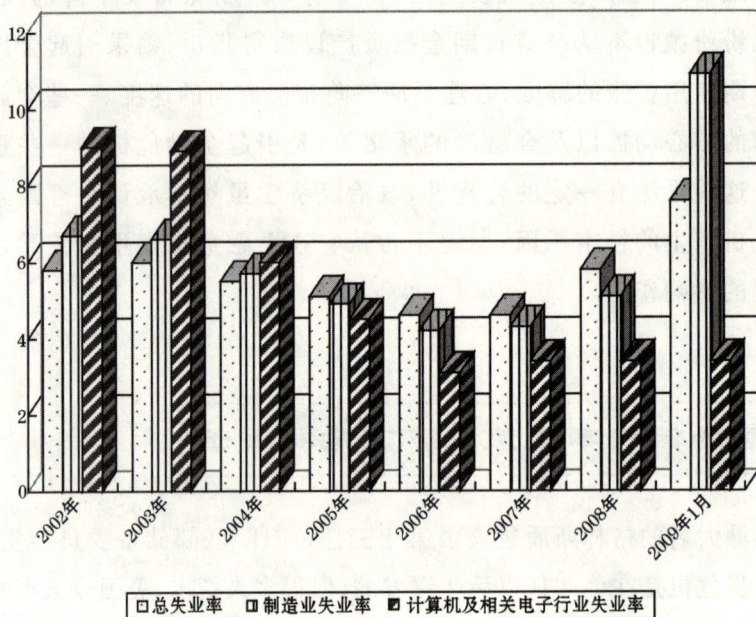

□总失业率　▨制造业失业率　▨计算机及相关电子行业失业率

资料来源:美国劳工部网站 http://www.dol.gov/整理而得

　　而2001年"9·11"事件的发生,更是加剧了美国经济衰退的程度,这对于刚刚执政的共和党政府来说无疑是一个挑战,为了尽快地谋求经济发展,布什政府实施了一系列扩张的货币政策和积极的财政政策。美联储在很短时间内将联邦基金利率从2000年4月的6.02%调低至2004年4月的1.0%,如图4-2所示。历史性低水平的利率降低了房屋贷款者的成本,吸引了那些无法获得普通贷款的低收入群体或信用等级不高的购房者大量通过次级房屋贷款购买住房,而部分中等收入群体和信用等级较高的购房者也利用次级房屋贷款融资,这直接促成了美国房地产市场从2001年到2005年的繁荣。

图 4-2 美国 2000 年 1 月～2004 年 4 月的联邦基础利率 （%）

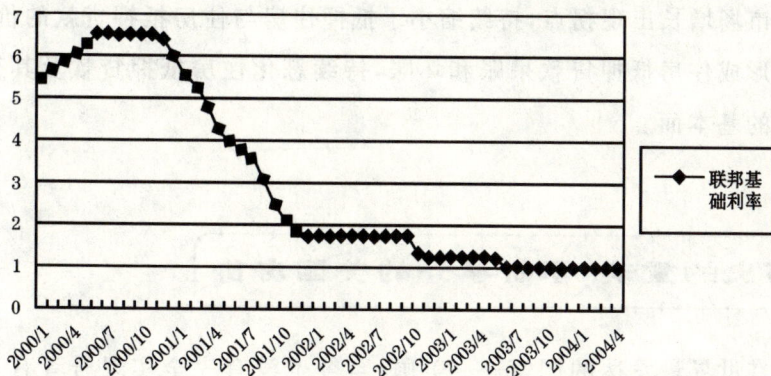

图例：◆ 联邦基础利率

资料来源：http://www.federalreserve.gov/Releases/H15/
data/Monthly/H15_FF_O.txt

2001～2004 年间，美联储实施低利率等政策刺激了房地产业的进一步发展，在消费与房价反复作用的循环通道中，美国的住房抵押市场一扫已往的沉闷气氛，空前繁荣。美国人的购房热情不断升温，次级抵押贷款成了信用条件达不到优惠级贷款要求的购房者的首要选择。利益的驱使及放贷机构间竞争的加剧，迫使次级抵押贷款经营机构不得不加快产品创新，催生了多种多样的高风险次级抵押贷款产品，一些贷款机构甚至推出了"零首付"、"零文件"的贷款方式，即不查收入、不查资产，贷款人可以在没有资金、无需提供任何有关偿还能力证明的情况下贷款购房。宽松的贷款资格审核成为房地产交易市场空前活跃的重要推动力，但也埋下了危机的种子，非理性的过度繁荣最终导致了危机的发生。美联储宽松的货币政策导致流动性过剩，而流动性过剩致使资产价格上升和外部融资成本下降，激发了金融机构运用更高财务杠杆的行为倾向，过高的财务杠杆使金融机构风险敞口巨大。最终，大量的流动性资产涌入金融市场，导致资产价格泡沫化，历史性低水平的利率直接促成了美国房地产市场的繁荣。

为了配合布什政府减税的扩张性财政政策，减轻通货膨胀压力，美联储从 2004 年 6 月 30 日到 2006 年 6 月 29 日连续加息 17 次，联邦基金利率从 1%上升为 5.25%，加息 425 个基点，不断提升资金的价格，80%的次级抵押贷款月供在不到半年时间猛增 30%～50%；当美联储调高利率时,资产价格随即破裂,导致了危机的发生。2005 年,美国房地产市场增长出现拐点,持续缩小了抵押住房与住房抵押贷款的价差,不断形成住房抵押贷款呆账和坏账,持续恶化住房抵押贷款及其衍生产品的基本面。

历史的重演:不断攀升的美国房价

在世界最发达的国家——美国,至今也没有完全实现居者有其屋的目标。从 1965 年至 1995 年,美国的房屋拥有率长期维持在 60%左右,到 2006 年美国的房屋拥有率逐渐接近 70%。在 1994~2006 年间,有超过 900 万户美国家庭购买了新住房,其中大约 20%的家庭借助于次级贷款。一般美国人在房地产上投资是非常大的,由于买房的钱多是从银行贷款,首付一般只需支付很少一部分,这样的贷款就会出现很大的杠杆效应。在房价高速增长的时候,贷款买房在最终偿还本息后还会取得净利润。

有人说,美国的次级贷款业务的出发点是为那些信用等级较低或收入不高的人提供贷款,让他们可以实现拥有自己住房的梦想,这是不对的。事实已经说明,它是一个陷阱,是资本搜刮百姓血汗的形式之一,而绝不是帮助那些收入低下的人发财致富。例如,一套 100 万美元的房子,首付 20 万美元,从房屋抵押贷款机构贷款 80 万美元,10 年后还清,总共支付利息折现为 30 万美元,而由于房价上涨,房屋折现到今天为 150 万美元,则购房者净赚的现值为 20 万美元。

从 20 世纪 80 年代末 90 年代初以来,美国房地产经历了长达十几年的繁荣,住房销售量不断创下新纪录。从 1991 年到 2005 年,美国的房价处于不断上升中,住房价格指数从 166.15 上涨到 348.47,年均增长率达到 5.1%,而在 2000~2005 年期间,住房价格指数的年均增长率更高达 8.2%。房屋价格的迅速上涨让美国的房地产金融机构看到了房屋抵押贷款业务巨大的利润空间,在市场繁荣的大背景下,它们纷纷放松了贷款条件,极大地发展了次级抵押贷款这样一项高回报业务。

2001 年以后,随着次贷利率的降低和条件的放宽,以及房价的上涨预期,激起了生活在社会底层的美国人前所未有的购房热情,他们争先恐后地想抓住这次机会圆自己的"住房梦"或"美国梦",结果好梦未圆反倒圆了场"噩梦"。在经历 2000 年至 2001 年短暂的经济衰退后,特别是"9·11"后,美国采取了一系列刺激经济增长的措施,促使了美国经济连续多年的持续、高速增长,至 2004 年,美国经济增长速度达到近 5 年来的新高,为 4.2%。经济的持续增长为美国次贷市场迅速膨胀提供了非常优越的宏观环境。随着美联储连续降息,由于人们普遍持经济增长向好预期,次级抵押贷款经营机构也放松了次贷准入标准。房地产商、放贷机构看到了其中潜在的商机,这些放贷机构一方面大力度支持房地产商开发房产,另一方面降低购房贷款的条件,让更多低收入居民能够加入到购房者的行列,以扩大市场需求。

在房地产商、放贷机构、购房者的相互推动下,美国的楼市逐渐活跃,进而快速上涨,出现了类似股市的"非理性繁荣"局面。在 2000～2006 年间,美国住房价格总水平上涨了 60% 以上,很多城市的房价上涨幅度超过 100%,房价与租金的比率以及房价与中等收入的比率都达到了历史最高水平,美国居民每年从房地产增值中获利近万亿美元,巨大的财富效应又进一步刺激了需求,整个社会消费日趋旺盛,到 2006 年 7 月储蓄率已跌破 -1.5%。

但到了 2005 年,由于政府迅速提高基准利率,房价开始下跌。从 2006 年中期开始,美国房地产市场开始降温,房地产价格出现下滑,2006 年第三季度至 2007 年 7 月,美国房价下跌超过 10%,房屋销售锐减,2007 年 5 月美国成屋待售房屋量达到历史最高水平,超过 400 万套。随着美国房地产形势逆转,次级抵押贷款危机开始表现出来,时至 2009 年 1 月,房价还在不断下跌之中,而且下跌的幅度和趋势呈直线形,如图 4-3 所示。住房价格指数历来是经济的晴雨表,房地产业也是美国经济和金融投资的核心,因此,只要房价还在下降,美国的经济危机就还没有结束,还在继续向前发展。

图 4-3 1988～2008 年美国住房价格指数

S&P/Case–Shiller Home Price Indices

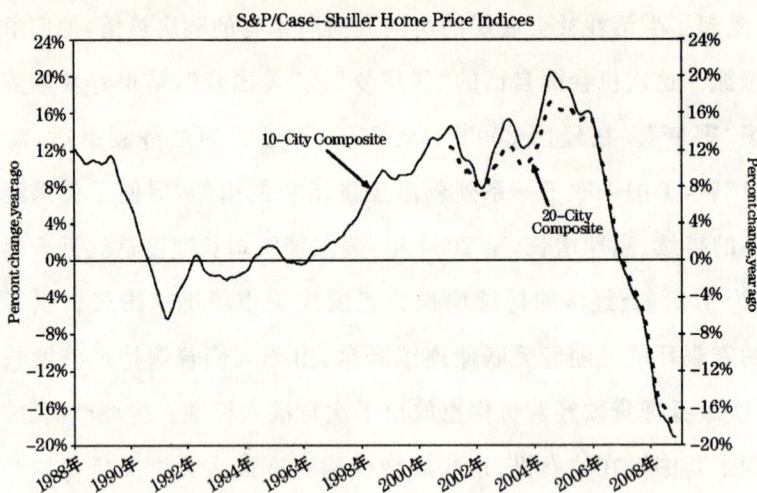

Source:Standard&Poors'&Fiserv

资料来源:标准普尔网站

> 美国人心理剖析:超前消费的美国人遇上"慷慨"的银行

　　高消费低储蓄是美国经济社会的一个基本特征,长期以来,美国的储蓄率一直极低,一般是 1% 左右,很少超过 2%(中国的储蓄率是 42%)。1980 年以来美国的个人储蓄率呈现显著的阶段性下降,20 世纪 80 年代平均在 10% 左右,20 世纪 90 年代下降到 5% 左右。2000 年以来,美国的个人储蓄率进一步下降,近 3 年已经降低到只有 2.5% 左右,特别是近几年,美国人几乎不储蓄,2004 年甚至还出现过负储蓄。而且这还是美国的平均数,美国中低收入阶层的个人储蓄率比这一数字更低。也就是说,美国人将所有获得的收入用于了消费,如果考虑到收入方面的差距,则实际上很多人都是寅吃卯粮,即不仅把当年赚的钱用光,还长期进行透支消费。但是,储蓄的重要作用之一是预防由不确定因素带来的风险,缓冲不确定性的冲击。如果拥有足够的储蓄,收入变动、物价变动、利率变动等风险都能够得到有效的缓解。

　　图 4-4 给出了美国和中国个人消费支出占 GDP 的比重,可以看出,

美国个人消费支出占 GDP 的比重在 2004 年达到最高点,为 72.0%。可见,美国人把国民生产总值的大半部分都用于个人消费,储蓄率极低。而中国个人消费支出占 GDP 的比重非常低,而且从 2001 年就开始稳步下降,这当然跟中国人的消费习惯以及中国的社会保障水平较低有关,从 2001 年 59.4%一直降到 2006 年的 49.9%。从一国发展而言,较高的消费支出水平不利于带动投资,也不利于促进国家的发展,而且,一旦发生经济危机,国家将更可能出现崩溃。

图 4-4 美国与中国个人消费支出占 GDP 比重 (%)

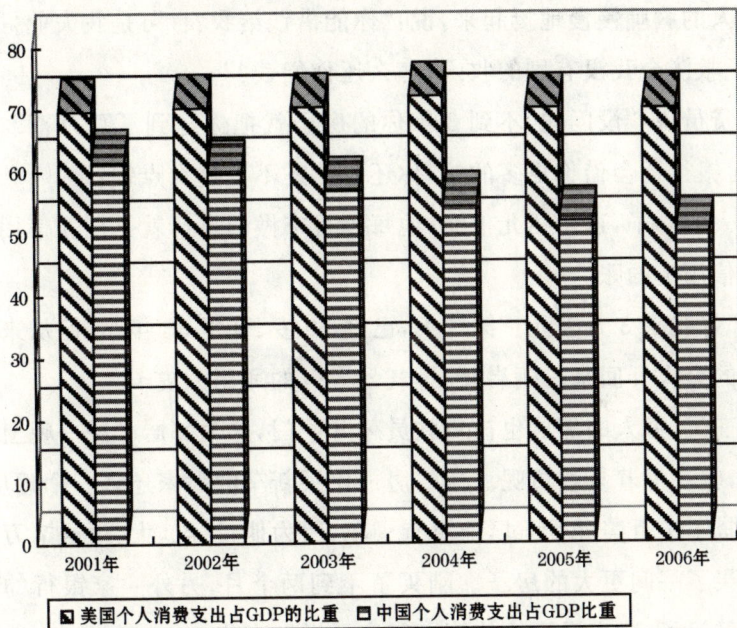

□美国个人消费支出占GDP的比重 □中国个人消费支出占GDP比重

但是,就是美国这样高消费低储蓄的国家却通过金融创新造就了大量的虚拟财富,许多资不抵债的穷人碰到了大量次贷房屋推销员,他们宣传能用杠杆效应让众多穷人买上房子,而只需很少的首付。

于是,原本被银行躲得远远的美国穷人,现在被银行信贷员敲开门了:"需不需买新车?"

"滚!我买不起。"穷人以为又是什么整天敲门的推销员。

"你能买得起,你现在的房子升值了。"

"我卖了房子去哪儿住,再说我还有 20 年才能还完房贷。"穷人说。

"你不用卖房子,你只需把房子重新估值并同意用升值部分担保,我们银行就可以借钱给你；不仅如此，我们还免费给你估值，如果你的房子升值够大，你的贷款额够多，还可以免贷款手续费。"

穷人的眼睛亮了："天下竟有这样的好事?!"

"对，这就是你在美国有房产的好处。在美国有房子的人都不算穷人，因为全世界的人都要把他们的钱变成美元，全世界的人都想来美国；于是美元多得不得了，移民多得不得了；美元一多，人一多，你的房子就升值了，于是，你就成为富人了；银行是专门帮富人的，所以我们才来拜访你。"贷款员流利地重复着银行内部培训时说的话。

穷人的胸脯慢慢地挺起来，说："你能借钱给我?! 可是我失业好几年了，除了救济金我没有别的收入，怎么还你们钱？"

信贷员说："没问题，不到 3 年你的房子就把你送到了百万富翁榜上了，到时银行还会借你更多的钱，你还害怕还不上这点钱？"

穷人放心了，这个招儿他懂，他每到月末做的事情就是用新信用卡的钱还旧信用卡的账。

"那好我贷 3 万美元！"第二天，已经 50 岁、开了 35 年车，但从来没开过新车的穷人开回来一辆崭新、排气量 5 升的通用大皮卡。

第三天，穷人的邻居也被贷款员敲开了门，这个邻居已经一晚上没有睡好觉，就在等着贷款员呢。他的房子比买新车的那家还多一个睡房，他一咬牙贷了 7 万美元，不过，他没有买车，因为他目标远大，用这 7 万美元贷款又买了一间更大的房子。刚买了不到两个月，另外一家银行的贷款员也来敲门了，这次是要给他第二套房子提供次贷。

次级贷款的贷款对象是指信用评分低于 620 分的客户，他们甚至不用提供任何收入证明，并且其还款额与收入比超过了 55％，或者贷款总额与房产价值比超过了 85％。除了贷款标准低以至于信用风险明显高于最优贷款之外，次级贷款的另一个重要特点就是以浮动利率贷款为主。次级贷款的违约风险高，因此，次级贷款的利率一般比优质贷款产品高出 2～3 个百分点。次级按揭贷款还采取了灵活多样的还款方式。其多数创新抵押贷款产品有一个共同点，就是在还款的前几年内，还款额很低而且金额固定。例如，有的次级按揭贷款允许借款人在前两年以低于市场利率水平的固定利率还贷，两年后再转化为利率水平高于市场利率的浮动利率,有的次级按揭贷款允许借款人在开始的阶段只偿还利息。

统计显示,次贷占美国全部房贷的比例从 2001 年开始大幅上升。一些贷款机构甚至推出了"零首付"、"零文件"的贷款方式,借款人可以在没有资金的情况下购房,且仅需申报其收入情况而无需提供任何有关偿还能力的证明,如工资条、完税证明等。许多人通过编造虚假信息获得了次级贷款,在 2006 年发放的全部次级房贷中,此类"造假贷款"占到 40%,而 2001 年的比例为 21%。

"把钱借给能还钱的人。"是人类第一间银行大门柱上刻的唯一一句话,可是今天这些世界顶尖的银行家们竟集体把这条最古老的信条忘了,这如同一个正常人不知道违法是不对的一样荒谬。这些人类理财精英们为什么一起犯了这个不该犯的错误呢? 心理学有一条从众理论,说的是群体在做同一件事时,个体容易丧失自我。例如,大家一起去做一件危险的事,你就不容易害怕;大家一起做一件坏事,你就不感到那么坏。我相信这些银行家们一定是发现他们的同行都在做同样的事,因此心理上就放松了警惕。

泡沫制造机:美国资产证券化的飞速发展

次贷的名声本来不是这样臭名昭著,它只是一种普通的高风险高收益的融资工具,贷款对象主要是企业家,次贷坏账率在过去一直都控制在可接受的范围。可是当银行家们把这个工具用在美国穷人的住房上时,天下就大乱了。

他们为什么发明这种贷款? 因为这种贷款的利率比普通贷款利率要高,当然风险也大。其实次贷早已有之,最早出现在 20 世纪 80 年代美国,用于企业杠杆收购上。所谓杠杆收购,就跟借钱买房子一样,想买企业的人钱不够,就要向银行借一部分钱才能买得起企业。一般银行为了贷款安全,需要用被购买企业的资产担保才同意贷款,如果企业资产担保的贷款加上收购者的自有资金还不够,买企业的人就要寻求能接受更高风险的贷款——次级担保贷款,这种贷款的抵押物是当企业破产时,资产变卖偿还担保贷款后的剩余价值(如果还有的话)。由于只能得到资产剩余价值的担保,这种贷款风险自然大,利息自然也高。

我相信最初把这种贷款方式用在美国房屋贷款的银行家是个天才,因为他知道美国政治稳定,经济发达,地球人都想去。可是再地大物博,土地也有限,因此美国房子,包括穷人的房子也会升值,当房价涨了,卖掉房子偿还房贷款后,一定会有剩余,这个剩余价值就可以为新的贷款提供担保——次级担保。想想看吧,这是多么大的贷款市场。

图 4-5 次贷危机形成示意图

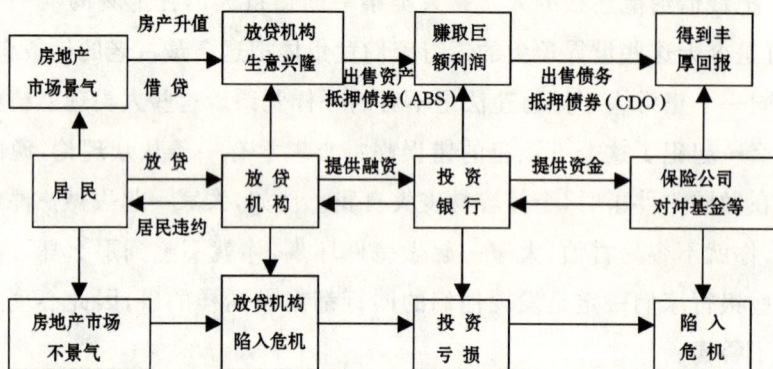

图 4-5 给出了次贷危机形成示意图,从上述次贷信用及其衍生产品延伸链条上可以看出,逐级放大的信用关系由 3 个环节构成:(1)放贷机构;(2)投资银行;(3)保险公司、对冲基金、资产管理公司、养老基金。使信用关系放大的因素主要有两个:(1)房地产收益的良好预期;(2)资信评级机构的不实评级。次级贷款公司接受价值被高估或者说被泡沫化的房产作为抵押,大肆进行信贷扩张,贷款机构纷纷推出零首付、零收入与资产证明、仅付利息、负摊销等做法,向那些信用差、负债累累甚至是没有收入证明的人提供抵押贷款,并且允许采用浮动利率形式。贷款机构将存在信贷泡沫的抵押贷款经过处理卖给了投资银行,而投资银行对次级抵押贷款进行证券化处理,层层打包成 CDO(Collateralized Debt Obligation,债务抵押债券)之后卖给投资者,结果市场的杠杆作用又导致虚拟资本价值过度膨胀,这些充满了泡沫与风险的抵押贷款证券产品等于是将房地产泡沫进一步放大的产物。随着利率的提高,房地产融资的成本逐渐提高,脱离实体经济的泡沫资产一旦开始向真实价值回归,就必然导

致泡沫的破裂,利益链条也就变成了危机传导链条。所以,虚拟经济脱离实体经济过度膨胀,产生的资产泡沫终将破灭。

美国次贷的高风险主要形成于第一个环节,次贷——对抵押物有第二追索权的贷款。值得注意的是,资产证券化首先就是从住房抵押贷款开始的,它使流动性很低的贷款资产,特别是房贷资产得以流动,扩大了贷款机构的资金来源从而扩大了贷款业务,减少了贷款机构的流动性风险。通过把贷款变成一种可以交易流通的证券,它使众多投资者都能够间接地参与信贷市场,不但拓宽了投资渠道,还分散了信用风险,次级房贷市场正是在资产证券化飞速发展的背景下迅速繁荣起来的。

贷款公司短时间找到次贷消费者,账面上钱都贷出去了,但是收益并不看好。贷款公司的管理层为了回收资金,分摊风险,决定与投资银行"合作"。投资银行更热衷于"金融创新",找来最著名的专家,用最新的经济数据模型,重新包装这些贷款,于是就有了 CDO。投资银行通过发行和销售 CDO 赚钱,让债券的持有机构分担房屋贷款的风险。为了便于销售,投资银行将 CDO 分为高级和普通两种,当发生债务危机时,高级CDO 享有优先赔付的权利,而对于风险等级比较高的普通 CDO 债券,投资银行又找到了对冲基金来购买。对冲基金一如既往地偏好风险,通过全球寻找利率最低的银行借来钱,然后大举买入这部分普通 CDO。

2001 年末,美国房地产一路飙升,短短几年就价格翻番。次贷链条上的各环节皆大欢喜,贷款买房的人、贷款公司、各大投行、各个银行和对冲基金,人人都赚钱。对冲基金为了放大盈利,将手里的 CDO 债券抵押给银行,换得数倍的贷款,然后继续加码购买普通 CDO。投资银行眼看对冲基金赚大钱,又搞"创新"。除了投资银行们互相赎买 CDO 之外,又推出新产品——CDS(Credit Default Swap,信用违约交换),将保险公司拖下水,于是再次皆大欢喜,CDS 也热销。

金融创新还不止于此,因为在这些金融机构推出众多按揭贷款创新证券品种之后,对投资者而言,品种繁多到眼花缭乱的程度,并且这些创新证券的收入税率差异也很大。所以,就又出现了将这些不同类型的按揭贷款衍生证券进一步打成包,再以基金或衍生证券的形式把这些衍生证券包分成股份卖出去,这就是 SIV(Structured Investment Vehicle)这类金融产品产生的背景。这些由按揭贷款衍生出来的证券的衍生金融产品,其目的大致包括为不同风险偏好的投资者提供各类风险水平的投资品、为不同税率的投资者提供避税的投资品,等等。那么富有投资经验的银行为什么看不出这其中的高风险呢?那是因为次级贷款的放贷机构花钱供养了许多信用评定机构,从而可以轻松地拿到最高为"AAA"的信用评级,泛滥成灾的"AAA"证书使银行失去了对风险的敏感性。

总的来看,围绕住房按揭贷款的金融创新层出不穷。从 20 世纪 90 年代开始,许多在最前面直接跟借款方打交道的银行、金融公司(按揭贷款公司)根本就不管借款人是否有好的信用、今后是否有能力还债,因为这些银行和按揭贷款公司在把款贷出之后,赚取手续费,一转手就把按揭贷款合同卖给华尔街公司,由后者再将贷款打成包以证券化卖出去。这样,委托代理链上的每一方都可以不负责任,都只赚取服务费,所有的风险都由最终投资者承担。而这些最终投资者又离前面的直接放贷者、打包者隔了好几环委托代理关系,没法行使太多的监督,于是,系统性风险就有机会日积月累了。

让危机放任自由:过度宽松的市场监管

20 世纪 80 年代初,美国形成了有利于次级房屋贷款发展的法律环境。如 1982 年的《可选择按揭贷款交易平价法案》(Alternative Mortgage Transactions Parity Act of 1982)允许使用可变利率,1986 年的《税务改革法案》(Tax Reform Act of 1982)禁止消费贷款利息免税。这一系列的法案都为次级抵押贷款市场的发展提供了一个良好的法律环境,增强了贷款机构发放抵押贷款的动机。

美国是资产证券化的原生地,自 20 世纪 70 年代初第一笔资产证券面世之日起,其发展进程就一直未曾停息。特别是过去 20 年来,美国资产证券市场的规模不断扩大。首先,新的信息处理技术使从住房抵押贷款到信用卡应收款及其他种类的信贷资产、广泛的贷款种类证券化成为可能。正是在新的信息处理技术进步的推动下,在整个证券化结构中处于关键环节的信用评级公司、证券承销商等中介机构才有可能开发出各种类型的资产风险的识别估计、现金流量分析、违约率估计等建模技术。资产证券评级技术的不断进步和成熟,风险定价模型的不断开发和成形使得新结构新产品层出不穷。其次,资产的切分处置技术的应用给投资者提供了更多的选择。根据信用质量对集合资产切割分类,再以此发行不同等级的证券,能够更好地满足投资者不同风险收益模式需要。

正是由于全球投资者信赖穆迪、标普、惠誉等知名评级机构对次级抵押债券的高质量信用评级,才放心大规模购买此类证券。但事实证明,评级机构给出的信用评级并没有真实地反映这些证券所存在的风险,这里面也许有技术层面的原因,但实际上,穆迪、标普、惠誉等权威评级机构自始至终都是美国次贷市场的参与者、推动者和直接受益者。数据显示,与传统的公司债券评级业务相比较,评定同等价值的次级债券,评级公司所得到的费用是前者的两倍。受利益驱使、技术制约等因素的影响,使评级公司不能客观地对次级抵押贷款证券风险做出评价,使得以高风险的次级抵押贷款为基础资产的证券化产品能以低风险产品的"外壳"进入资本市场。由于世界经济的一体化,这种美国发明的、风险严重低估的证券化产品,从美国金融体系传导或转嫁到国际资本市场。

过分冒进的抵押贷款人、丧失原则的评估师以及信心满满的借款人,合力推动了住房市场的繁荣。按揭的始作俑者按预先做好的计划准备着将这些按揭转售给券商,因此,他们对偿债的风险审查并不是十分上心。通常情况下,他们对借款人还款能力的评估一般都只是走过场,很少通过国税局核实借款人的收入状况,虽然之前他们都例行公事地要求对方签署了一份允许做这个核查的委托书。有时候,这些放款人还会怂恿那些信用记录历史很短、很天真的人进入到急速膨胀的次级按揭贷款市场里来借钱。这些按揭被以一种非常复杂而且颇为神秘的方式,通过打包、出售、转售等不同的手段转让给了世界各地的投资人,这套程序为这场危机搭建了一个实实在在的国际化平台。住房市场的泡沫,加上泡沫与按揭证券化过程中激励机制间的相互作用,还有被放大了的道德风险,进一步刺激了按揭贷款人中的某些害群之马,使得他们更加胆大妄为。

如果说次级抵押贷款及其证券化过程的参与者是受利益驱使而忽视

风险的话,那么美国金融部门没有予以及时监管则是巨大的失职。受制于不干预市场的传统,尽管美联储等金融监管部门早已注意到贷款标准的放松,但美联储并没有及时规范金融机构的某些行为,错失了防范危机产生的好时机。而且美联储还在一边不断加息的同时,另一边却继续鼓励贷款机构开发并销售多品种次级房贷,直到 2007 年 3 月美国新世纪金融公司濒临破产、次贷危机爆发后,美联储等金融监管部门才对市场进行必要的干预,使更多的贷款公司主动或被迫迅速收缩住房抵押贷款,但此时住房市场需求已不可避免地受到了影响,这也加剧了次贷危机的形成。

美元霸权:让泡沫越吹越大

20 世纪末美国穷人沸腾了,美国房地产沸腾了,世界级银行家们坐不住了,这么大块饼怎么能让那几个地区银行独吞。于是世界第一大银行、第二大银行、第三大银行,世界第一大投行、第二大投行、第三大投行相继杀了进去,一向已稳健著称的欧洲第一大银行、第二大银行、第三大银行也坐不住了;20 年前在美国连裤子都输掉的日本四大银行穿着短裤又气喘吁吁地赶来了;而刚刚从股民手里拿到钱,一心想冲进世界第一梯队的中国银行家们也高喊着"革命不分早晚"的口号咬住了次贷的尾巴。

心理学还揭示了一条人类服从权威的心理,说的是人不容易挑战权威,总认为权威比自己正确。人云亦云地认为,只要美国地位不倒,全世界就需要美元;要这些美元源源不断进入美国房地产,我贷的钱总能收回来。那些为世界级银行打工的层层精英都认为,我们是世界第一大银行,我们有世界最聪明的风险分析师和最完善的风险分析系统,他们让我们做次贷,次贷一定没问题。相信那些银行家们看到他们所欣赏和崇拜的金融精英开始进行次贷,就把自己的思考权利上缴了:"次贷风险看来不大。"这些层层为存款人把关的决策者们都成了第二次世界大战屠杀犹太人的执行者,因为面对权威他们停止了思考。

全世界的钱源源不断进入了美国,美国房地产泡沫形成了,纽约洛杉矶的房价 3 年翻番了,波士顿旧金山的房价一年涨了 70%,连人口逐年减少的中南部地区,房子一年也能涨 30%。建筑商房地产商大兴土木加速施工,一口气建了美国 10 年也消化不了的房子——每 7.5 个房子就有一个空置的。于是美国穷人笑了,因为竞争的银行多了,贷款条件自然越来越宽,利息越来越低。

商场是逆水行舟不进则退的游戏。我熬了 28 年才登上这个世界第三大银行 CEO 的位置,这个银行用了 140 年才做到世界第三,在我任职期内决不能让它倒退,美国次贷虽然有大风险,但这个蛋糕太大了,大到能决定银行的排名。于是,只能明知山有虎,偏向虎山行,因为不去就不是虎了。一大批房贷公司横空出世,一大批专门为不知道如何撒谎的穷人编造个人收入的公司应运而生,会计师、律师、保险经纪纷纷成了次贷的皮条客,只要能拿到房贷生意都可以卖给银行。可惜,经济的游戏永远只有少数的赢家,投资者需要的正确判断必须是少数人的判断,大多数人都看准了的事,结果注定是一场灾难。

第二节　谁吹破了金融泡沫

经过了一轮经济的高速增长周期,2004 年以后,美国经济开始步入下滑周期,经济增长的逆转带来了连锁反应,次级抵押贷款所积累的风险逐步展现,并在世界范围蔓延。从图 4-6 可以看出,在繁荣时期,低利率的货币政策助长了高房价,产生了巨大的泡沫,而到了危机时刻,随着利息率的不断攀升,房价不断下跌,贷款违约不断攀升,各大金融机构纷纷出现问题,危机进一步爆发。

图 4-6　次贷危机产生示意图

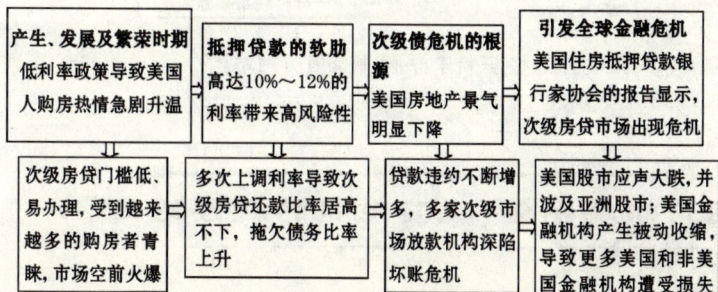

产生、发展及繁荣时期 低利率政策导致美国人购房热情急剧升温	抵押贷款的软肋 高达10%～12%的利率带来高风险性	次级债危机的根源 美国房地产景气明显下降	引发全球金融危机 美国住房抵押贷款银行家协会的报告显示,次级房市场出现危机
次级房贷门槛低、易办理,受到越来越多的购房者青睐,市场空前火爆	多次上调利率导致次级房贷还款比率居高不下,拖欠债务比率上升	贷款违约不断增多,多家次级市场放款机构深陷坏账危机	美国股市应声大跌,并波及亚洲股市;美国金融机构产生被动收缩,导致更多美国和非美国金融机构遭受损失

联邦基础利率上升:次贷危机的导火索

随着 2003 年美国经济的全面复苏,通货膨胀压力重新显现。从宏观方面来讲,由于资金运用成本过低,流动性泛滥成灾,并吹生了美国经济的泡沫,因此,从 2004 年 6 月开始,美联储连续上调联邦基础利率(见图4-7),从最低时的 1.00% 调高到 2007 年 7 月(次贷危机爆发前)的5.26%。而次级抵押贷款多采取浮动利率制进行还款,如 2005 年发放的次级抵押贷款合同,至 2007 年就会进入利率重新设定期。而申请自次级抵押贷款的购房者收入本来就不确定且缺乏除房屋外的其他抵押资产,短期内收入水平不可能大幅度上升,所以美联储突然调整大幅度利率使得这些购房者的还款压力大增,大量购房者面临流动性紧张,没有足够的收入来支付高昂的利息,只能选择违约。利率的大幅调升不仅使房屋价格深受影响,房屋价格不断走低,也使大量低收入水平的次级房贷者无力支付不断增加的贷款本息,次贷违约率不断攀升。

图 4-7　2004 年 1 月~2007 年 9 月美联储基础利率(月度数据)　(%)

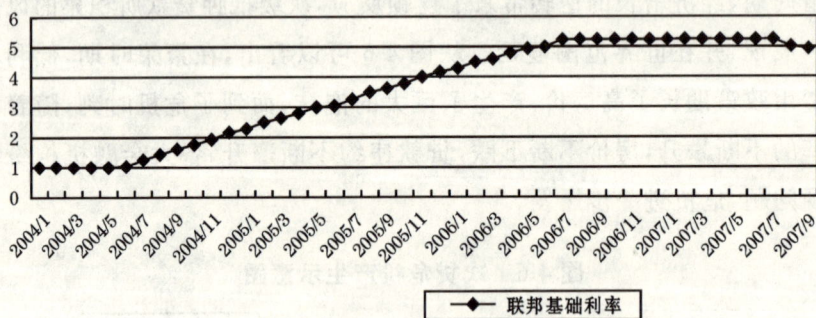

资料来源:美联储官方网站

房地产市场萎缩:次贷危机的直接诱因

房地产产生的这种财富效应使越来越多的美国人加入到贷款买房的

阵营中。然而,财富效应是建立在两个必要条件之上的,第一,房价会永远上涨,人们可以把房子及时出手,因此风险是可以控制的;第二,房价上涨的幅度高于增加的利息负担,因此借钱买房是合算的。一旦这两个必要条件不成立,房地产的财富效应也就不存在了。图4-8列出了2001年到2007年美国第四季度住房价格指数及同比增长率,从中不难发现,20世纪90年代以前,美国的楼市委靡不振,住房价格指数长期在低水平徘徊。如1980年第一季度的平均住房价格为100,到1990年,这一指数仍然只有151.25,年均上升幅度只有4.2%,比美国的GDP年均增长率高不了多少。从1992年克林顿执政开始,随着美国经济的持续增长,美国的楼市一步步转暖,住房价格持续大幅度上涨。1997年第一季度,美国的住房价格指数突破200,达到201.35;2005年第二季度,美国的住房价格指数突破300,达到303.13。20世纪90年代的10年当中,美国住房价格的年均涨幅为5.2%;21世纪的前5年,美国住房价格的年均涨幅为5.1%。由于楼价持续快速上升,美国的楼市累积了相当大的泡沫,出现一定的调整理所当然。在这期间虽然美国住房价格在绝对水平是不断上涨的(从1991年的167.52上升到2007年的390.20),但是美国房价的增幅从2004年开始下降,从最高的10.68%下降到2007年的0.82%,从2006年开始,美国住房价格增速放缓,但并不像有些分析家认为的那样是"楼市大幅下跌"。例如,2006年第四季度,美国的住房价格指数达到了319.73,比上年末上升了6.34个百分点;就在次贷危机出现后的2007年,美国的楼价仍然没有下跌,2007年第二季度的住房价格指数是320.4,仍比2006年年底略升了0.67个百分点。房价增幅的下降极大地缩小了房地产的财富效应,贷款购买房屋从获得净利润变成净亏损。

由于财政和对外贸易连续数年的高额双赤字,严重制约了美国的资本扩张,为了走出困境,美联储决定提高利率,吸引外资进入。所以,从2004年6月28日到2006年两年中,美联储共17次提息,从1%升为5.25%,长期房地产抵押贷款利率上升到6.8%。利率高调直接打击了房地产,房地产投资放缓,新房销售量急剧下降,房屋抵押贷款申请也连续下降。旧房销售从2006年的3月开始停止增长,其中7月比6月销售数量下降4.1%,与2005年同期相比更是下降了11.2%,为这几个月以

图 4-8　1991～2007 年美国第四季度住房价格同比增长率　（％）

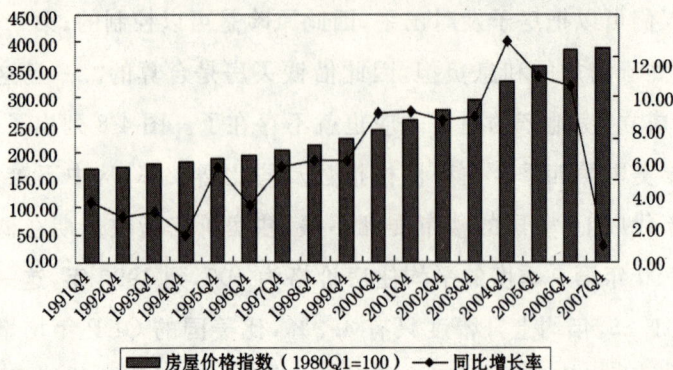

房屋价格指数（1980Q1=100）　　同比增长率

资料来源：美国 OFHEO（Office of Federal Housing Enterprise Oversight）官方
网站整理得到，这是一家专门对住房建筑企业进行监督的机构——联邦住房企
业监督办公室（Office of Housing Enterprise Oversight，OFHEO），其编制的住
房价格指数（House Price Index，HPI），被公认为是反映美国住房价格变动最有
代表性和最有说服力的指标

　　来的最大降幅，整月旧房销售数量为 633 万套，是自 2004 年 1 月以
来的最低点。新房的销售与旧房销售状况相似。同时，新房开工数量也
呈下跌趋势，在 2006 年 6 月新房开工数量下跌 5.7％的基础上，7 月再次
出现了 2.5 个百分点的跌幅，并创下了近两年来降幅的最大纪录。从
2005 年中期到 2006 年 7 月以来，30 年固定抵押贷款的平均利率增加了
1％，达到了 6.75％；一年可调抵押贷款率达到了 5.75％，增幅超过 1％。

　　与此相对应，居民的购买能力指数随着贷款利率的上升逐渐降低，7
月固定利率购买能力指数和可调利率购买能力指数分别为 102.1 和
104.8，为 1986 年以来的最低点。据美国联邦住房贷款抵押公司的估算，
大约有近 90％的次级抵押贷款采取可调整利率的形式，利率的大幅攀升
加重了购房者的还贷负担。2006 年 7 月未售的住房数量创下了 11 年来
的新高，新房销售跌至近两年的新低，存房增至 730 万栋。

　　进入 2007 年，美国商品住房的库存积压大量增加，价格大幅下降，住
房价值开始大幅缩水。接着美国金融市场开始不断出现不祥之兆，次级
按揭证券的违约率不断增加，到 2007 年 7 月，该比率已经超过 15％，正在
向历史最高纪录冲刺。与此同时，家庭收入随之减少，导致个人实际消费

支出降低。2008 年,全美国将有占总数 10.3％的约 880 万个家庭的按揭面临负资产的风险,这一数字比一年前多了一倍以上,负资产按揭的价值总额约 2.6 万亿美元。美国的房价将从峰值水平下跌 20％~30％,使 4万亿~6 万亿美元的家庭财富消失。

美国楼价下跌,房屋价值已低于按揭金额,对业主及贷款机构都构成风险。美国抵押贷款银行协会的一个研究报告表明,2008 年全美国可能有 130 万房主无法按期归还房贷,其房屋可能被没收并拍卖,这意味着今年的违约金额将达 1 万亿美元。美国房地产市场已经从几年前的卖方市场逐渐演变成现在的买方市场。居民对住房需求的下降是导致房地产市场降温的主要原因,而导致居民对住房需求减少的主要因素之一是住房抵押贷款利率的上升,居民无法承受高利率下的购房支出,也就是超过了居民有支付能力的购房消费。

在进行次级抵押贷款时,放款机构和借款者都认为,如果出现还贷困难,借款人只需出售房屋或者进行抵押再融资就可以了。但事实上,由于美联储连续 17 次加息,住房市场持续降温,借款人很难将自己的房屋卖出,即使能卖出,房屋的价值也不足以偿还剩余贷款的程度。这时,很自然地会出现逾期还款和丧失抵押品赎回权的案例,案例一旦大幅增加,必然引起对次级抵押贷款市场的悲观预期,而由于购房者还贷产生的现金流是次级抵押贷款及其衍生产品最根本的资金源,这个现金流一旦出现问题,就会使以其为基础资产的衍生化证券的利息支付产生流动性紧张,进而波及整个抵押贷款市场。

2007 年,随着次贷危机的发生,房屋拥有率开始有所下降,这从一个侧面说明了在美国这个富裕国家中普通居民支付能力的低下。那些无房者并非不愿有其屋,只是房屋的价格超过了他们的购买力,才难以圆有房之梦。

资产证券化的杠杆效应:让泡沫转眼消失

美国金融产品体系像个倒置金字塔,底层是基础资产,如住房贷款、信用卡贷款、工商企业贷款、消费贷款、教育贷款等,在此基础上构造出金融衍生产品的大厦。伴随着近10年来的金融创新浪潮,以住房贷款等为基础资产,美国的金融衍生产品市场发展迅猛,产品设计得越来越复杂,这些产品的真实价值和风险等方面信息的透明度也随之下降。

"9·11"事件后,为了刺激经济的发展,美国政府不断降低利率,2001~2004年,利率降到了历史低点。为了争取更多的客户和资金,投资经理们不得不选择高风险的投资策略,大幅提高杠杆水平,或者收购高风险的资产,次贷及其相关衍生产品自然受到热捧。而美国政府寄希望于房地产市场的发展来拉动经济增长,暗示信贷机构放宽贷款条件,为次贷业务的发展以及实施次贷衍生产品等高杠杆投资创造了有利条件。

在利率的驱使下,投行的精英们痴迷于设计复杂的衍生品,致使投行的盈利模式不是建立在健康的实体经济和基础资产上。伴随信用链条的拉长、产品复杂度的增加,这些投行愈加脆弱。许多华尔街公司也加入这个创新领域,它们把各种住房按揭贷款打成包之后,将这些贷款包的未来收入流分拆成 A、B、C、D 四层"子证券",这样,如果这些按揭贷款在未来出现坏账,那么,最初的 5% 之内的损失由 D 层证券的投资者承担,如果坏账损失超过 5%,那么在 5%~10% 间的损失由 C 层证券的投资者承担,10%~20% 间的损失由 B 层证券的投资者承担,更大的损失发生时则由 A 层证券投资者承担。这样,A 层证券的风险最低,其他的依次类推。在这一按揭贷款衍生证券链上,资金的最终提供方与最终使用方之间的距离很远。

华尔街金融风暴的发生很大程度上跟投行精英们缺乏职业操守有关。他们既没有如实向客户揭示产品可能的风险,投行自身也没有采取有效措施管理风险,把风险传递给更广泛的机构和人群。次贷危机的冲击为何一波接着一波,根源在于这些机构的资产质量低劣。这些资产直接或间接与次级抵押贷款有关,是在次级抵押贷款的基础上衍生出来的,基础资产的风险如同毒瘤一样经由衍生品侵袭整个金融体系。

为了追求更多的利润,放贷机构加快创新推出了多种多样的高风险次级抵押贷款产品,例如,导致次贷危机的主要次贷品种无本金贷款、可调整利率贷款等,这些贷款的共同特点是,在还款的开头几年,每月按揭支付很低且固定,这使得一些本不具备相应经济实力的中低收入者纷纷贷款购房,但在几年之后,借款人的每月还款负担陡然加重,从而留下了借款人日后可能无力还款的隐患。不仅如此,受美国经济增长及人们普遍预期房地产市场向好的影响,作为一种创新的贷款品种,不仅次级抵押贷款本身的风险被忽视,而且在追求更多利益驱使下,美国金融机构又以次级抵押贷款为基础,创新推出了品种繁多的次贷衍生产品,使次贷机构、次级房贷者、保险公司、投资银行、商业银行、对冲基金等次级房贷利益链条主体捆绑在一起,从而使次贷危机一旦爆发就呈几何级扩展。

也正是在此背景下,美国证券公司平均的总财务杠杆(总资产/股东权益)超过20倍,而净财务杠杆[(总资产-低风险资产)/有形股东权益]达到15倍左右。投行杠杆更高,以贝尔斯登为例,其总杠杆率、净杠杆率分别为30倍和16倍。高杠杆虽然提高了资本回报率,却也对风险的估算提出了更高的要求,一旦金融机构低估了风险,导致拨备额不足,就使单一业务的风险在20倍、甚至30倍的杠杆作用下,放大至整个集团,并且在全球化加速的背景下将这种风险迅速传染给世界各主要金融市场。

过去5年间,雷曼兄弟的资产回报率不过微乎其微的0.76%,但是其股东权益回报率则高达20.39%,获得如此高收益的秘密就在于其杠杆比例高达26.83倍。这样的情况并非出现在雷曼兄弟一家企业上,美国投资类企业的平均资产回报率为1.17%,而股东权益回报率为9.94%,两者之所以有悬殊差距,全靠金融企业的高杠杆运作模式,根据路透社统计,美国投资类企业的总负债是净资产的7.45倍,而标普500指数成分股平均仅为1.97倍。

为了实现高杠杆运作,金融机构纷纷发行商业票据或者以持有的证券(自然包括大量按揭证券化产品)作为抵押向货币市场借贷资金,然后再将这些低利率获得的资金投向高收益的投资品种,从而获得两者之间的利差。

对金融机构而言,一旦资产账面价值在本期内下降,它将在资产负债表上进行资产减记(Write-down),在利润表上则出现相同规模的账面亏损。这正是从2007年夏季以来,跨国金融机构频频披露巨额资产减记及账面亏损的原因。

如表 4-1 所示,截至 2008 年 4 月,在跨国金融机构中资产减记规模前 10 位中,有 9 位均为商业银行和投资银行。其中资产减记规模最大的前三位分别为花旗集团、瑞银和美林,资产减记规模分别为 391 亿、377 亿和 291 亿美元。

表 4-1　次贷危机中金融机构资产减记前 10 位

机　构	商业类型	资产减记金额（10 亿美元）
花旗集团	商业银行	39.1
瑞　银	商业银行	37.7
美　林	投资银行	29.1
汇　丰	商业银行	17.2
苏格兰皇家银行	商业银行	15.2
摩根士丹利	投资银行	11.5
德意志银行	商业银行	11.2
美国国际集团	保险公司	11.1
瑞　信	商业银行	9.0
美洲银行	商业银行	8.0

资料来源:＜次贷危机传导机制＞　2008 年 7～8 月　＜国际经济评论＞　张明

以花旗为例。该集团曾宣布 2007 年第三季度资产减记和次贷相关损失达 65 亿美元,而在其董事长兼首席执行官查尔斯·普林斯宣布辞职时,该集团将 2007 年第四季度减记的 CDO 和次级贷款资产规模进一步扩大到了 80 亿～110 亿美元。"花旗很可能将面临严峻的运营环境,这将对其大多数业务的盈利能力产生压力。"高盛股票分析师威廉·塔诺纳在写给投资者的一份报告中如是说。他指出,信贷市场危机不仅使花旗的次级抵押贷款支持债券价格下挫,如果房地产市场继续萎缩进而影响消费者开支,该集团的信用卡和零售银行业务也将受到冲击。他把对花旗 2008 年和 2009 年的每股盈利预期分别下调至每股 3.8 美元和 4.6 美元,并下调了对花旗股价和对整个投行业在 2009 年之前盈利的预期。他将花旗股票的评级从"中性"调整为"卖出"。

更值得注意的是,华尔街银行和证券公司的亏损正在引起人们对信用记录差的住房贷款借款人违约率上升将拖累整个经济的担忧。全球信贷市场的低迷可能迫使银行、经纪商和对冲基金减少借贷 2 万亿美元。

2008 年 4 月 17 日,美林公司第一季净亏损达 19.6 亿美元,亏损大于预期,且为连续第三季度亏损。该公司第一季度资产减记总额超过了 65 亿美元,并将再裁员 3 000 人,预期未来数月的形势将"更加艰难"。2008 年 4 月 18 日,花旗集团宣布,在冲减逾 130 亿美元损失后,一季度净亏损 51.1 亿美元,合每股损失 1.02 美元。东京三菱日联金融集团预计,截至 3 月 31 日的一财年内,该集团在次级贷上的相关损失为 950 亿日元(折合 9.21 亿美元)。2007 年 12 月 28 日,华尔街投行高盛预测花旗、摩根大通和美林可能再冲减 340 亿美元次贷有价证券。

但问题在于,当众多按揭证券因为美国楼市疲软而估值大大降低之后,资金出借者便会要求这些金融机构提供更多的抵押品以维持贷款的保证金水平,当金融机构手头没有足够的流动资产以应付借贷机构追加保证金的要求时,就只能通过发股发债等手段提高资本金。根据 Bloomberg 统计,次级贷危机中各金融机构新募集的资本金总额高达 4 324 亿美元,而如雷曼这样杠杆水平太高导致亏损巨大又无力寻觅新资金的金融机构,便不得不被收购或寻求破产保护。

在次贷危机爆发前,人们一直相信,美国抵押融资业的巨头房利美有美国政府的支持,其债券风险很低。而该公司前 CEO 雷恩斯曾大言不惭地说:"我们相当于住房供给领域里的联邦储备委员会。"不过,有一天,人们的信仰破灭了。当"两房危机"(房利美、房地美)爆发时,原本局限于次级抵押贷款领域的信贷危机,已经发展为危及美国整个住房抵押贷款市场以及整个房地产金融领域的危机,随后又成为波及全球的金融危机。

悲哀的是,人们发觉,有一个人在 6 年任职期领取薪酬总计超过 9 000 万美元,其中大部分是因为他实现了利润目标。而这一目标如何实现?虚报!自 2001 年以来,房利美虚报了估计为 90 亿美元的利润,相当于公司同期全部盈利的 40%，此人便是已经一走了之的雷恩斯。

漏洞百出的金融监管：危机下千疮百孔

次贷相关衍生产品包装过度以及金融机构财务杠杆过高是本次金融危机的重要特征，但是并不能因此而否定金融创新，金融创新仍然是当代金融和经济发展的重要动力。金融创新本身没有错，问题关键在于金融监管是否能同步跟上。在法律允许的范围内，追逐利润最大化是投资者和企业家的正当追求，若是美国金融监管到位了，高风险的次级贷款及其金融衍生产品在市场上就不可能发展到当今这么大的规模，美国金融机构的杠杆也不会达到如此之高。因此，将次贷危机归咎于"华尔街投行家的无耻贪婪"是有失偏颇的，或者也可能是白宫在找"替罪羊"以推卸责任。

华尔街的银行家们有意或无意地未能及时洞见次级房贷市场的问题，与他们 7 年前对互联网泡沫"判断失误"如出一辙。但这两次危机间的相似之处还不仅限于此。当时和现在一样，华尔街的投资银行和这两个行业的业内人士都凭借着发行一些很可疑的证券大赚特赚；当时和现在一样，华尔街的股票和信贷分析师们不断发布"牛气冲天"的报告，诱导投资者，即便贷款违约不断攀升时也不曾停止；当时和现在一样，监管部门看着这幕闹剧，却无所作为。最后一点才是问题的关键所在，其实次贷危机的主要根源在于美国的金融监管体制存在重大缺陷，没有及时跟上金融形势和金融创新的发展，主要理由如下：

华尔街股市崩盘后聚集在
纽约证券交易所外的人群
（来源：维基百科）

其一,《1999 年金融服务现代化法案》标志着美国金融业进入混业经营时代。但是,美国到目前实际上仍然实行分业监管,金融监管机构多达7 家,如果把带有某些监管职能的机构算进去,监管机构则更多。保险公司、商业银行、投资银行等分别属于不同的政府机构监管,而次贷证券化过程中有众多不同类型的机构参与,需要各监管机构高度协调配合。监管机构过于庞杂就会出现协调和配合问题,更容易出现监管漏洞。

菲利普·格拉姆,这位前美国参议员在 1995～2000 年间任美国参议院银行、住房和城市事务委员会主席。在此期间,他努力促使美国通过了银行放松管制的法律,包括 1999 年著名的 Gramm-Leach-Bliley 法案,该法案取消了经济大萧条时期分隔银行、保险和投资活动的法律。很多人认为正是该法案使得贪婪的华尔街金融机构可以肆无忌惮地转嫁风险,躲过监督和问责,最终导致了次贷危机。虽然拒不认错,甚至认为美国经济没有问题,但格拉姆仍在重压下辞去了麦凯恩的总统竞选最高经济顾问之职。

其二,美国金融监管体制是在分业经营时代形成的,重点仍是机构监管。自实行混业经营以来,美国金融市场发展迅速,金融创新层出不穷,产品日趋复杂,资金高度流动,功能监管无疑应当成为金融监管的主体,可偏偏美国功能监管较弱,证券市场和期货市场虽然有证券交易委员会和商品期货交易委员会负责监管,但监管都比较薄弱。从整个金融体系的监管看,投资银行以外的金融机构在证券市场上的活动,几乎没有什么监管。机构监管具有只认机构性质不认业务的特点,功能监管是按照不同金融业务监管,不管某一项业务由什么机构开展,都采取同样的监管标准。

其三,场外(OTC)市场衍生产品发展过快,监管滞后。总体上看,场内市场交易的衍生产品基本没有出现问题,相比之下,次贷相关衍生产品都没有在交易所上市,产品标准不统一,在发展太快而监管没跟上时就很容易出问题。

其四,金融衍生产品是一把双刃剑,正确利用其发现价格和套期保值的功能可以起到规避风险的效果,但如果投机过度,则金融衍生品又会带来莫测风险。近年来,由于监管不力,次贷等相关衍生产品等明显存在投机过度现象。投行是一种高风险、高收益的行业,华尔街投行在博取高收益的同时,没有把风险控制放在重要位置上。在 20 世纪 30 年代,美国通过法律将投行与商业银行相互分离,正是基于投行风险较高的考虑。经过时代的变迁,当前投行业务的风险远胜往昔。投行的高风险可以从两个方面看出,证券行业是个波动性很大、周期性很强的行业,投行的业绩波动因而很大;从华尔街的实际情况看,投行们对短期借款过分依赖,高的资产负债率削弱了投行的风险抵抗能力,使得货币市场的风吹草动往往会给投行以致命一击。

第三节　金融危机的传导过程

2007 年 11 月 28 日,美国楼市指标全面恶化,美国全国房地产经纪人协会声称 2007 年 10 月成屋销售连续第八个月下滑,房屋库存增加 1.9% 至 445 万户,第三季标普/希勒全美房价指数季率下跌 1.7%,为该指数 21 年历史上的最大单季跌幅。危机还在向住房市场以外的领域蔓延。信用卡及汽车贷款业务的违约率也出现了可怕的攀升,地方债券保险人的信用评级出现了下降的苗头,这种情况带来的直接风险是,市场上已经出现的这些问题可能会波及国家及地方政府的财政系统。同时,商业票据市场遭受了沉重的打击,企业融资债券市场也同样受到了影响。

受金融危机的影响,投资者、消费者的信心和能力均在缩水,国际贸易、投资都在大幅度下降。美国实体经济领域的一些企业,比如通用、福特汽车都在大幅度减产和裁员。在发达国家,中产阶层纷纷转向中低档消费产品,而对高档产品的需求在减少。新一波的股市动荡,已经不是金融危机的原因,而是实体经济受影响后带来的直接后果。

银行惜贷　企业融资困难

自美国雷曼兄弟公司宣布破产以来,美欧金融市场出现了新一轮动荡,股票暴跌,市值大幅下降,严重打击了投资者的信心。次贷造成全球银行和券商减记资产及信用损失金额已达2万亿美元。投资者担心金融机构破产的放大效应,纷纷采取撤资和赎回资金的方式来避免进一步的损失,造成市场恐慌和金融机构资金严重短缺,市场流动性下降。金融机构惜贷,潜在资产质量下降风险增加。雷曼兄弟的倒闭以及波及范围更广的金融动荡,使银行不良资产大幅度上升,银行间越发不愿意互相借贷,从而增加信贷危机深化风险。目前在欧洲和美国,银行间借贷实际上陷于停顿。资金成本上升,个人和企业筹资困难,个人贷款无法偿还和企业倒闭的情况会进一步增多,债务违约和资产价格下滑互相呼应,已经构成恶性循环,从而给经济带来非常强烈的负面影响。

在某种程度上,次贷危机与其说是流动性危机,不如说是信用危机,这种信用危机除引起与此相关的MBS的波动外,还波及股票市场及其他信用衍生品市场。这样,公司债券市场、商品期货市场、外汇市场及各类相关衍生品市场等也与之产生联动。次贷危机将信贷市场和资本市场联结在一起,形成了穿越两个市场的次贷债务产品链条,一旦链条某处产生断裂发生的连锁效应将同时在两个市场快速启动,最终导致整个金融市场陷入危机。随着美欧银行业收紧融资条件,"低成本资金时代"正发生逆转,其结果是融资成本上升,从而影响企业融资。次贷危机的爆发,会进一步波及公司债券市场,作为美国经济"主心骨"的中小企业也会因此受到较强资本约束,丧失持续创新的金融推动力,更多的中小企业将无力支撑,被迫出局。

所谓流动性短缺危机,是指金融机构因为信贷紧缩而导致流动资金严重不足而形成的危机。用通俗一点的话说,就是金融机构之间谁都不信任对方,谁都不愿意借钱给对方。流动性短缺将直接导致金融机构间借贷成本提高,信贷数量和规模不断萎缩。

流动性短缺危机席卷了美国的主要金融机构并波及到了金融体系之外,首当其冲的是美国的中小企业。中小企业的融资出现困难,而自有资金又无法满足企业运转的需要,许多中小企业纷纷处在破产的边缘。银行危机引发进一步的信贷危机。受次贷危机的影响,美国金融市场出现了信用紧缩,信贷市场、债券市场和股票市场作为间接融资和直接融资的主渠道将在流动性紧缩中遭遇扩张瓶颈,导致美国中小企业融资困难而面临危机。第二,实力雄厚的巨型企业受影响也很大。许多巨型企业有自己的金融机构,自有资金也很充裕,但这些企业多数依靠外部融资来扩大自身规模,这就不可避免地受到金融危机的影响。向来被视作美国工业领袖的通用汽车公司在金融危机中也走到了自身难保的境地。由于投资者对美国经济情况感到担忧,纽约三大股市 2008 年 11 月 19 日暴跌 5% 以上,道琼斯指数击穿 8 000 点,创 5 年来新低。其中,遭遇行业危机的美国汽车巨头们的股票遭遇抛售,说明投资者对其能否从布什政府要到"救命钱"普遍持怀疑态度。第三,许多企业都是金融机构的控股公司,但大多数金融机构由于流动性短缺而自身难保,就需要回流一部分资金,这必然会对企业产生负面影响。

全球股市的"黑色星期一"

随着华尔街金融危机向欧洲以及全球蔓延,全球金融市场遭遇"黑色星期一",亚太、欧洲和美国等地主要股市均大幅下跌。其中,美国纽约股市道琼斯 30 种工业股票平均价格指数 4 年来首度跌破万点关口,德国法兰克福、法国巴黎和英国伦敦股市也出现暴跌行情。尽管美国国会通过了 7 000 亿美元的金融救援方案,但是从方案出台到实施还需要一段时间,而且美国金融机构的损失远比人们预期的严重。美国摩根大通公司在其最新一份分析报告中说,信贷危机给全球金融业带来的损失将达到 1.7 万亿美元。分析人士认为,这些因素将造成全球投资者明显信心不足。

美国奥本海默基金公司董事总经理李山泉说:"根据金融市场所说的金融病毒理论,信贷危机从美国扩展到欧洲,之后还会影响亚太等在金融市场上与美国紧密相关的国家或者地区。"他强调,目前的金融危机已经不是某个政府推出救市方案就能解决的问题,它需要全球金融市场的主要参与者共同协商应对。在过去一年多时间里,美国金融危机明显蔓延到了欧洲,一些欧盟大型金融机构陷入困境,许多欧盟成员国正在采取措

・ 126 ・

施加以应对。

联合国全球经济监测部主任洪平凡说："在世界经济一体化的大背景下，国际金融市场相互作用影响的关系越来越紧密，华尔街的金融危机使全球金融体系出现系统性风险，很难有国家能在这种情况下独善其身。"他还说，当美国和欧洲相继爆发金融危机之后，大量资金会从新兴市场经济体撤离。印度、拉美国家等，由于自身经济结构脆弱、对外资依赖程度比较高，它们受到的影响有可能最为严重。"欧洲国家在南美国家金融企业和市场里投入大量资金，当金融危机从美国蔓延到欧洲之后，欧洲资本撤离造成了南美金融市场的动荡。"美国一家银行资深分析师詹森说，全球股市市值在一天里损失了 2.5 万亿美元，"这是疯狂的一天。"

美元成了烫手的山芋：加速泡沫的破灭

美元一直是这个世界的中心货币，但是美元本位的国际货币体系却没有一个相应的国际金融体系来制衡和管理。美国政府与民众崇尚超前消费，而且储蓄率一直都很低，近年来更是如此。那么，美国如何维持这个经济体的运转呢？那就是发行钞票！美国正是利用了美元作为国际储备货币这个特性向全世界借钱来投资、消费、维持自身的稳步发展和人民的高水平生活。一旦美国经济出现问题，它就大量发行货币，把后果转嫁给全世界。货币大量发行后，美元就贬值，贬值的损失由所有持有美元的国家来弥补，然后再来做强美元，这个损失就转嫁出去了，一次又一次地这样做。但是这样就造成了全世界的美元流动性泛滥，让全世界为其埋单，这就是在透支全球。

美国人反复用大量的货币发行来支撑美国的"非理性繁荣"，滋生了泡沫经济。首先是网络泡沫，后来是房地产泡沫。但是泡沫总有一天要破灭，泡沫越大破灭时的震动就越大，次贷危机就是美国房地产泡沫破灭带来的严重后果。进一步说，正是美国不断地透支全球才导致了次贷危机，次贷危机就是全世界不堪重负的一个结果。

次贷危机发生在美国其实就是其透支未来、透支全球的必然结果。

1973年布雷顿森林体系解体，撼动了美国在全球的绝对统治力。那么，次贷危机能否撼动美元本位的国际货币体系呢？1971年美国企图通过《史密森协定》挽救布雷顿森林体系，不过只是无功而返。次贷危机预示着持续30年的美国负债型经济已难以为继，过度信贷所催生的金融泡沫发生破裂，美国债务经济出现瓦解的端倪，美元币值不稳，国际货币体系很可能进入布雷顿森林体系崩溃后的再次变革期。

美元霸权地位可能被颠覆或陷入美元危机。美国金融动荡以及实体经济恶化的风险将导致世界范围内对美国金融产品的大量抛售和美元下跌，由于美元世界储备货币的地位和全球贸易的70%以美元结算的客观现实，如果各国减持美元资产或资本逃离可能会引发美元危机，当前拉美一些国家"去美元化"的倾向就很明显。

全球经济大恐慌

次贷危机也不会止步于美国的边境。在世界范围内，繁荣的地产市场已经出现了见顶的迹象，最起码也是走平的迹象。金融危机的影响已经渗入到其他国家，下面的情况可以作为例证，德国的德意志工业银行和萨克森银行濒临破产，法国巴黎银行管理的几只基金已经清盘，英国北岩银行出现了挤兑。紧接着，这些在美国以外的地方出现的问题，又将其影响反馈给美国，引发了美元的疲软、股市的动荡以及一系列新的金融问题，如美国最负盛名的投资银行贝尔斯登所面临的困境。这个残酷的反馈循环系统——在美国产生的问题从美国流到其他国家，然后又流回到美国——当然不只是简单的重复。英国2008年3月RICS房价指数跌至30年最低−78.5，低于−67.5的预期值，此次全球信贷危机，很可能会在未来10年时间里继续影响市场，英国银行业敦促政府干预市场，以防止较小金融机构倒闭，确保新贷款的来源。

在当前的经济危机下，全球各国都面临着资金短缺的恐慌。作为自20世纪30年代大萧条以来最严重的经济危机，现今世界比任何时候都更需要美元来拉动经济，而美国也希望能有丰富的资金来恢复国家经济。

为了挽救美国经济，美联储已经印发了千亿美元的钞票，扮演着贷款者的角色，而财政部累计举债高达 15 亿美元，美国又无疑充当着头号借款人的角色。

美联储的加速印钞无疑将会让美元在全世界泛滥，摩根大通美国经济学家、美联储前官员迈克尔·费罗利（Michael E. Feroli）表示："在面临经济呈现通货紧缩困顿局面的情况下，你必须全力以赴，尽最大努力采取一切可行的政策措施来渡过难关。"他认为中央银行甚至有可能将隔夜拆借利率调低为零，并且全年维持该水平。

由于美联储之前为应对金融危机所出台的一系列政策成效甚微，信贷市场濒临崩溃，各股股价更是直落千丈，全球经济逼近萧条边缘，迫于种种压力，美联储主席本·伯南克和前财政部长亨利·保尔森此次更是全力以赴，不敢有丝毫怠慢。随着经济的进一步恶化，当前经济逐渐面临着新的重大威胁——以工资和物价下降为标志的通货紧缩局面。

危机并不只是在美国上演，更是迅速波及全球所有重要金融市场。最明显的体现便是各国股市暴跌。美股大幅下跌，道指创近 3 年来新低；俄罗斯股市遭遇 10 年来最大单日跌幅被迫紧急停牌；韩国股市暂停交易；日经指数创 3 年来新低；欧股连跌 4 日……就连素来一枝独秀的中国股市，也从 2007 年的书写股坛神话到 2008 年的领跌全球，市值蒸发近 2/3。

由于次贷被打包成漂亮的抵押债券，向来自全球的投资者发售，陷入其中的各国金融机构越来越多。英国第五大抵押贷款机构北岩银行在危机集中爆发后遭遇挤提，仅 2008 年 9 月 12 日这一天，储户们就从该行提走了大约 10 亿英镑（约合 20 亿美元），导致其股价当天急剧下跌 24%，而挤提的原因就是因为北岩银行购买了美国次级抵押债券。

北岩银行 2007 年挤兑人潮

（来源：维基百科）

中国的金融机构也未能幸免于难，雷曼兄弟破产后，建行、中行、工行、招行等 7 家银行相继爆出持有雷曼债券,资金合计高达 7.216 4 亿美元。国内老牌基金公司华安基金旗下的华安国际配置基金因为牵涉雷曼兄弟而面临清盘。正如美国哈佛大学一位经济学家所说:次贷中的三成债券都跑到了亚洲国家,接下来亚洲也很可能爆出越来越多的与次贷相关的损失。

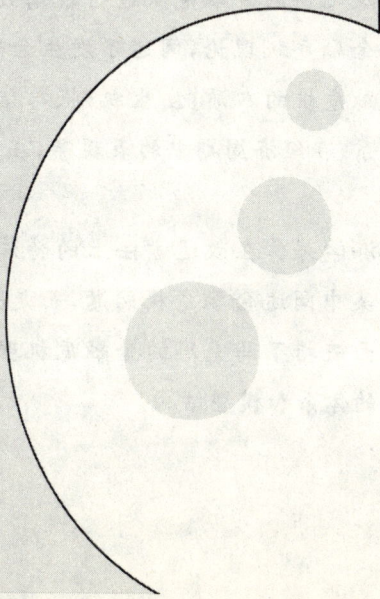

在资本主义经济的全球扩展中，各国金融、贸易和生产密切关联，金融系统特别脆弱，一方面是生产特别容易过剩，另一方面是金融特别容易膨胀，而资本运动又极其敏感，所以金融危机特别容易产生。实际上，发源于美国的这场经济危机，本质上是资本主义经济危机，它是由产业危机引起的次贷危机，再由次贷危机进一步引起整个金融系统的危机，由金融危机在更大的规模上、更深的层次上推动产业危机向深处发展，形成经济的全面危机。

"一旦劳动的社会性质表现为商品的货币存在，从而表现为一个处于现实生活之外的东西，独立的货币危机或作为现实危机尖锐化的货币危机，就是不可避免的。"

——马克思

第五章

金融危机的政治经济学分析模型

金融危机有比生产过剩危机更长的历史,前生产过剩危机时代发生的金融危机,往往由商业战争、人为过度投机等引起,而生产过剩危机时代发生的金融危机,往往由生产过剩引起。所以,随着资本主义周期性经济危机时代的到来,金融危机也表现出周期性特征。在生产过剩危机之前,往往首先发生金融危机,使金融危机成了生产过剩危机的征兆。当然,不是说有了周期性发生的金融危机,就意味着那种非周期性的、独立发生的、以战争或过度投机为基础的金融危机消失了,而是依然按照它自身的发展规律,只要发生危机的条件趋于成熟,它就会爆发。

例如,20世纪90年代以来发生的一系列金融危机,仍然是这个结论的有力证据。在马克思生活的时代,金融危机有规律地出现,使它的本质特征、发生机制、表现形式等有了较为典型的表现,从而具备了对其进行深入研究的条件。马克思不仅研究了当时可以找到的几乎所有有关金融危机的文献资料,还对发生在他那个时代及之前的金融危机进行过细致的研究,从而建立了属于自己的金融危机理论,阐述了发生金融危机的可能性、现实性,以及金融危机的本质、发生机制、与信用的关系、与生产过剩危机的关系、在经济周期中的表现等,在此基础上还阐述了国际金融危机。

由于马克思经济学著作在叙述方法上的特殊性,决定了它不能以专门的章节集中阐述金融危机问题,而是分布在著作中的许多处。本章全面概括了马克思的金融危机理论,使我们能够看到它轮廓清晰的体系和模型结构。

第一节　马克思过世之后

随着信用经济的高级化,现代周期性资本主义经济危机的表现形式出现了转型,即由原来突出地表现为周期性产业危机转变为周期性金融危机,这一转变对认识资本主义经济的发展规律提出了新的课题。1997年亚洲金融危机和2008年世界金融危机是转型后的两次典型案例,这两次危机的形成过程、传导机制、波动幅度、影响、表现形式等,为认识现代资本主义经济危机的转型提供了较多的事实依据。马克思时代金融机构没有像现在这么发达,金融衍生品也没有像现在这样品种繁多,因此,经济危机多以产业危机为代表,而如今,随着金融产品在社会总产品中比重越来越大,无论是发达国家还是发展中国家产生的金融危机越来越多,由此才逐渐引发产业危机。那么,马克思以研究产业危机为基础的经济危机理论是否还适合现代社会发展呢?

信用的由来

信用经济并不是一个新概念,马克思时代就有人提出,只是因为他们把信用经济与自然经济并列。马克思没有同意他们的说法,认为"人们把自然经济、货币经济和信用经济作为社会生产的三个具有特征的经济运动形式而互相对立起来"[1]的做法是错误的,因为划分经济时期的依据不是交易方式,而是生产方式。能够和自然经济并列的只能是商品经济,而商品经济本身可以分为货币经济和信用经济两个不同阶段,"货币经济只表现为信用经济的基础"[2],信用经济则是商品经济发展的高级阶段。

商品经济在它几千年的发展中,如果从交换方式的发展来划分,可分

---

[1] 《马克思恩格斯全集》第24卷,人民出版社,1972年版,第132页。
[2] 《马克思恩格斯全集》第24卷,人民出版社,1972年版,第132页。

卡尔·海因里希·马克思

（来源：维基百科）

为3个阶段，即物物交换阶段、货币经济阶段和信用经济阶段。在物物交换阶段，产品所有者之间的劳动交换关系不借助任何媒介而进行，这种交换方式固然突破了自给自足的局限，扩大了生产的社会性，但它无法解决交换次数难以确定和交换目标难以实现的矛盾。货币经济阶段的到来克服了物物交换阶段遇到的困难，拓展了社会分工和交换关系，推动商品经济的发展，但是它遇到了在缺乏货币而又需要交换时无法交换的矛盾。随着信用经济时代的到来，这个矛盾得到了解决。信用是商品交换中的延期付款或货币借贷，是以偿还为条件的价值的单方面运动，体现着交易双方之间的债权债务关系。信用关系在现实经济生活中的渗透和发展，使交易关系逐渐发生了根本性变化，即经济活动的交易媒介以货币为主逐渐转化为以信用关系为主，这种变化意味着商品经济社会进入了一个新的时代——信用经济时代。在这个时代，信用关系已经渗透到了资本运动的各个阶段，以及生产、分配、交换、消费等社会生产过程的各个环节，信用关系在国民经济中占据了支配地位。

民间信用与国家信用是信用关系的最为古老的形式，它们在封建社会就广泛地存在于社会经济生活之中。到了资本主义社会，商业信用与银行信用成了信用关系最为基本的形式，在长期的社会经济发展与资本关系的扩张过程中，一方面强劲地横向扩展，另一方面又强烈地纵向延伸，结果使信用的种类越来越多，链条越拉越长，在信用产品不断增长的同时，也出现了越来越多、越来越复杂的衍生产品形式。尤其是在近二十多年来，信用扩张突出地表现为以纵向扩张为主，这使那些信用经济发达国家的经济结构发生了根本性变化，即虚拟经济极度扩张，并在量上大大地超过了实体经济。

所谓信用关系的横向扩张,主要指信用在空间上的扩展、类型上的增加及其细化。例如,在空间上,信用可以分为国际信用、国家信用、组织信用、民间信用等;在时间上,可分为长期信用、中期信用、短期信用和不定期信用;在类型上,信用可以分为商业信用、银行信用、货币信用、财政信用、股份信用、租赁信用、消费信用等。上述信用形式均可进一步细分为很具体的信用形式。

所谓信用关系的纵向延伸,主要指信用链条的延长。例如,金属货币→纸币→电子货币;消费信用→MBS(Mortage-Backed Security,抵押支持债券或者抵押贷款证券化)→ABS(Asset-Backed Secunritization,资产支持证券化)→CDO(Collateralized Debt Obligation,担保债务凭证)→CDS(Credit Default Swap,信用违约互换)[①];商业信用→汇票、期票→贴现贷款;银行信用→存贷款业务→利率期权;股份公司→股票交易→股指期货。表 5-1 是根据原生资产对金融衍生产品分类后的情况,从中可以看到更多信用链条延长后产生的衍生产品情况。

表 5-1　金融衍生产品列表

对　象	原生资产	金融衍生产品
利　率	短期存款	利率期货、利率远期、利率期权、利率掉期合约等
债　券	长期债券	债券期货、债券期权合约等
股　权	股　票	股票期货、股票期权合约等
股　票	股票指数	股票指数期货、股票指数期权合约等
货　币	各类现汇	货币远期、货币期货、货币期权、货币掉期合约等
商　品	各类实物商品	商品远期、商品期货、商品期权、商品掉期合约等

由于信用关系在经济生活中的渗透,使再生产过程的全部联系都以信用为基础,使交易媒介信用化,信用货币票据化、电子化,交换关系信用化,交易活动期权化,资本集中股份化,资本交易虚拟化,金融产品衍生

---

① 以美国次级债信用链各环节为例说明。

化,交易对象虚拟化,资本运作杠杆化,虚拟资本衍生化,生产、分配、交换、消费信用化。总之,在信用经济时代,信用关系已渗透到了社会经济生活的方方面面,从交易工具、交易手段到交易行为,无不体现着信用关系。在信用经济时代,信用关系也同样渗透到了世界经济生活的方方面面,如国际信贷、国际汇兑、国际债券、国际商业信用、国际银行信用、国际消费信用,等等。总而言之,从民族国家发展起来的信用关系,正在随着全球化的迅速发展而向世界扩散,它使货币经济让位于信用经济,它最大限度地动员了社会资源,促进了经济的发展,促进了资源配置的国际化和资本的国际性流动。

信用的繁荣

信用经济时代的到来,为资本积累开辟了道路,资本家可以利用信用创新为资本找到更多有利可图的投资场所。如果说,在货币经济时代资本积累的出路和资本家消化过剩资本的基本途径是资本输出和技术创新,而在信用经济时代则主要转向信用创新。信用创新推动了信用扩张,而信用扩张一方面表现为信用种类的增多,另一方面表现为信用链条的延长。前者增加了信用原生产品,后者增加了信用衍生产品。由于金融领域是信用创新的主战场,先进的创新手段、庞大的专业创新队伍,再加上多年的高强度创新,使这一领域的信用关系变得越来越复杂,信用产品的种类越来越多,数量规模越来越大,以致在今天的世界经济体系中,多数国家的信用产品市值规模远远大于同一经济体的实体经济规模,信用产品已经成为国民经济最为重要的组成部分,在国民经济中占据了绝对支配地位。

在资本主义条件下,信用关系的发展转化为资本的生产和扩张能力。它促进了利润率的平均化,节省了流通费用,缩短了流通时间,促进了资本的集中和股份制的发展,加速了资本的积聚,充分动员和利用了社会资源,为资本家提供了在一定界限内绝对支配别人的资本、别人的财产和别人的劳动的权利。只要信用创新能够带来足够的收益,资本主义就会尽其所能地推动其发展。创新是资本追求利润最大化的基本途径,也是经济周期性波动的技术基础,它一般包括技术、制度、组织、管理、金融创新等多种形式。

对资本而言,创新是一把双刃剑。它一方面通过生产效率的提高使个别资本获得超额利润;通过技术发明和延长产业链形成新的产业集群、增加就业;通过延伸信用链条创造出更多衍生产品,促进了投资,分散了风险;通过放大杠杆的撬动作用使更多的大资本控制在小资本之下;等等。它在另一方面,因为技术创新本身的周期性波动,造成经济增长的周期性波动;由于信用形式的创新,为实体经济虚拟化、虚拟经济泡沫化创造了条件;经济的虚拟化和泡沫化带来的财富效应,增加了社会购买力,形成良好的收入预期,而这又进一步刺激消费欲望,形成消费热;消费热拉动实体经济迅速扩张并形成泡沫,而这又为虚拟经济及其泡沫化创造了条件。也就是说,信用制度还会导致生产过剩和商业的过度投机。

信用的爆炸式发展

信用和资本主义生产之间存在相互影响、相互促进的关系,"生产过程的发展使信用扩大,而信用又引起工商业活动的增长"。[1] 这种相互作用机制,推动了资本主义生产的无限扩张。"信用的最大限度,等于产业资本的最充分的动用,也就是等于产业资本的再生产能力不顾消费界限的极度紧张。"[2]反过来说,生产的最大限度扩张,同时也是信用关系最充分的动用。

在社会资本再生产周期的不同阶段,信用的作用有所不同,其中在繁荣和衰退阶段,借助于信用的推动力,信用对生产起着加速作用,即在生产和信用的相互推动下,社会生产加速走向繁荣或加速走向衰退。这样,随着生产的严重过剩和泡沫化,信用也严重过剩和极度膨胀。当然,现代信用的发展,尤其是消费信用、财政信用的发展,一方面使衰退期缩短,另

---

① 《马克思恩格斯全集》第 25 卷,人民出版社 1972 年版,第 544 页。
② 《马克思恩格斯全集》第 25 卷,人民出版社 1972 年版,第 546 页。

一方面又使繁荣期大大延长。这种双重作用，往往使危机的能量不断聚集，最终通过危机强烈地释放出来。

通过信用关系生成的虚拟经济，虽然实体经济是它的基础，并最终受实体经济的制约，但在一定条件下可以不顾实体经济而独立发展，它通过纵向延伸与横向扩张，借助于杠杆交易、期权交易，可以数倍、数十倍甚至数百倍地扩张。由于虚拟经济背离实体经济有一个度的限制，当背离处于合理状态，即两者匹配良好时，虚拟经济将为实体经济发展提供更为广泛的融资渠道，转移市场运作的风险，从而有效保障实体经济的发展。当虚拟经济过度膨胀，即严重背离实体经济时，就会成为"脱缰野马"，最终变成整个社会的"洪水猛兽"。在华尔街危机爆发的过程中，次贷危机只是起到了一个导火索的作用，深层次原因则在于虚拟经济的严重膨胀，使得虚拟经济和实体经济的严重失衡，资产价格泡沫化，并导致虚拟经济累积的系统性风险集中爆发。

这些年来的美国经济就是典型的一例，虚拟经济的独立发展使其脱离实体经济而快速扩张，泡沫成分不断加重，资产价格普遍大幅度偏离或完全脱离由实体经济因素决定的资产价格，导致虚拟经济泡沫化。如美元危机、美国股市和房市资产价格泡沫破灭，以及众多美国金融机构信用危机导致的破产、购并甚至国有化。

统计数据显示，2007 年，美国 GDP 总量为 13.84 万亿美元，而截至 2007 年 12 月 2 日的数据显示，美国股市总市值约为 17.8 万亿美元。2007 年美国金融机构杠杆负债比例达到了 GDP 的 130％以上，华尔街金融服务业全年利润占据了全美公司利润的 40％。

由于信用关系在本质上是一种债权债务关系，所以信用的发展程度往往通过债务量的多少表现出来，过度债务化在一定程度上就是信用过剩。在现代信用发达的国家，比如说在美国，这些年来国家、企业、个人的过度负债，同时也突出地表现为信用过剩。

这些年来，美国债务经济越来越畸形化。根据美国商务部 2007 年发表的统计数字，到 2007 年美国的总负债已经达到 53 万亿美元，由于其每年 GDP 的增加值不抵债务增量，所以这个债务会一直增加下去。现在美国必须每天吸纳 25 亿美元的国外资本，才能维持自身的流动性，而且这一数字也在变得越来越大。53 万亿美元是美国 GDP 的 4～5 倍,这个数字意味着平均每个居民都有 20 万美元负债。根据美国国会先前通过的 7 000 亿美元金融救援计划,国会不得不将联邦政府的债务调高到 11.3 万亿美元,一旦联邦债务达到 11.3 万亿美元这个标准,它将超过美国 GDP 的 70%。过高的负债,不仅引起美国国内通胀,而且开始向全世界输出债务,政府对国际市场的债务占公众持有的国家债务比重从 2003 年的 38.33% 增加到了 2007 年的 49%。由于外国政府在持有美元资产时也要相应增加本币的供应量,所以过多的美元引发了世界性的通胀。

次贷危机本来是信贷市场的问题,但经过复杂衍生品,最后变成了证券市场的问题。MBS(住宅抵押贷款支持证券)就是次级贷款发放机构因为无法通过吸收存款来获得资金,为获得流动性而把次级贷款组成"资产池",通过真实出售、破产隔离、信用增级等技术发行的证券化产品。后来,以 MBS 为基础资产进一步发行 ABS(资产支持证券),其中,又衍生出大量个性化的 CDO(担保债务凭证),以及进一步衍生出"CDO 平方"、"CDO 立方"等。持续上涨的房价以及较低的利率水平使风险溢价较低,于是,这些产品成为机构投资者不惜以高杠杆借贷进行投资的对象。

据了解,CDS 是 1995 年由摩根大通首创的一种金融衍生产品,它可以被看做一种金融资产的违约保险。其中,购买信用违约保险的一方被称为买家,承担风险的一方被称为卖家。双方约定,如果金融资产没有出现违约情况,则买家向卖家定期支付"保险费",而一旦发生违约,则卖方承担买方的资产损失。一般而言,买保险的主要是大量持有金融资产的银行或其他金融机构,而卖信用违约保险的是保险公司、对冲基金,也包括商业银行和投资银行。

从表面上看,信用违约掉期这种信用衍生品满足了持有金融资产方对违约风险的担心,同时也为愿意和有能力承担这种风险的保险公司或对冲基金提供了一个新的利润来源。但事实上,信用违约掉期一经问世,就引起了国际金融市场的热烈追捧,其规模从 2000 年的 1 万亿美元,膨胀到 2008 年 3 月的 62 万亿美元。据统计,仅对冲基金就发行了 31% 的信用违约掉期合约。至此,CDS 早已不再属于金融资产持有方为违约风险购买保险的保守范畴,它实际上已经异化为信用保险合约买卖双方的对赌行为,双方其实都可以与需要信用保险的金融资产毫无关系,他们赌的就是信用违约事件是否出现。

自 20 世纪 80 年代以来,美国人的消费量一直高于生产量,此时借款便成为了弥补之间差额的方式。二十多年来,宽松的货币政策以及不断创新的金融产品使人们能够借到任何数额的钱,而无论借钱的目的是什么。借款使人们可以随意得到一栋更好的房子,一台更好的电视,抑或是一部速度更快的轿车。一张信用卡和数额庞大的抵押贷款满足了众多美国人的梦想,即便他们自身并没有许多钱。伴随着人们物质追求的不断提高,美国家庭所承担的债务总额也水涨船高,由 1974 年的 6 800 亿美元飙升至 2007 年的 14 万亿美元。而就在最近的 7 年中,债务总额便翻了一番。2007 年,平均每个美国家庭拥有 13 张信用卡,其中有 40% 的家庭没有每月全额还款,而是根据最低还款额进行了偿还,这一比例较 1970 年时的水平要高出 6%。

总之,在美国这个信用高度发达的国家,信用在推动国内经济过剩的同时也使那些新兴出口导向型国家经济陷入过剩,信用在推动实体经济过剩的同时也使自己走向过剩,在推动虚拟经济过剩的同时也使自己在更大的程度上过剩。美国次贷危机发生前的房地产泡沫化,与信用关系的畸形发展存在因果关系。像中国这样一些出口导向型国家在这次危机中受到严重影响,虽然存在经济周期性波动等客观原因,但明显受到了美国经济信用过度化的影响。

马克思第一次注意到虚拟资本在较发达资本主义经济中的重要意义,并试图从理论上找到它与独立的货币金融危机之间的联系。他认为,作为虚拟资本,一方面不对应现实的资本甚至也不代表现实的资本,只代表收益权或对货币的要求权;另一方面,虚拟资本有其市场价格,它的市场价格基本上与实际资本运动无关,虚拟资本本身已经变成商品,它的市场价格主要由资本市场上的货币资本和虚拟资本的供求决定,因而它的市场价格变动不定,使这种金融商品交易带有很大的投机性质和预期成分。同普通商品相比,虚拟资本和普通商品一样有买卖分离的风险,但它代表更大的虚拟财富和更多的货币要求权,因此风险更大。另外,它本身是信用工具,从而建立了更为广泛的信用和债务关系。

虚拟资本将价值与价格完全分离了,非劳动所形成的物品有了价格,而且随同货币交换转化为价值,正是在这里资本主义经济起了变化。这个变化就是在生产之外,产生了一个虚拟资本市场。虚拟资本市场把社会的闲置货币资本吸引进来,形成一轮又一轮的市场价格上涨和波动,它和资本现实价值增值过程的一切联系就都消失得干干净净,一点痕迹也没有留下来。同时也把银行金融机构卷入其中,不论是银行对股票、债券的购买,还是以股票、债券为抵押的信用操作。总之,银行家资本的最大部分纯粹是虚拟的,是由债务要求权、国债券和股票构成的。

　　此外,利用虚拟资本发行和进行抵押贷款,虚拟资本市场的投机更加盛行,因为投机者是拿他人的资本进行赌博。这样,以虚拟资本为中心,形成了一个由富有阶层、银行、投机者和小资本所有者组成的、以证券虚拟资本和信用货币相互交易转化为内容的自循环市场,信用(工具)和信用货币在这里加速膨胀。在这里,一切都颠倒着表现,因为在这个纸世界内,现实价格和它的现实要素不会在任何地方表现出来,这里并没有生产和商品的问题。如果说,货币的出现使商品的价格偏离了它的价值,那么虚拟资本的出现使信用获得巨大发展,使金融运动极度偏离了实际生产运动,使信用货币极大地背离了黄金货币,也使银行信用货币的发行背离了金属通货的规律。

信用危机

　　正是在虚拟资本背离实际经济的自循环过程中,货币与虚拟资本商品、与信用货币的对立显露了出来,货币作为一般价值形式同虚拟资本的市场价值和信用货币的面额价值的矛盾积累起来,等待着一次强制性的统一和重合——货币金融危机。在马克思看来,在资本主义发达商品经济条件下,货币一方面已经在很大程度上为信用操作所代替,另一方面为信用货币所代替的各国,尤其如此。第一,在信用收缩或完全停止的紧急时期,货币将会突然当作唯一的支付手段和现实的价值存在,绝对地和一切商品对立起来;第二,信用货币本身只有在它能够按照它的价值绝对代表现实货币的时候,才是货币。

发达的资本主义经济是信用经济,这种信用经济就是虚拟资本的膨胀发展运动,是虚拟经济。因为信用和信用货币不是真正的货币,不是真实的财富,和普通商品一样最终要向货币转化。因此,危机中会出现这样的要求,所有的汇票、有价证券和商品应该能够同时一起转化为银行货币,所有的银行货币又应该都能够同时一起再转化为金。劳动的社会性质一旦表现为商品的货币存在,表现为一个处在现实生产之外的东西,独立的货币危机或作为现实危机尖锐化的货币危机,就会不可避免。

据马克思的分析,虚拟资本市场的过度膨胀和银行信贷的过度增长,即金融系统超常发展,就是独立的货币金融危机发生的基础和条件。这就是说,同非独立的货币金融危机相比,所要求的金融膨胀程度要更高。在这种金融系统超常发展条件下,只要证券市场的资本注入停顿、银行信用收缩、金融投机者或金融机构失败,都会直接触发金融危机。

必须看到,虚拟资本市场的发展对生产过剩可能会起缓解作用,一旦它走在前面就会将货币资本从生产过程中抽出或将金融资源吸引过来,从而造成虚拟资本市场乃至整个金融系统的迅速发展,使商品生产的增长相对落后。所以,独立的货币金融危机发生时,商品生产可能并没有达到严重的过剩状态,虽受其影响,并不一定产生经济危机。

马克思的信用理论从多方面揭示了信用与危机的关系,这些关系表现在以下几个方面:

1. 信用对危机的爆发具有强烈的推动作用。信用对资本的扩张作用,促使每个生产领域不是按照这个领域的资本家自有资本的数额,而是按照他们生产的需要,去支配整个资本家阶级的资本。这种条件为资本主义生产的盲目扩大和过度膨胀创造了条件,特别是在工业高涨时期,更是使生产的发展不顾有支付能力的需求而跳跃式地增长,从而又有了日后更加严重的危机。

2. 信用制造虚假繁荣。资本主义社会化大生产是商品资本的职能独立化,从而使商业资本成为与产业资本相对立的资本形式,也是流通成为资本循环相对独立的阶段。这种情况,使商品生产者只要以出厂价将商品卖给批发商就认为已把商品卖掉了,他可以依靠信用制度获得资金继续进行生产或扩大生产。但实际的情况往往是："商品的一大部分只是表面上进入消费,实际上是堆积在转卖者的手中没有卖掉,事实上仍然留在市场上。这时,商品的潮流一浪一浪涌来,最后终于发现,以前涌入的潮流只是表面上被消费吞没。商品资本在市场上互相争夺位置。后涌入的商品,为了卖掉只好降低价格出售。以前涌入的商品还没有变成现金,支付期限却已经到来。商品持有者不得不宣告无力支付,或者为支付不得不给价就卖。这种出售同需求的实际状况绝对无关。同它有关的,只是支付的需求,只是把商品转化为货币的绝对必要。于是危机爆发了。"①

3. 商业信用形式已经使生产过程同流通过程分离开来,而通过票据贴现或以当时卖不出去的商品作抵押进行贷款的银行信用形式更使这种分离扩大化和严重化。银行信用"创造出使商品资本向货币转化得以预先实现的形式",或者说,"信用使货币形式上的回流不以实际回流的时间为转移"。这种情况"无论对产业资本家来说还是对商人来说都是如此"。但是,这种在繁荣时期回流迅速而可靠的假象,"在回流实际已经消失以后,总是会由于已经发生作用的信用,而在较长时间内保持下去,因为信用的回流会代替实际的回流。"②这样,实际的生产过剩便被掩盖起来了。

4. 信用是投机的有效工具。通过制造名义价值和实际价值的差额,然后从中牟取暴利的行为,是一种最常见的投机伎俩。这种投机往往人为地使再生产过程猛烈地扩大,尽管这种扩大已经使生产过程达到非常严重的程度,但是投机并不会因此而有所收敛,而是以变本加厉的方式进行,因为只有这样才能为投机者创造更加有利的条件。当这种投机的基础突然崩溃时,对支付手段的追求接着出现。"所以乍看起来,好像整个危机只表现为信用危机和货币危机。而且,事实上问题只是在于汇票能否兑换为货币。"……"这种汇票中也有惊人巨大的数额,代表那种现在已经败露和垮台的纯粹欺诈营业;其次,代表利用别人的资本进行以告失败的投机;最后,还代表已经跌价和根本卖不出去的商品资本,或者永远不会实现的资本回流。"于是,"在这里,一切都以颠倒的形式表现出来,因为

① 《资本论》第2卷,人民出版社1975年版,第89页。
② 《资本论》第3卷,人民出版社1975年版,第506~507页。

金融危机的政治经济学分析模型

在这个纸券的世界里,现实价格和它的现实要素不会在任何地方表现出来。表现出来的只是金银条块、硬币、银行券、汇票、有价证券。"①总之,信用是生产过剩和商业过度投机的重要杠杆。

5. 信用杠杆的两面性功能,使它在一定条件下既可以加剧也可以缓解危机的发生。例如,当金融恐慌出现时,"只要银行的信用没有动摇,银行在这样的情况下通过增加信用货币就会缓和恐慌,但通过收缩信用货币就会增加恐慌。"②这种作用机制在现代金融系统控制中早已成为最基本的作用形式。

都是信用惹的祸吗

本来,信用危机发生的原因是资本主义生产相对过剩的危机,而生产相对过剩危机的原因是资本主义基本矛盾。但是,现实危机往往以颠倒的形式表现出来,"乍看起来,好像整个危机只表现为信用危机和货币危机。而且,事实上问题只是在于汇票能否兑换为货币。但是这种汇票多数是代表现实买卖的,而这种现实买卖的扩大远远超过社会需要的限度这一事实,归根到底是那个危机的基础。不过,除此以外,这种汇票中也有惊人巨大的数额,代表那种现在已经败露和垮台的纯粹投机营业;其次,代表利用别人的资本进行的以告失败的投机;最后,还代表已经跌价或根本卖不出去的商品资本,或者永远不会实现的资本回流。这种强行扩大再生产过程的全部人为体系,当然不会因为有一家向英格兰银行这样的银行,用它的纸券,给一切投机者以他们所缺少的资本,并把全部已经跌价的商品按原来的价值购买进来,就可以医治好。"③需要说明的是,信用关系的断裂虽然不是危机的原因,但信用能够助长危机,造成虚假的膨胀,从而会促进和加深资本主义经济危机。

由于信用关系在经济生活中的强劲渗透,尤其对金融领域的渗透,大

---

① 《资本论》第 3 卷,人民出版社 1975 年版,第 555 页。
② 《资本论》第 3 卷,人民出版社 1975 年版,第 584 页。
③ 《马克思恩格斯全集》第 25 卷,人民出版社 1975 年版,第 555 页。

大加速了虚拟经济发展进程。这些年来,在虚拟经济与实体经济的相互推动中,虚拟经济的交易规模大大地超过实体经济,金融衍生产品不断被创造出来,杠杆交易使信贷规模极度放大,周期性地形成泡沫,又周期性地破灭,形成周期性金融危机。本来,周期性金融危机的背后是实体经济危机,它之所以首先表现为强烈的金融危机,是因为虚拟经济的泡沫化程度大大地超过实体经济,当泡沫破裂时,其强度也大大超过实体经济。

虚拟经济泡沫的破裂往往表现为剧烈的金融危机,危机使股市、债市、汇市、期市狂跌不止,财富大量蒸发,恐慌蔓延,赔本效应凸显,消费急剧缩减,结果使起初不甚明显的实体经济危机浮出水面,这时真正的危机开始了。原来的金融系统已经被摧垮,正在进行重组,实体经济进入破产、倒闭或重组阶段,下一个需要度过的阶段是萧条。萧条阶段往往是新一轮创新的开始阶段,固定资本的大规模更新既是经济周期的物质基础,也是新一轮创新的物质基础。由于新周期的物质基础无论在规模还是在技术含量上一般都高于上一周期,所以随着复苏阶段的到来,实体经济不仅对技术创新、制度创新提出了更高程度的要求,对虚拟经济创新也提出了新的要求。由于金融市场是虚拟经济存在的主要领域,所以虚拟经济的创新主要表现为金融创新,而金融创新又主要表现为交易方式、金融产品的创新。近些年来,尤以金融衍生产品的创新最为突出。

实体经济是虚拟经济发展的基础,虚拟经济的发展不仅能够为实体经济的发展提供资本支持,还能为实体经济的发展创造社会购买力。但是,虚拟经济的发展不完全受实体经济发展的制约,它可以独立发展。从这些年来的发展情况看,由于期权交易、合约交易、杠杆交易等交易形式的创新,以及多层级多种类金融衍生产品的创新,使虚拟经济有了更大的独立发展的空间。

由于虚拟经济的参与者、交易方式、交易对象的特殊性,交易中经常伴有"羊群效应"、"博傻现象"和"多米诺骨牌效应"的出现,这就意味着当事人受非理性行为的支配,很容易忽视系统风险,过度投机和使用金融创新,过度使用杠杆交易,造成虚拟经济的极度泡沫化。在这种情况下,一旦实体经济触顶回调,就会引起信用链条初始环节的中断,进而引起整个信用系统危机,形成剧烈的金融危机。

金融危机的政治经济学分析模型

在信用经济时代,"货币在很大程度上一方面为信用经营所代替,另一方面为信用货币所代替"①。由于信用关系在社会经济生活中占据主导地位,所以信用危机一般表现为金融危机。

从危机元素形式上说,信用危机缘于信用链条的中断。到了资本主义社会,由于生产力的发展和资本扩张的推动,资本主义逐渐迎来了信用经济时代,与此相适应,资本主义基本矛盾的发展,使信用危机的元素形式转化为现实危机。"在再生产过程的全部联系都是以信用为基础的生产制度中,只要信用突然停止,只有现金支付才有效,危机就会发生,对支付手段的激烈追求必然会出现。"②因为,在发达的信用经济条件下,职能资本家之间的交易往往建立在错综复杂的商业信用之上,形成一环扣一环的债务链条。在这个链条上,一旦有人在一定的期限内卖不出他的商品,无法偿还到期债务,就会引起整个链条的连锁反应,最终形成危机。在危机期间,最缺乏的是支付手段,对借贷资本的需求也达到了最高限度,人们强烈地追求现金,汇票到期不能兑现,商业信用处于停顿状态。

第二节 马克思主义过时了吗

各种类型的经济学对金融危机有不同的解释,其差别主要体现在本质层面上,而对现象层面的描述基本上是一致的。在马克思主义政治经济学文献中,金融危机是资本主义货币流通和信用领域出现的剧烈动荡与混乱,周期性金融危机一般由周期性生产过剩危机引起,而金融危机又反过来加深生产过剩的危机。在生产周期的繁荣阶段,生产兴旺、物价上涨、商业投机活跃,引起信用的扩张。资本家通过发行有价证券,利用银行贷款和商业信用把生产扩大到超出社会有支付能力的需求,结果引发生产过剩危机。随着危机的到来,大量商品卖不出去,价格下降,市场萎缩,企业倒闭,信用发生动摇,大批厂商因不能偿还债务而宣告破产,引起

---

① 《马克思恩格斯全集》第 25 卷,中文第 1 版,第 584~585 页。
② 《马克思恩格斯全集》第 25 卷,中文第 1 版,第 555 页。

连锁反应,使货币信用领域陷入动荡和混乱。

不管金融危机的具体形式如何,它都是因债务链条的中断而直接引起的。所以,探索金融危机的起因,必须从经济活动的债权债务关系入手。马克思在创立金融危机理论的过程中,首先结合现实金融危机研究了当时能够见到的所有关于金融危机方面的文献,在此基础上创立了他的金融危机理论。货币支付手段职能使买和卖的当事人成为债权人和债务人,使参与社会交换的当事人形成一个接一个的支付链条,在这个链条上当一个支付者不能履行他的支付义务时,这个锁链上一系列当事人也就随之不能偿债,于是,大家都要求现金支付,从而形成货币危机。

马克思时代的周期性经济危机

关于经济危机的周期性,以及周期的每一个阶段上各种要素的表现,马克思在《资本论》中以 1825 年至 1873 年英国棉纺织业为例,做过较为细致的描述。我们可以从生产周期的各阶段中,发现一些有关金融危机要素的变化趋势,以及危机的发生规律。本书根据马克思的多处叙述做了以下概括:

危机爆发以后,在生产下降已达谷底并经历了一段时间的停滞后,当过剩的商品在市场上已被清除,竞争力差的和经济实力差的厂商因破产或被兼并而消失后,这时市场(国内的和国外的)上对商品的需求就开始出现增加的趋向。这样,在危机中幸存下来的经过调整的企业就开始恢复生产,有的甚至扩大生产,就业人数也逐渐增加起来,对生产资料(包括劳动工具和原材料)的需求也逐渐地增加起来。总的来看,原先用在生产和商业上的货币资本被资本家从营业中抽出来,大量存入银行,转化为借贷资本,因

马克思在德国特里尔的故居,
现在为马克思博物馆

(来源:维基百科)

而使借贷资本的供给大为增加。与此同时,由于生产和商业不景气,对借贷资本的需求却减少了,因而利息率很低,这为资本家进行新的大规模投资提供了有利的条件。由投资扩大推动的经济增长,使经济由危机与停滞状态逐步转入复苏。

在复苏阶段,汇票贴现、对银行贷款的需求数量依然较小。此时,由于存在大量可利用的闲置资本,银行可以很容易扩大其存款性负债,还可以很安全地依靠对其贷款的定期偿还和更容易从货币市场的借款,来确保其储备。在维持充足的储备与负债比例方面,中央银行也处在非常有利的地位。在这些因素的共同作用下,使利息率处于较低的状态,而这正好促进了固定资本的大规模更新。

在繁荣阶段初期,工业生产规模逐渐扩大,商业信用也随之活跃和大大扩张,由于此时商业信用的扩张与资本回流通畅、有规则地结合在一起,因而既扩大了商品资本的贷放,又不需要为了到期兑付汇票而留存巨额的准备金,从而保证了借贷资本的供给。同时随着生产的发展,大量商品源源不断地生产出来,商品交易趋于繁荣,社会财富逐渐增多,也带来了借贷资本的增多。与此同时,由于商业贴现、信用贷款、固定资本更新的规模大幅增加,从而对借贷资本的需求量也大幅增加。

"在繁荣时期,在再生产过程大大扩张,加速并且加紧进行的时期,工人会充分就业。在大多数情况下,工资也会提高,这在某种程度上会使商业周期的其它时期工资下降到平均水平以下的情形得到补偿。同时,资本家的收入也会显著增加。消费会普遍提高。商品价格通常也会提高,至少在各个起决定作用的营业部门会提高。因此,流通货币量会增加,至少在一定限度内会增加;之所以是一定限度,是由于较快的流通速度又会限制流通量的增加。"①

繁荣时期,由于货币回流通畅迅速,使金融市场异常活跃,信用膨胀,证券价格上升,证券市场活跃,利率虽有上升但只是缓慢上升。由于整个生产过程呈现出购销两旺的势头,商品和股票的价格持续上升,商品和股票的投机性交易也异常活跃,这种情况诱使资本家把生产的增长推到狂

---

① 《资本论》第3卷,人民出版社1975年版,第505页。

热的程度。

资本主义经济周期的危机阶段一般开始于批发商囤积商品的投机崩溃之时。利息率的上升与有效需求的减少迫使投机性囤积的商品开始出售，而这又会导致价格的崩溃，并使商品债务的清算变得极为困难。批发商的破产同时会对那些为投机活动提供了大量贷款的银行造成负面冲击，因为，无支付能力的出现，使资本家之间发放新的商业信贷形成了极大的障碍，票据贴现也同样受到严重的限制，因为银行要确保自己储蓄的安全和避免破产。

作为结果而出现的信用危机把中央银行推向一个非常困难的境地，它面对着贷款需求的增加，却无法确定待出售资产的信用程度，同样它自身的储备也在减少。因此，利率在新危机爆发、信用突然中断、支付冻结、再生产过程瘫痪时，达到最高点，在未被利用的工业资本剩余的旁边存在着借贷资本几乎绝对的匮乏。与此同时，利润率却急剧下降，并经常成为负数。对利润预期的根本性变化与利息率的上升会导致资本市场的投机繁荣转变成危机。如果上升阶段最后时期投机性股票交易是依靠信用来进行的，那么资本市场的危机使那些不能清算其信用债券的投机者突然陷入破产的浪潮之中。

信用危机首先发生于接近上升阶段结束时对商业债务清算的困难。由于信用的丧失，新商业信用的发放实际上成为不可能，通过亏本销售来获取支付手段的压力不能持续很久。为偿还债务的大量清算主要是通过销售同样大量的商品存货来进行支付的，而这会导致获取支付手段压力的缓和并引起萧条阶段的开始。

"因此，在危机中可以看到这样的现象：危机最初不是在和直接消费直接有关的零售商业中暴露和爆发的，而是在批发商业和向他提供社会货币资本的银行中暴露和爆发的。"①

所以，商业资本的运动有对加快或延缓资本运动的连续性和均衡到破坏具有直接的影响作用。危机期间，一般的情况是物价下跌，大量商品堆积在销售环节的仓库里，难以销售，商品的生产也被迫缩减，实力弱小

---

① 《资本论》第 3 卷，人民出版社 1975 年版，第 340 页。

金融危机的政治经济学分析模型

的企业纷纷破产倒闭，工人大量失业，在业工人的工资也大幅度下降。生产和流通环节的受阻进一步引起信用关系的破坏。从企业到银行，债务链条遭到破坏，以致"危机一旦爆发，问题就只是支付手段。但是因为这种支付手段的收进，对每个人来说，都要依赖于另一个人，谁也不知道另一个人能不能如期付款，所以，将会发生对市场上现有的支付手段即银行券的全面追求。每一个人都想尽量多地把自己能够获得的货币贮藏起来，因此，银行券将会在人们最需要它的那一天从流通中消失。"①

同时，在危机中，虚拟资本——生息的债券，它们的价格由于利息的提高而下降，它们的价格还会由于信用的普遍缺乏而下降。这时，持券者会大量抛售证券，以便获得货币。尤其是股票价格会加倍跌落，因为：(1)利息率提高；(2)证券所有者为追求现金而抛售股票；(3)股息收入减少。这种行情暴跌助长了投机，如果趁行情下跌时大量购进了廉价证券，一旦风暴过去，价格回升，就能牟取暴利。同时通过这种赌博行为使资本所有权在大金融家手中高度集中。

"在危机期间，汇票流通会完全停止，没有人能够使用支票凭证。因为每个人都只接受现金支付；……"②由于债务链条被破坏，以及挤兑风潮的冲击，银行、证券交易所等纷纷被兼并或破产倒闭。

经过经济危机阶段的沉重打击后，经济逐渐下降到谷底。此时，借贷资本大量闲置不用，利息率低微。产业资本家小心翼翼地开始大规模的设备更新，并进而带动了生产的发展，使经济缓慢开始复苏，新一轮周期又开始了。

产业危机和金融危机：先有鸡还是先有蛋

从引发金融危机的传导机制来看，金融危机与产业危机之间存在着因果关系。产业危机是金融危机的基础，金融危机是产业危机的进一步展开。但这种关系往往以颠倒的形式表现出来。"在再生产过程的全部

① 《资本论》第3卷，人民出版社1975年版，第598～599页。
② 《资本论》第3卷，人民出版社1975年版，第613页。

联系都是以信用为基础的生产制度中,只要信用突然停止,只有现金支付才有效,危机显然就会发生,对支付手段的激烈追求必然会出现。所以乍看起来,好像整个危机只表现为信用危机和货币危机。而且,事实上问题只是在于汇票能否兑换为货币。但是这种汇票多数是代表现实买卖的,而这种现实买卖的扩大远远超过社会需要的限度这一事实,归根到底是整个危机的基础。"①这里,马克思正确地揭示了产业危机与金融危机之间的关系。

金融危机既可以作为生产过剩危机的先导,也可以独立发生。如果说生产过剩的危机是与资本主义制度与生俱来的一种伴随现象,金融危机则是与以货币为媒介的商品交换相伴而来的现象,马克思曾说过:"一旦劳动的社会性质表现为商品的货币存在,从而表现为一个处于现实生活之外的东西,独立的货币危机或作为现实危机尖锐化的货币危机,就是不可避免的。"②金融市场有价证券价格暴跌,引起银行、非银行金融机构倒闭,使金融市场陷入动荡局面,但产业部门却没有受到大的影响,再生产仍然能顺利进行,此时的金融危机就具有独立发生的特征。在马克思生活的时代,货币危机一般是伴随生产过剩危机发生的,具有周期性。那种独立发生的货币危机往往起因于战争、一些特殊商品的投机贸易、对政府债券与上市股票的投机运作等因素,马克思称其为特种危机,它不是由工业危机引起,但对工业和商业发生反作用。"这种危机的运动中心是货币资本,因此它的直接范围是银行、交易所和财政。"③

金融危机的传导机制可以从一般意义上概括为以下两种形式:一是由产业危机引发金融危机,二是由交易所危机引发金融危机。

1. 由产业危机引发金融危机的传导机制。产业危机引起的过程也必须从繁荣初期的利息率说起。繁荣初期利息率很低,产业资本家乘机利用信用资金扩大生产规模。但是随着繁荣的发展,出现了资本周转时间延长、生产的比例失调、产品销路滞缓、信用货币流通速度放慢等情况,于是,迫于维持生产的需要,产业资本家对银行信用需求的迫切度增加。

---

① 《资本论》第 3 卷,人民出版社 2004 年版,第 555 页。
② 《马克思恩格斯全集》第 25 卷,人民出版社 1972 年版,第 585 页。
③ 《马克思恩格斯全集》第 23 卷,人民出版社 1972 年版,第 158 页。

随着银行信用的增加,产业资本日益依靠银行信用维持生产,因为自己生产出来的产品实际上根本没有卖掉,预付资本无法收回。但这时的实际情况是银行信用创造了虚假繁荣,掩盖了开始时的产业比例失调。此时,由于产品销售困难,商业信用已无法进行,于是流通手段进一步出现不足。

为维持生产,产业资本家迫切需要银行扩大信用的支持。但此时的银行准备金已经降到了极限,银行准备金在这个时候为什么会降到极限呢?原因大致有 3 个方面:(1)给产业资本家已经提供了大量的贷款;(2)已经给股票投机者提供了大量的贷款;(3)有一部分资金流向国外。资金流向国外的原因大致有 4 种情况:(1)在高涨处于鼎盛阶段因而危机逼近的国家内,有国际收支恶化的趋势;(2)国际收支中最重要的部分发生恶化,要求用大量的黄金进行清算;(3)繁荣鼎盛时期的高利率吸收了大量国外货币流入该国,用于购买有价证券,造成其他国家货币外流;(4)贸易收支恶化,造成黄金外流。

由于银行准备金降到了极限,中央银行也无法制止其扩大准备金,这时商业银行只得开始紧缩信用。这种结果,对产业资本来说就意味着由投资比例失调所产生的干扰不再能够被抵消,因为所需货币资本得不到供应。于是,接踵而至的是,产业资本家迫切需要支付手段,为了得到支付手段,只得倾销商品;大家都倾销商品,引起价格暴跌;产业信用彻底动摇,不再能够从银行取得信用;由于得不到支付手段,产业资本家无法偿还银行信用贷款;接着银行出现支付困难,银行出纳处发生挤兑现象,恐慌出现并开始蔓延,其他银行相继停止现金支付。于是,银行业危机全面爆发。

2. 由交易所危机引发金融危机的传导机制。繁荣初期的低利息率刺激了虚拟资本市场价格的上涨,而这又助长了猖獗的投机活动。投机活动的扩大又引起了对股票需求的进一步增加,结果又进一步推动股票价格上涨。股价上涨又推动了创业活动发展,新的股份公司纷纷涌现出来,现有的股份公司扩大了自己的资本。于是新股票大量增加,股价依然呈上升的态势。这是创业活动最活跃和银行由发行活动获得利润最大的时期。

受获取更大收益的驱动,投机者开始依赖信用资金进行投机,于是对信用的需求大增,这种需求增加开始推动利息率上涨。随着繁荣进入鼎盛期,股价继续狂涨,投机者以股票作抵押,从银行取得信用贷款,然后变本加厉地进行更加猖狂的投机,与这种投机相一致,利息率继续上涨。当利息率达到顶点时,投机者不得不停止它的哄抬市价的努力,并转而从投机中抽回一部分信用资金。与此同时,创业利润也因高利息率而减少到最低限度,从而使发行受阻。投机活动达到饱和状态,因为他们面临着新股票不能出售或只能以较低价格出售的危险。

于是,投机活动开始紧缩,股价随之开始下跌,股价的下跌,使银行意识到了鼓励投机的危险性,于是,开始将抵押股票强制拍卖。拍卖造成股票供给突然增加,并进一步引发证券市场更大幅度的跌价。此时,一些职业投机者开始大肆抛售股票,银行也加入其中进一步拍卖抵押股票,在各方力量的共同推动下,终于使股市全面崩溃,一场交易所危机就此爆发。

不过,交易所危机还不是危机的全部,它仅仅是产业危机和商业危机的前奏或征兆。交易所危机发生后,股价随即降到最低点,此时,大资本家和银行家开始大量买进这种贬值了的有价证券,以便在恐慌过去、市价回升后高价抛出。这种情况继续下去,直到在下一个周期过程中,对一部分投机家的剥夺过程和财产向货币资本家手上的集中过程重新进行,从而交易所执行了作为通过虚拟资本的集中而实现财产集中的手段的职能。

马克思眼中的金融危机

在马克思生活的时代,金融业的发展程度总的来说还比较低,金融危机的类型还基本上局限于银行危机、证券市场危机、债务危机和货币危机等。在马克思的著作中,只有信用危机和货币危机的提法,没有金融危机的概念。其中,信用危机包括了一切由债务链条中断引起的危机;货币危机基本上指危机期间普遍追逐支付手段,大量存款从银行提出,大批借款人破产,大批银行倒闭,商业信用减少,借贷资本的需求极大地超过供给,利息率急剧上升的状态。马克思在他的著作中描述过不同类型的金融危机，但他注重的不是危机发生在哪一个领域，而是危机的发生机制。所以认识马克思的金融危机理论，有必要从这个角度对金融危机的类型进行归纳，以便从不同的角度认识马克思的危机理论。这样的类型有：

1. 操纵型。大货币资本家通过操纵货币市场牟取暴利，"他们有足够的力量在一定的时候使整个货币市场陷于混乱，并从中极其无耻地榨取那些较小的货币经营者"。"有这样一些大鲨鱼，他们能够抛售一两百万镑统一公债，从市场取走等额的银行券，因而使紧迫情况大大尖锐起来。只要三家大银行联合行动，就能够用同一手法把紧迫情况变为恐慌。"①

2. 贵金属外流型。"如果一国贵金属减少表现为一种趋势，并使银行的金属准备下降到显著地低于中等水平，就会危及国内信用。人们对国内货币形式就会失去信任，从而加剧危机的爆发。"②因为在这时，每个人都想获取更多的现金，支配尽可能多的信用手段。可是事与愿违，这时市场过剩，信用极度收缩，银行提高贴现率，再加上贵金属的外流，更加激化了这个形式。

3. 信用膨胀型。由于信息的误导刺激了商业投机，商业投机刺激信用膨胀，信用膨胀又助长商业投机，结果造成商品过剩，引发危机。

4. 信用收缩型。"一旦那些把货物运销远处（或存货在国内堆积起来）商人的资本回流如此缓慢，数量如此之少，以致银行催收贷款，或者为购买商品而开出的汇票在商品再卖出去以前已经到期，危机就会发生。这时强制拍卖，为支付而进行的出售开始了。于是崩溃爆发了，它一下子就结束了虚假的繁荣。"③

马克思对金融危机的分析虽然是以国内系统为基础进行的，但并没有限于国内系统。19世纪中期在国际金本位制度确立之前，资本的国际流动已相当自由和频繁。马克思特别注意到资本流动对资本主义世界金融危机的作用，他曾经指出1847和1857年的欧洲金融危机首先是由资

---

① 《资本论》第3卷，人民出版社1975年版，第613页。
② 《资本论》第3卷，人民出版社1975年版，第642～643页。
③ 《资本论》第3卷，人民出版社1975年版，第341页。

本流动而引起的,尔后才是经济危机。

作为世界市场危机实现机制的"贵金属国际流动",其影响作用主要表现在:(1)工业周期中贵金属的流动。经济危机发生之前,往往会出现贵金属大量输出现象,而危机过后又出现贵金属大量输入现象,这种输出输入随再生产周期有规律地变化,说明贵金属的输出输入与生产周期之间存在着内在的联系。这种联系表现在,生产周期影响和制约着贵金属的输出和输入,贵金属的输出和输入反映生产周期的变化。一般情况下,贵金属的流入主要发生在两个时期,首先是在利息率低微的第一阶段,即萧条阶段,然后是在利息率提高但尚未到达平均水平的第二阶段,即复苏阶段,原因是在这两个阶段上,生产资料的价格较低,存款利息也较低,这种条件既有利于商品出口,也有利于吸引外资。

马克思发现了这种规律,"贵金属的流进是同物价还不高但正在上涨,资本有剩余,出口超过进口等兴旺景象相联系的。"[1]由于在萧条和复苏阶段上,借贷资本相对充裕,贵金属的流入首先只能作为过剩的借贷资本存在,这就更促进了借贷资本的供给,限制了利息率的上升,有利于营业的复苏和繁荣。而贵金属不断地大量流出,则是发生在崩溃的前夕,此时,生产已经过剩,虚假的繁荣完全依靠信用来维持。

由于商品销售困难,资本回流不畅,而原材料又需大量购进,于是,企业家对借贷资本的需求日趋强烈,"利息率因此达到它的平均水平,流出,即贵金属不断地大量输出就会发生"。[2] 贵金属的不断外流,意味着借贷资本的大量抽走,减少了借贷资本的供给,使利息率进一步提高。利息率的提高不仅没有限制信用的继续扩大,反而会促使它发生过度膨胀。

(2)贵金属的流出加速危机的爆发。作为货币形式资本的贵金属的流出,会使利息率提高,也使本已极度紧张的对借贷资本需求火上加油。尽管在一般情况下金的流出数量只是一国金储备量中的一个相对微小的部分,但在危机前夕,其作用却"像加到天平秤盘上的一根羽毛的作用一样,足以决定这个上下摆动的天平最后哪一方面下坠"。[3] 也就是说,在

---

① 《马克思恩格斯全集》第 27 卷,人民出版社 1972 年版,第 193 页。
② 《马克思恩格斯全集》第 25 卷,人民出版社 1972 年版,第 646 页。
③ 《马克思恩格斯全集》第 15 卷,人民出版社 1965 年版,第 647 页。

金融危机的政治经济学分析模型

信用已经发生动摇的情况下,与银行的全部金储备量相比较,贵金属的流出,即使数量不大,也会波动整个经济,促使危机猛烈爆发。

贵金属的外流之所以会带来这样的结果,是因为资本作为货币资本,不仅执行货币的职能,同时还执行资本的职能。作为资本,贵金属的流出会影响国内借贷资本的供求,进而影响利率的变化和整个信用关系。在危机前夕,黄金外流会使银行储备金减少,周转发生困难,引起普遍的恐慌,提款增多,存款减少,信用收缩,银行被迫提高贴现率,导致信用动摇,引发信用危机和货币危机,直至最后演化为全面的经济危机。资本主义经济的这种过敏现象,是由发达的信用制度和银行制度引起的,并且是在产业周期的紧迫时期发生的。如果生产不够发达,或者不是在产业周期的危机阶段,纵然发生了贵金属的输入或输出现象,使得国内金储备量高于或低于它的平均水平,一般也不一定会对国内的货币流通量、借贷资本量、利息率等产生它在这一特殊场合的作用。

(3)贵金属流出依次在各国发生,预示着普遍的世界市场危机的到来。

一国危机前夕已经出现生产过剩,在对外贸易上造成出口过多和进口过多,支付差额为逆差,从而导致贵金属的流出。贵金属的流出促使该国危机爆发,危机的爆发又会造成贵金属流向的反弹而重新流入。马克思说:"关于进口和出口,应当指出,一切国家都会依次卷入危机。"[1]"这一切国家都已经同时出口过多(也就是生产过多)和进口过多(也就是贸易过多)。信用已经在一切国家过度膨胀。并且一切国家都有同样的崩溃接着发生。""金流出现象在各国发生的顺序,不过表示什么时候轮到这些国家必须结清总账,什么时候轮到这些国家要发生危机,并且什么时候危机的潜伏因素轮到要在这些国家内爆发。"[2]

一国贵金属的流入,在另一国表现为贵金属的流出,于是危机便在另一国重演。例如,"1857年,美国爆发危机。于是金从英国流到美国。但是美国的物价上涨一停止,危机接着就在英国爆发了。金又由美国流到

---

① 《资本论》第3卷,人民出版社1975年版,第570页。
② 《资本论》第3卷,人民出版社1975年版,第571页。

英国。英国和大陆之间也发生了同样的事情。"①贵金属外流现象会在一切国家依次发生,这个普遍现象表明,贵金属的流出只是危机的现象,而不是危机的原因。因此,贵金属在不同国家发生的流出顺序,就是这些国家在什么时候发生危机的信息。

马克思还指出,资本主义国家不但在国内运用信用和虚拟资本,而且也在国际范围内运用信用和虚拟资本,作为突破生产限制的手段,而这种信用的国际扩张会推动一切国家出口和进口膨胀、生产过剩。资本主义世界贸易和国际市场也是建立在信用制度的基础上的,同样,信用支持下商品和债务的扩张仍然要货币实现。国际信用膨胀和各国生产过剩,使一切国家都具备了金融危机发生的条件,因此,当一国出现危机,已具备危机条件的国家将依次发生危机。

作为危机实现机制的"国际信用",它在世界市场危机中的影响作用主要表现在:(1)国际信用促使绝大部分交换活动集中于商业手中。建立在世界市场和信用基础上的从事大宗进出口贸易的巨额商人资本,会更加突破再生产过程限制并驱使再生产过程越出它的各种限制。尽管商品可能还在进出口商的转手之中和停在世界市场上而没有实际地进入个人消费和生活消费,但商人资本却能在一定运行界限内使生产过程按相同的或扩大的规模进行,使这个过程处于表面上最繁荣兴旺的状态。"一旦那些把货物运销远处(或存货在国内堆积起来)的商人的资本回流如此缓慢,数量如此之小,以致银行催收贷款,或者为购买商品而开出的汇票在商品再卖出去以前已经到期,危机就会发生。这时,强制拍卖,为支付而进行的出售开始了。于是崩溃爆发了,它一下就结束了虚假的繁荣。"②

(2)在国际信用中,"资本主义生产方式为自己创造出适合于生产过程规模的、缩短流通过程的必要形式,而由于这种生产方式同时形成的世界市场,有助于在每个个别场合把这种形式的作用掩盖起来,并且为这种形式的扩大提供非常广阔的余地。"③从而孕育着危机的更猛烈的爆发。

(3)国际信用的期限也会随着市场距离的增加而延长。

---

① 《马克思恩格斯全集》第25卷,人民出版社1972年版,第557页。
② 《马克思恩格斯全集》第25卷,人民出版社1972年版,第341页。
③ 《马克思恩格斯全集》第49卷,人民出版社1982年版,第292页。

金融危机的政治经济学分析模型

（4）随着市场远离生产地点和国际信用期限的延长，投机的要素必然越来越支配交易。

马克思的分析清楚地表明，在资本主义经济的全球扩展中，各国金融、贸易和生产密切关联，金融系统特别脆弱，一方面是生产特别容易过剩，另一方面是金融特别容易膨胀，而资本运动又极其敏感，所以金融危机特别容易产生，而且又注定是国际性和世界性的金融危机。

第六章

金融危机下世界经济遭受严重冲击

　　国际货币基金总干事长认为，国际金融危机第一波影响了发达国家，接着冲击了新兴发展中国家，第三波就轮到了世界最不发达、最贫困的国家，因此，对世界的影响将更大。同时，金融危机也直接冲击到了个人的生活，由于出口困难，企业倒闭，失业增加，这不仅使得还不起房贷的人大大增加，也大大降低了许多人的生活质量。可以说，金融危机已经对实体经济产生严重的冲击。

　　"美国经济就像一个人的身体，金融业是心脏，资金是血液，实体经济是身体其他器官。金融业遭到重创如同一个人得了心脏病，心脏供血不足，其他器官就会疼痛或者萎缩。"

　　——联合国全球经济监测部主任洪平凡

　　美国次级抵押贷款已经在美国演变成了一场危机。基于当今世界经济金融的紧密关联及美国经济在全球的引领位置，美国的次贷危机正在通过种种渠道演变成一场世界经济危机。次级债危机首先入侵金融领域，即通过负向财富效应抑制了居民消费，而这对于消费占 GDP 70％以上的美国来说，则意味着将极大地影响到其经济的发展。同时，次贷危机的爆发也使得美国的房地产市场在供应和需求两端同时陷入了萎缩。

　　在欧洲，经济前景同样不容乐观。随着德、英、法等主要经济发达国家先后陷入经济衰退，2009 年欧盟的经济增长率可能出现负数。随着金融危机的不断蔓延，许多发展中国家和新兴市场经济国家也都相继受到了影响，甚至有人预测，非洲国家也即将感染危机的病毒！

第一节　美国经济大萧条是否已经来临

次贷危机之所以称之为危机,很重要的一个原因就是可能导致美国这座世界经济发展的"火车头"减速甚至掉头,从而给全球经济带来灾难。2002年以来,美国居民消费就具有显著的"财富驱动"色彩,即通过自有房地产价格的上涨使美国消费者获得虚幻的金融财富,促进消费者通过负储蓄来扩大消费。

从2006年开始,美国房地产市场结束了上升周期,随着基准利率的上调以及房地产价格的下滑,引爆了次贷危机。次级债危机首先入侵金融领域,即通过负向财富效应抑制了居民消费,而居民消费占美国GDP的70%以上,消费的显著下滑必然会极大地影响到美国经济。次贷危机的爆发又加剧了房地产价格的进一步下滑,美国房地产市场在供应和需求两端同时陷入萎缩。

同时,次贷危机改变了市场参与者的风险偏好,市场开始重新评估次级贷款等领域的信用风险,并出现了贷款机构主动或被迫压缩贷款的现象,银行出现大量的危机。由于银行信贷是经济增长的血液,一旦信贷出了问题,那么,将通过消费、投资、净出口等各种渠道制约美国的经济增长。美国经济是否会因为本次危机而走向衰退呢?

来自于诺贝尔经济学奖获得者的预言

2008年,诺贝尔奖金委员会宣布,美国经济学家克鲁格曼(Paul Krugman)获得了今年的诺贝尔经济学奖。克鲁格曼1953年出生在纽约,获得麻省理工学院的博士,自从2000年以来,他一直担任新泽西州普林斯顿大学的经济学和国际事务教授,已经出版了20本著作,在专业杂志上发表了200多篇论文。据报道,克鲁格曼目前集中研究经济与货币危机,也是《纽约时报》的专栏作者,经常发表文章,尖锐批评布什政府的

2008 年诺贝尔经济学奖获得者克鲁格曼
（来源：维基百科）

政策，认为目前的金融危机就是这些政策造成的。

事实上，早在 2005 年，克鲁格曼就认为美国连续增长的高房价存在着大量的泡沫，而泡沫迟早是要破裂的。随着房地产泡沫的破裂，美国经济强劲增长的势头将减弱，经济将走向疲软。克鲁格曼曾在纽约时代周刊上（The New York Times）发表题为《像房子一样安全》（《Safe as houses》）的文章，在文中克鲁格曼形象地指出"美国人在靠互相买房谋生"，而购买房屋的钱是"从中国人手里借来的"（"paid for with money borrowed from the Chinese"），他认为这种借债增长模式是不可能持续的。克鲁格曼认为当美国房地产行业不再繁荣时，经济将走向疲软（"美国的经济像房子一样安全，但不幸的是，房子已经不再安全了。"）

根据他的统计，从 1980～2000 年，美国人每年用于家庭住房的支出平均占当年 GDP 的 4.25％，但从 2001～2005 年，这个数字提高到了 5.98％。这意味着进入 21 世纪以来，美国人每年的家庭住房支出提高了 2 000 亿美元，大约为美国每年多创造 200 万个就业机会。从 2000 年底到 2005 年，美国制造业员工下降了 17％，而房地产行业的注册从业人员却上涨了 58％。也就是说，一旦房地产行业出现低迷甚至危机，大量美国人将面临失业。时至今日，我们不得不相信这位特立独行的经济学家的预言是多么准确。再繁荣的经济背后都需要有制造业等基础行业的支撑，否则一切的虚浮都只是海市蜃楼。

"美国老太太"的生活方式还能延续吗

经济学中有个著名的寓言，是关于一个中国老太太和一个美国老太太如何买房子的。中国老太太攒了一辈子的钱,最后买了一套房子,第二天就离开了人世。而美国老太太贷款买了一套房子,住了一辈子,最后一天还清了所有贷款,也离开了人世。这个寓言用来说明中国人和美国人有完全不同的消费习惯。

2007年10月23日,美国破产协会公布9月申请破产的消费者人数同比增加了23%,接近6.9万人。2008年2月1日,美国1月非农就业人数减少1.8万,为超过4年来首次减少。

图6-1所示为美国2002年到2009年1月的失业率,其中制造业的失业率从2008年的5.1%迅速攀升到10.9%,标志着金融危机已经从虚拟经济领域扩张到实体经济领域。

图 6-1 美国 2002 年到 2009 年 1 月的失业率 (%)

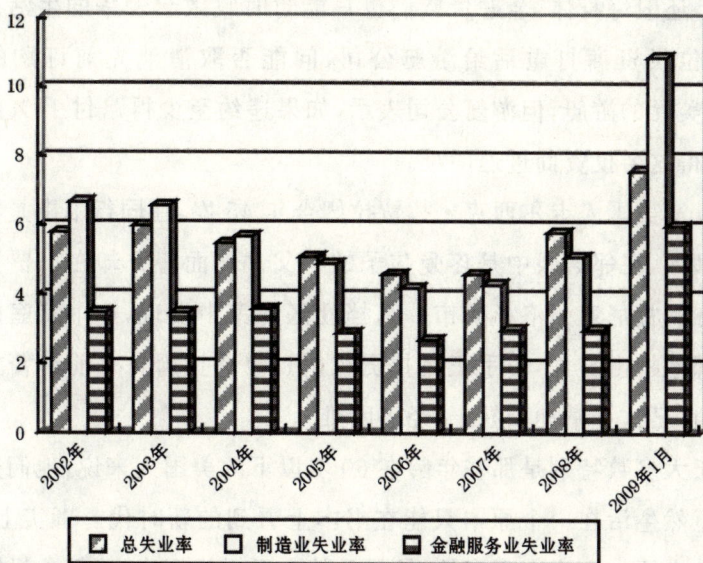

而金融服务业的失业率在2009年1月也达到很高水平,从2008年的3%提高到2009年1月的6%,从而引起美国失业率的迅速提升,从2007年的最低点4.6%攀升到7.6%。这说明次贷危机已经迅速蔓延到美国的各个领域。失业率的提高进一步抑制了美国的消费,银行危机引发了进一步的消费危机。

随着次贷危机的持续发展,危机已由金融资本向实业资本扩展,其作用链条之一,即美国消费市场表现低迷。美国个人消费支出自2007年第四季度以来出现显著放缓,到 2008 年第一季度仅微增 0.9%,第二季度在退税带动下略有回升,达到 1.7%。其中以汽车为代表的耐用品消费出现显著下降,2008 年以来连续出现 4.3% 和 2.5% 的负增长,以日用品为主的非耐用品消费也出现萎缩。美国商务部的统计数据显示,2008 年 9 月美国商品零售额下降了 1.2%,为 3 年来最高跌幅,即使扣除波动较大的汽车消费因素,零售额依然下降了 0.6%。受失业率居高不下、财富效应大幅缩水、信贷紧缩等因素影响,美国消费者信心出现不足,美国 2008 年第三季度实际消费开支出现自 1991 年以来的首次下降。

根据美国有关部门 2008 年 7 月的调查,22% 的美国人甚至减少了看医生的次数来省钱。非必需类食品和饮料的销售也在下降,大街上的自行车也明显多了起来。据说,不少年轻人俱乐部都号召骑自行车上班,省油、环保,还锻炼身体,金融贵族们也只能暂时收敛起奢华的生活。有报道说,一位投资商打电话给游艇公司,问能否取消他先前订购的价值 2 500 万美元的游艇,但游艇公司表示,如果违约至少得赔付 10% 的违约费,这使得这名投资商进退两难。

印度裔美国人卡尔西克·拉贾拉姆今年 45 岁,在同行眼中是精明的财务经理人,在邻居眼中是疼爱孩子的慈父。然而警方却在拉贾拉姆位于美国加利福尼亚州洛杉矶市一高档社区的家中发现,这个家庭的 6 名成员全部遭枪击身亡,凶手正是拉贾拉姆。拉贾拉姆自杀前给警方留下信件,把自己这一举动归咎于"经济困难"。

对于大多数特别是那些年龄在 60 岁以下的美国人来说,他们突然发现自己竟然生活在一个原本只能在书本上看到的新时代。事实上,美国正处在一个历史上为数不多的、最严重的金融恐慌当中,这场危机完全可以与类似 1907 年以及 1929 年的严重金融危机相提并论,但人们目前还无法预期它对整个金融体系、经济和社会所带来的全面影响。摩根士丹利经济学家理查德·伯纳将这次金融危机戏称为"完美风暴",它虽然由次级抵押贷款所引起,但根源其实是美国人所崇尚的"举债度日"的生活方式。一直以来,无论是普通民众、华尔街高管还是美国政府,都在以这样或者那样的方式"举债度日"。

曾几何时,美国人生活方式被定义为"拿明天的钱,圆今天的梦",但目前的困境迫使人们对这种生活方式进行反思。美国亿万富翁索罗斯表示，美国生活方式"重大调整"之日已经到来。这场危机足以使美国以及其他风行"杠杆"交易的国家和地区警醒，如果人们能够改变"举债度日"的生活方式，危机将成为不幸中的大幸。

乔治·索罗斯
（来源：维基百科）

美国全国零售联合会的消费者动机和行为调查显示，2008 年圣诞节，越来越多的人开始现金消费。此项调查访问了 8 758 名消费者。全国零售联合会在报告中指出，今年，美国消费者要面对的不良因素很多：失业增多、信用紧缩、房价下降、物价上涨……因此，41.5％的被调查者决定尽可能多地使用借记卡和支票来购买节日用品——这相当于使用现金，而去年的数字是 40.1％。

从 2008 年全年来看，选择使用现金的人也从 2007 年的 22.1％略微增加到 22.8％，首选信用卡的人从 32.3％下降到 31.5％。看来，经济危机确实对长期靠提前消费支撑富足生活的美国人产生了影响。调查还显示，在购买目标上，美国人明显减少了对奢侈品的购买。衣服、音乐和书籍是最受欢迎的礼品，有 57.4％的人将购买衣服和配饰，55.6％的人表示将购买书籍、CD、DVD 和游戏。对此，全国零售联合会主席崔西—穆林认为，今年"贴心而又实用的礼物将大受欢迎"。

一个难熬的圣诞节

由于次贷危机的爆发，2008 年的圣诞节对于穷人来说意味着流离失所，对于富人来说意味着开源节流，勤俭节约。现年 59 岁的凯瑟琳·莫里森和丈夫住在弗吉尼亚州亚历山德里亚。莫里森经营一家人力资源公司，家境富裕，200 万美元资产可用于投资。但两周以来，莫里森夫妇夜间几次从睡梦中惊醒，莫里森解释说，股票市场崩盘的画面梦魇般纠缠着他们。

57 岁的哈维·戈德伯格家住华盛顿。道琼斯指数为 12 300 点时,他将股票清仓,但在一名金融顾问的劝说下,他再次"杀人"股市。结果,道琼斯指数此后连续下挫,戈德伯格说:"我没有相信自己的直觉……我生自己的气。"

莫里森和戈德伯格都属于富人。富人群体中,不同人面对金融危机时反应不同,就连夫妇间也有区别。莫里森的丈夫感到悲观失望,她自己则希望趁机购入降价的物品和资产。遭受重大损失后,戈德伯格决定,等待股市恢复后,换掉自己的金融顾问,自己管理资产。和戈德伯格同样忧虑的富人为数不少,一项调查结果显示,拥有 100 万美元以上资产的富人中,81%的人计划炒掉金融顾问,86%的人放言告诉其他投资人不要雇用自己的金融顾问,还有一些富人计划起诉自己的股票经纪人。

纽约一家律师事务所创始人杰克·扎曼斯基说,危机以来,接到多名客户打来的电话,为退休金和存款账户担忧,情绪愤怒。

扎曼斯基说:"他们都快疯了,想起诉自己的股票经纪人、换公司。"

洛杉矶一家投资顾问公司负责人托德·摩根说,自危机以来,电话就响个不停,比他 38 年从业生涯中任何一个时期都要频繁。

"客户们担心,现阶段投资环境恶劣,他们可能会失去所有的钱。"摩根说,"这会彻底改变他们的生活方式。"

经济危机让富人们纷纷卖掉艺术品、私人飞机和游艇等奢华品,购买黄金、公债等。富人们也开始学着节俭。低价零售商 Costco 仓储超市中,越来越多出现富人们的身影,这在以前并不多见。

康涅狄格州市场调研和咨询公司哈里森集团副总裁吉姆·泰勒说:"对富人来说,购买打折商品不再是羞耻的事情。每当富人走进超市,总会发现吸引他们的东西。"按照他的说法,许多富人开始网上购物,一些网上商品价格比商店标价低。

哈里森集团 2008 年的一项调查结果预测,年收入超过 10 万美元的美国家庭,2008 年用于度假的开销将比 2007 年减少 6%。

"今年,我们可能会迎来一个难熬的圣诞节。"泰勒说。的确如此,2008 年的圣诞节给美国人留下了深刻的印象。

楼市泡沫破灭抑制投资和消费

次贷危机的爆发可能从供给和需求方面加快房地产市场泡沫的破裂,加快房价的下跌。一方面,大量的次级抵押贷款的借款人无法偿还贷款而只能选择违约,这使得他们丧失了对房屋的赎回权,意味着债权人(贷款发放机构)将处置更多作为抵押品的房屋或有更多的借款人被要求强行出售房屋,这无疑将增加房屋供给。从投资角度上看,次贷危机爆发后,美国房地产市场结束了连续十几年的繁荣,房价开始进入下行通道,积累起来的泡沫将不断破裂。房价下跌预期将打击个人投资者信心,美国人可能在未来几年增加自己的储蓄,进而导致美国的私人投资尤其是对房地产行业的投资下降。

美国楼市泡沫爆破,楼价大跌令很多业主资不抵债。现在全国有1 200万名负资产业主,即平均每6名业主,便有1人濒临断供,甚至破产,随时会引发新一轮断供和破产潮。美国负资产家庭数目2006年为300万,如今已暴增3倍至1 200万,原因是不少业主在2005年楼市高峰期时未按时周转套现,楼市狂泻后纷纷变成负资产。随着楼市的只跌不升,到2009年9月,负资产人数可能将迫近1 460万。

另一方面,为控制信用风险,贷款人可能通过提高贷款利率或者提高贷款标准从而压缩信贷规模,这使得本来可以获得优质低息贷款的购房者不得不面临更高的借款成本和更严格的审批程序(或者更大的交易费用),这将对信用水平比较高的购房者起到抑制作用。供给的增加和需求的被压抑共同形成房价下跌的压力,再加上对美国经济的悲观预期导致投资者本来就不看好美国房市,所以次贷危机会加速美国房地产市场的疲软进而打击美国私人投资。

投资房地产主要从两个方面刺激消费,一是购房会增加对房屋相关配套设施的消费,如家具、装潢、房地产金融服务等;二是房价上涨相当于资产升值,而资产升值将会产生财富效应使美国人觉得更加富有,从而提高自己的消费水平。因此,从2000年到2007年,美国人之所以能够大量借钱消费,而几乎不进行储蓄,就是因为他们觉得将一部分借的钱投资房地产会在未来升值,这部分升值可以帮助他们在未来还债。

然而,上述逻辑是建立在房价不断上升的基础上的,我们知道,储蓄的重要作用之一是预防由困难随时出现的不确定性带来的风险,或缓冲不确定性的冲击,维持消费水平的稳定性。如果美国人拥有足够的储蓄,那么包括收入变动、物价变动、利率变动在内的各类风险,都能够得到有效的缓解。但不幸的是,美国的私人净储蓄非常低,不足以应付如此巨大的冲击。高负债,低储蓄以及房价低迷带来的资产缩水将极大地影响美国家庭的消费,并将彻底打破美国家庭2000年以来的消费模式。

众所周知,美国经济是消费拉动的经济,消费成为美国经济强劲增长的动力。自1995年美国生成资产经济以来,居民实际可支配收入的累计增长额仅占消费支出累计增长额的85%,两者缺口主要由资产泡沫产生的财富效应来填补。这其中首先是股票泡沫,而后是房地产泡沫,尤其是后者,其财富效应对于支撑近年来的消费需求起到了巨大的作用。

据美联储计算,2006年上半年以来,以年利率计算,居民提取的抵押资产价值超过了7 000亿美元,这足以有力地刺激消费需求。过去5年间,在房价不断攀升的情况下,这种财富效应对于消费需求年增长率的贡献度至少是0.5个百分点。如今,次贷危机导致房地产泡沫的毁灭促使美国消费信心大幅度下降,使美国经济增长的引擎散失。

长期以来,高消费低储蓄是美国经济的一个基本特征,特别是近几年,美国人几乎不储蓄。图6-2所示为2001~2007年美国私人净储蓄的数据,从中我们可以看到,在2001~2007年间,美国每年的私人净储蓄在3 000~6 000亿美元之间波动,最高的2006年也不过5 695亿美元,对于美国这样一个GDP达到14万亿美元的庞大经济体,这样的私人净储蓄数字显然太低了。

图6-2　2001~2007年度美国私人净储蓄数据　(10亿美元)

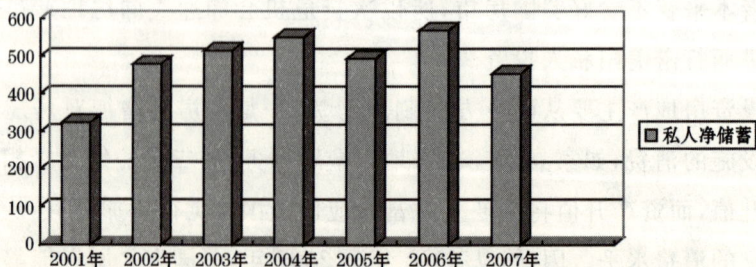

资料来源:美联储官方网站数据整理得到

与此形成鲜明对比的是,美国的家庭债务在不断上升,如图6-3所示。从2001年到2007年,美国的家庭债务余额从70 088亿美元上涨到138 254亿美元,年均增长率达到了10.19%,而同期美国GDP平均增长速度则不超过4%。更值得关注的是,在这些债务中,住房抵押债务占据了绝大部分并且比例一直在增大,已经从2000年的68.75%提高到了2007年的76.01%,其绝对数量也从2000年的48 183亿美元扩大到2007年的105 088亿美元。这组数字充分说明,美国人在靠借钱维持其高消费,并且将钱主要投在了房地产上。

图6-3 2000～2007年美国家庭债务余额数据 （10亿美元）

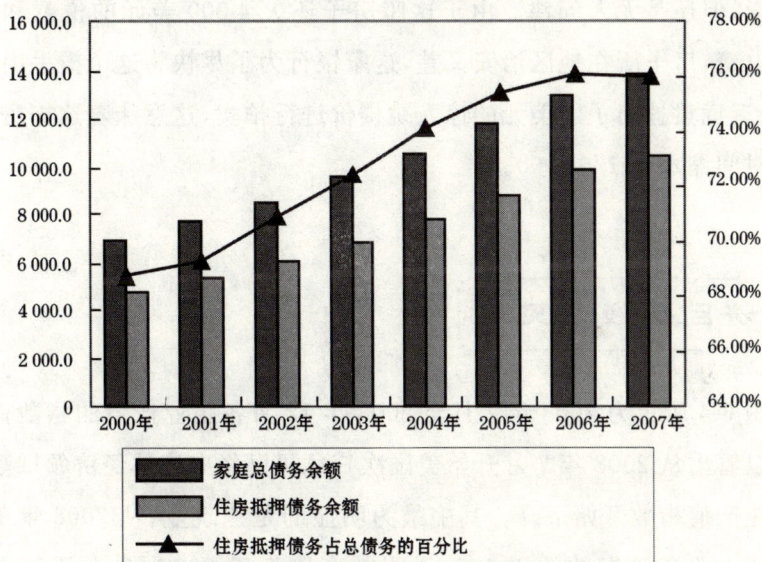

资料来源:根据美联储官方网站数据整理得到

次贷危机的爆发使得美国人的这种消费模式变得不可持续。虽然从2007年的数据上还看不出美国的房价正在下跌,但是涨幅已经非常小,任何一个理性的人都会预见到未来一段时期美国房地产市场将走向疲软。

整栋房子贱过一斤大白菜

次贷危机对美国一些城市的房地产业造成了灾难,底特律一栋欠缴贷款的房子被银行扣押后,这座两年前曾卖 6.5 万美元的漂亮住宅最近竟然被以 1 美元拍卖,而在美国大城市中买一斤大白菜也要花 1.375 美元。这栋最近在房地产市场挂牌 1 美元销售的房子位于底特律特拉维斯大街 8111 号,由于前主人还不起贷款,银行已经收回了这栋住宅。

然而当这座二层楼房子空置的时候,却成了小偷和流浪汉的乐园,先是栅栏被人偷走,接着小偷破门而入,盗走了房子里每一样值钱的东西,包括铜水管、炉子、灯座、热水箱,以及厨房水槽。

拥有这栋房子的银行想尽快将它脱手,虽然这栋房子在两年前的售价还高达 6.5 万美元,这家美国银行将这栋房子挂牌 1100 美元进行跳楼大贱卖,但还是无人问津。由于这座房子还欠 4 000 美元的税款和一大笔水电费,房子所在地区治安又差,这家银行为了尽快将这个烫手山芋脱手,最近竟然挂出了 1 美元的惊人跳楼价进行拍卖,这意味着这栋房子在两年时间缩水到 1/65 000。

经济巨头钱袋见底

图 6-4 所示为 2008 年 7 月至 2008 年 12 月各工业产值的指数,从图中可以看出从 2008 年 7 月开始美国次贷危机已经向实体经济领域蔓延,各工业产值指数开始下降。其中最为明显的是建筑业,从 2008 年 10 月开始其工业产值指数低于 100,说明其产值低于 2002 年,并不断下降。由于 2008 年 10 月美国的大规模救市政策,使 10 月的各项工业产值略有回升,但从 10 月以后,又开始下降,并达到 2008 年最低点。美国制造业活动也开始收缩,据统计,2008 年 9 月,美国制造业活动指数只有 43.5,创下 2001 年 10 月以来最低纪录。

汽车销量也以两位数的速度下滑,一直被视为美国经济晴雨表的通用电气的股价 2008 年以来已经下挫了三分之一,2008 年第三财政季度净利润剧减 22%。次贷危机病毒正在侵入以制造业和矿业为代表的实体经济心脏。由于建筑业是和美国次贷危机结合最紧密的实体产业,美国房产价格的直线下降直接影响建筑业产值的下降,而建筑业又与钢铁业、制造业紧密相关，因此，建筑业的衰退直接影响了美国实体经济的发展。

图 6-4　2008 年 7 月～2008 年 12 月各工业产值指数　（％）

（以 2002 年为基期）

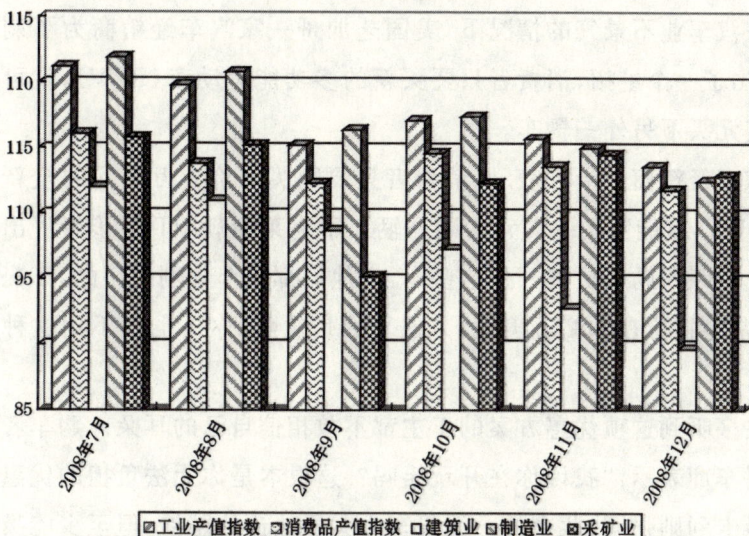

资料来源：美联储网站

美国最大的两家汽车制造商通用汽车公司和福特汽车公司公布的季度财务报告均显示巨额亏损，两公司资金严重短缺，糟糕情况远超市场预计。

通用汽车公司首席执行官里克·瓦格纳说，公司将尽一切努力避免破产，因为通用汽车破产带来的后果"太可怕"。市场人士认为，如果得不到政府及时救助，通用这一美国工业的标杆企业可能面临破产。通用汽车 2008 年第三季度业绩报表充斥令人触目惊心的数字：营业收入 379 亿美元，同比下降 13％；当季亏损 42 亿美元。雪上加霜的是，通用汽车第三季度现金流大幅减少 69 亿美元，对于通用汽车那样的庞然大物而言，这点钱已接近维持日常运转所需现金的底线。

根据美国媒体报道，通用汽车旗下在美员工约 17.7 万人，退休员工约 50 万人。美国汽车研究中心估计，每个汽车行业就业岗位能带动 7.5 个零部件等附属行业岗位，这样一来，通用汽车如果倒闭，将可能最多导致 250 万人失业,这是美国社会和经济不可承受之重。

"一美元卖车"

在汽车业不景气的情况下,美国芝加哥一家汽车经销商为了刺激销售,想出了一个绝招,消费者只要买新的多功能运动车(SUV),就可以再花一美元买下另外一辆车。

汽车经销商曼卡利表示,消费者只要购买定价 4 万美元的全新克莱斯勒 SUV,就能够用一美元加购一辆二手克莱斯勒 PT 漫步者。出租车司机或克莱斯勒雇员曾开过这些车,但他们都是今年刚出厂的,车况还不错,通常零售价在 1.2 万美元。"这真的是优惠,你再也找不到这种便宜事了。"

许多听到这项优惠方案的车主都不敢相信自己的耳朵。购车者布蕾特还对车商表示:"我说你在开玩笑吗? 这根本是你无法负担的优惠啊!"

曼卡利则强调,此次的一元买车方案虽然让他赔钱,但至少能吸引不少媒体的注意,也等于是帮他做了免费的宣传。一旦店内的 SUV 卖完,优惠活动就宣告结束,为此,他店内的 SUV 果然已所剩无几了。

美元疲软将无法逆转

从净出口角度上看,如图 6-5 所示,2000 年以来,美国经常项目一直保持高额逆差,且逆差额在 2000~2006 年不断扩大(从 3 587.8 亿美元扩大到 7 218.8 亿美元)。巨额的经常项目逆差说明净出口对美国经济的贡献一直是负的,也从侧面佐证了上文所说的美国储蓄严重不足,靠借债来支持高消费的观点。2007 年以来,次贷危机爆发导致美元对全球各主要货币持续贬值,美国经常项目逆差有所减少。

在未来几年,随着次贷危机的深化,美元可能会持续疲软,加上美国人开始提高储蓄率,这些在一定程度上有利于改善美国经常项目,但短期内很难从逆差变成盈余。但是,外贸额占美国经济总量的比例不大,美国经济的增长主要靠内需而不靠外需拉动,所以即便经常项目有所改观,其对美国经济的刺激还是十分有限。

图 6-5　2000～2007 年美国经常项目数据　（百万美元）

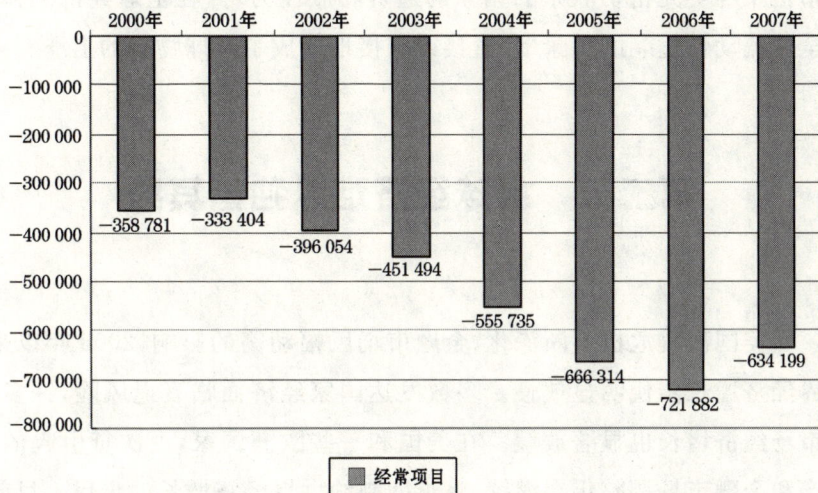

	2000年	2001年	2002年	2003年	2004年	2005年	2006年	2007年
	−358 781	−333 404	−396 054	−451 494	−555 735	−666 314	−721 882	−634 199

■ 经常项目

资料来源:根据美国经济分析局官方网站数据整理得到

　　美元贬值推动商品价格飞涨,经济全球化导致全球通胀蔓延。20 世纪出现过的大规模通货膨胀大多局限在世界某一地区,如 20 世纪 70 年代西方发达国家出现的"滞胀",80 年代拉美国家的严重通货膨胀,90 年代部分发展中国家的通货膨胀。而本次全球通胀是发达国家和发展中国家同时出现通胀,因此,从某种意义上讲,这是经济全球化背景下的第一次世界性通货膨胀。

　　经济全球化使通货膨胀的全球联动性增强、传导渠道增多,影响范围扩大。大多数国家由进口产品价格上涨带动了国内物价上涨,形成输入型通货膨胀。发展中国家由于制造业在经济中所占份额较大,对国际市场能源和原材料价格上涨较为敏感,其 CPI 上涨的主要推动力是食品、能源和原材料价格上涨,与导致美国 CPI 上涨的因素完全一致。因此,发展中国家输入型通胀特征明显,而美国则是向世界输出通胀的源头。

　　美元作为世界储备货币,通过不断贬值变相地弥补了美国巨额财政赤字和贸易赤字,带动了以美元计价的商品价格上涨,大量吸收了发展中国家多年来辛勤积累的美元财富,这也是此次全球性通货膨胀的重要原因。为了规避和对冲美元贬值带来的风险,国际投机资金不断投入到原油、黄金和原材料等大宗商品,以期实现保值,但却相应的增加了大宗商品的需求,使其价格在短时间内飞涨。与此同时,美元贬值还加剧了那些货币汇率与美元密切联系的国家的通货膨胀压力,并在全球经济一体化和全球流动性过剩的背景下,直接或间接地促成了全球物价的上涨。

第二节　全球经济难以独善其身

受美国次贷危机不断深化、金融市场巨幅动荡的影响,2008 年以来,世界经济增长步伐明显放慢。多数发达国家经济面临衰退风险,许多新兴市场经济增长也显著放缓。在美国和一些欧洲国家,由次贷引起的房地产和金融市场调整仍在继续,将长期制约世界经济增长的步伐。目前,世界贸易几乎陷于停滞,全球股票市场也不容乐观,同时,一度大幅攀升的原材料价格停止上升,反映世界经济增长的各项先行指数都普遍下降,预示着未来一段时期内经济形势仍将持续恶化。

欧洲经济前景堪忧

随着金融危机对实体经济杀伤力的逐步显现,欧盟和欧元区 2009 年的经济形势依然不容乐观。报告显示,2009 年全年欧盟和欧元区经济增速将骤降至 0.2％和 0.1％,较预测值分别下调了 1.6 和 1.5 个百分点,欧盟经济几乎陷于停滞。在欧盟大国中,作为金融危机"重灾区"的英国 2009 年将出现 1％的负增长,西班牙将下滑 0.2％,德国、法国和意大利将出现零增长。据欧盟委员会估计,欧盟和欧元区经济有望在 2010 年回升,增速将分别为 1.1％和 0.9％,但仍低于正常水平。

欧盟委员会负责经济和货币事务的委员华金·阿尔穆尼亚说,导致欧洲经济显著恶化的罪魁祸首是这场风靡全球的金融危机。骤然升级的金融危机席卷欧洲,并波及实体经济,对企业和消费者信心构成重创。数据显示,2008年10月,体现生产者和消费者对经济前景乐观程度的经济敏感指数在欧盟和欧元区均跌至15年来的最低位,并创下单月最大跌幅。

在金融危机向实体经济蔓延的过程中,信贷紧缩局面已不仅局限于金融机构间,其他企业的正常融资也深受影响,由此阻碍了投资扩大。经济不景气同样让就业市场感受到阵阵"寒意",欧盟委员会预计,欧盟和欧元区的失业率继2008年年初降至7%左右的历史低位后,2009年将升至7.8%和8.4%,2010年还会进一步走高,失业率上扬将不可避免地抑制消费。而从外部来看,金融危机正导致全球经济减速,造成贸易环境恶化,令欧盟和欧元区出口也面临严峻挑战。

欧盟总部大楼

(来源:维基百科)

可以说,受金融危机影响,作为推动欧盟经济增长三大"引擎"的投资、消费和出口将全面疲软,尤其是投资最令人担忧。据估计,欧盟和欧元区的投资2009年将分别下滑1.9%和2.6%,而过去3年的增速均保持在3%以上。面对投资、消费和出口三项指标的全面疲软,欧洲经济前景充满不确定性,且存在继续恶化的风险。

欧盟委员会每年发布的春季和秋季经济预测报告是该机构两个重要的经济预测报告。2008年公布的秋季经济预测报告显示,欧盟和欧元区经济2008年将分别增长1.4%和1.2%,不及去年增速的一半,欧盟持续近两年的经济强劲复苏因为这场金融危机而风光不再。

欧盟2008年11月中旬曾发布数据,称欧元区15个经济体2008年第二、三季度GDP连续呈现负增长,下降了0.2%,这是自1999年以来的首次经济衰退。根据经济学定义,连续两个季度出现经济负增长即意味着衰退,因此,GDP的连续负增长也标志着欧盟陷入了经济衰退。

法国汽车巨头让员工放大假渡危机

随着金融危机逐步蔓延,欧洲实体经济所遭受的影响已初见端倪。

雷诺厂队的 F1 赛车

（来源：维基百科）

基于对欧洲汽车销售市场大幅萎缩的预期，法国两大汽车制造商雷诺和标致雪铁龙相继宣布将大幅减产。

一方面由于金融危机对于人们购买力带来的负面影响；另一方面，因为欧洲市场 80% 的新车购买都是通过贷款途径完成，在目前银行信贷紧缩的情况下，人们自然比以前更难获得银行贷款来购置新车。由于今年上半年能源价格飙升，欧洲新车市场已在 2008 年前三个季度中呈现萎缩之势，雷诺和标志雪铁龙两大汽车集团的新车库存量都大幅上升。以标致雪铁龙集团为例，截至 2008 年 9 月底，其新车库存达到 67.7 万辆，比去年同期高出 18% 左右。

两大车商的减产拟采取"部分停工"的做法，即在不同的工厂让员工休息一定的工作日，以此达到减少产量的目的。于是，出现了"汽车销量少，员工放大假"的现象。

标志雪铁龙公司总裁克里斯蒂安·斯特雷夫（Christian Streiff）表示，将在全欧范围内大幅削减汽车产量，以期将 2008 年年底新车库存减少到 60 万辆左右。在法国西北部的牟罗兹市（Mulhouse），员工将在年底之前"享受"10 天假期；位于巴黎西部的雷恩市，整个工厂将在万圣节整整 9 天假期内关闭；在法国东部索肖市，将为员工开放 13 天的假期；除此之外，在欧洲的其他基地，包括西班牙的比戈和马德里两个城市，以及斯洛伐克的特尔瓦那，也将采用同样的政策。

冰岛：第一个受害者

提起冰岛，世人多半会想到一个童话般的冰雪世界。这个北欧小国，曾长期跻身于"世界最幸福国家"之列，多次被联合国评为"最宜居国家"，其国民的人均收入也在全球前列。然而，就是这个"天堂般"的国度，在席卷世界的金融风暴之中,却成了第一个濒临"破产"的国家。

从"最幸福国家"到濒临"破产",从"全球人均收入最高国家之一"到"人均负债20万美元",冰岛不仅向世人展示了金融风暴的巨大破坏力,也暴露了它的极端脆弱性和问题重重的发展之路。按照英国媒体的说法,冰岛人如今正在为该国银行业的疯狂扩张付出代价。

近十多年来,冰岛金融业超常发展,如今外债超过1 383亿美元,但国内生产总值仅为193.7亿美元。金融行业与国外大肆开展信贷交易,向海外发放了大量贷款,其他行业企业在欧洲掀起的并购热潮也与金融业的发展相辅相成。如今,金融产业在国民经济中的比重远远超过其他产业。有数据显示,冰岛的银行业占据了该国股票交易市场的主要部分,而且其中80%的股份由外国所持有。2008年9月,冰岛银行业的资产总值高达该国GDP总值的8倍,换句话说,冰岛的发展已经不再主要依靠本国实体经济,反而更为依赖其他国家的经济发展。这种做法一度让冰岛尝到了甜头,使它2005年收获了7%的经济增长率,这一发展策略也使冰岛成为全球人均国民收入最高的国家之一。

金融危机袭来时,欧洲银行要比美国金融机构脆弱得多。美国银行每放贷96美分需有1美元存款为基础,而不少欧洲银行每放贷1.4欧元往往只有1欧元存款支持,其余差额由金融市场借贷补齐。正因为如此,当信贷市场随美国金融危机爆发而收紧时,不少欧洲银行资金严重不足。冰岛的主要银行也难逃这样的脆弱,该国四大银行所欠的外债高达1 000亿欧元,而冰岛中央银行所能动用的流动外国资产仅有40亿欧元。现在,冰岛GDP只有193.7亿美元左右,而外债却是GDP的9倍,也即债务为GDP的900%,远远超过了美国。

截至2008年6月30日,冰岛三大银行Kaupthing、Landsbanki和Glitnir的资产规模总计达到14.4万亿克朗(约合1 280亿美元),与之相比,2007年冰岛的国内生产总值仅为1.3万亿克朗(约合193.7亿美元)。

位于首都雷克雅未克的冰岛
Landsbanki 银行总部
(来源:维基百科)

金融业这种虚拟经济是市场经济高度发展的产物,随着经济全球化和金融自由化的发展,虚拟经济自身的特征使它成为一种独特的经济运行方式。但是,当虚拟经济完全脱离实物经济极度膨胀时,就会形成经济泡沫,最终引发金融危机。按照经济学家的说法,如果把实体经济比作岩石,覆盖于其上的雪层就是虚拟经济,积雪过厚将会导致雪崩——虚拟经济如果与实体经济超过一定的比例,必然导致危机产生。冰岛银行业相对于其他经济部门过度快速扩张,为当前危机爆发埋下了隐患。由于银行业在经济中所占比重过大,金融危机将对冰岛整体经济产生严重冲击。"冰岛的做法更像是个私人投资基金而非政府,"丹麦银行资深分析师克利斯滕森说,"信贷危机来临后,他们使自身成为最脆弱的国家。"

冰岛就面临着这样的问题,该国银行业发展与实体经济发展不协调,投资也过多集中于高风险领域。自2004年以来,冰岛最大的3家银行资产扩大4倍,但多数增长由借贷融资推动。因此,冰岛金融市场极容易受到国际金融市场动荡的波及。随着金融危机的爆发,全球银行业借贷利率上升、资本流动性骤减,冰岛首当其冲,银行业顿时陷入困境。自20世纪90年代中期开始繁荣成长的冰岛银行业,成为造成现在经济损失达全年国民生产总值9倍之多的罪魁祸首。

现在,冰岛前三大银行机构均已由政府接管,3家银行所欠债务共计610亿美元,是冰岛经济总量的12倍。以冰岛大约32万人口计算,这大致相当于包括儿童在内的每名冰岛公民身负20万美元债务。现在,这个人口仅32万、国土面积10.3万平方公里的岛国已经成为全球范围内负债水平最高的国家之一。德意志银行的经济学家亨里克·古尔贝里就说,冰岛过于庞大的银行业让它"在应对当前这场信贷危机时的处境可能是所有发达国家中最不利的"。

第三节　金融危机中的主要货币博弈

时下的美国将面临一场经济风暴,这源自联邦、个人和公司债务的不断膨胀,储蓄的严重不足,美元的贬值,以及国内制造业的衰退。美国迟早要出现经济崩溃,这可能是突发性的,也可能是渐进式的。不管是哪种形式,美元和美国经济崩溃都将不可避免地冲击全球经济。但这只是暂时的,在经过一段时间的调整之后,世界经济的蓝图将清晰地呈现出来:全球购买力最终转移到生产性国家。

> 不管是从经济角度还是从货币角度来看,美国都是一座不可靠的空中楼阁,虽然外表极为华丽,但却毫无根基,而且在任何时候都有可能发生坍塌。在一个相对较短的时期内,美国从世界上最大的债权国变成了世界上最大的债务国,美元发生严重贬值,国内制造业让步于非出口的服务业。
>
> —— 来自《美元大崩溃》中的一段评述

美元大崩溃了吗

所谓"美元危机论",是指美元有可能会被欧元、英镑甚至日元所替代,直至退出目前核心位置的说法。

自第二次世界大战以来,美元已经历了两次大的危机,第一次危机爆发于 1973～1976 年间,导致美元和黄金的彻底脱钩和布雷顿森林体系的崩溃;第二次危机爆发于 1985～1987 年间,导致《广场协议》的签署和美元相对于日元等货币大幅度贬值。

本轮始于 2002 年初的美元贬值至今已持续了 6 年,贬值幅度一度达到 50% 左右,其中美元兑欧元汇率在 2008 年 7 月 15 日创出 1.6 038:1 的历史性低点,美元指数在 2008 年 3 月 17 日创下 70.68 的历史低位,为该指数创建 25 年来的最低点。

在美元大幅贬值的同时,美国的贸易赤字连续数年创新高。2005 年,美国贸易逆差高达 7 167 亿美元,占 GDP 的比重达 5.8%;2006 年逆差提高到 7 585 亿美元;2007 年的逆差为 7 116 亿美元,仍达 GDP 的 5% 左右,大大高于 1985～1987 年美元危机期间占 GDP3% 左右的美国贸易赤字。

　　长期以来,美国依赖资本项目顺差来弥补贸易赤字,但外国对美国的证券投资由 2000 年的 9 780 亿美元下降到 2002 年的 5 600 亿美元,2002 年首次出现了美国付给外国投资者的投资收益多于美国海外资产收回的收入,而且各国央行正在努力加大其官方储备中欧元的比重而抛弃美元,这些无不显示美元资产的魅力在下降。

　　2007 年 8 月爆发的美国次贷危机和随后美联储的降息加剧了美元的疲软,美国经济也露出了疲态。2008 年 4 月,国际货币基金组织(IMF)预计全球最终因次贷问题可能亏损近一万亿美元,远远超过全球金融机构已经暴露出的 3 000 亿美元左右的损失规模。截至 2008 年 6 月,美国新房销售量连续 8 个月下降;新房开工量在 7 月环比下降 11%,跌至 17 年来的最低水平;购房者退房的数量大量增加。新房销售和建造量与高峰时比下跌了一半以上,房地产投资处于近 27 年来的最低水平,有国际机构预计美国房价还有 10%～15% 的下降空间,房市稳定至少要等到 2009 年年底。

　　美国次级房贷市场自崩盘以来,全球大银行和券商减记资产及信用损失的金额已达 5 010 亿美元,各种房贷和住房按揭证券都在跌价。2008 年 9 月,次贷危机引发的金融震荡进一步加剧,继"两房"、贝尔斯登、新世纪金融公司等危机之后,雷曼兄弟、美林证券、AIG 等巨头也先后发生危机。

　　美元的走势可谓诡异莫测。次贷危机及其在 2008 年 9 月中下旬以来的剧烈恶化,非但没有终结美元的霸权地位,甚至把美元推向了前所未有的高峰。2008 年 10 月 28 日,美元指数最高冲至 87.884,较 9 月 15 日的 78.909 升值 11.37%,这一升值幅度在 1967 年以来近 502 个月中能排进涨幅榜的前 5 位。BIS 的最新数据也显示,2008 年 9 月美元名义有效汇率为 78.25 点,较二季度末的 74.18 点升值 5.49%,这一升值幅度在 1964 年以来近 179 个季度中排在第六位;美元实际有效汇率为 87.69 点,较二季度末的 83.56 点升值 4.94%,这一升值幅度在 1964 年以来近 179 个季度中也排在第六位。

欧元时代是否来到

自 1999 年以来,欧元作为美元国际储备货币的一个竞争品种而面世,其膨胀速度和规模迅速超过美元。据国际货币基金组织的统计报告显示,美元外汇储备占比已经从 1999 年的 71% 下降到了 2007 年年底的 63.9%,而欧元占比从 1999 年年底的 17.9% 上升到了 2007 年年底的 26.5%。

然而,面对欧元的升值,美国哥伦比亚大学教授、1999 年诺贝尔经济学奖获得者、"最优货币区理论"的奠基人、"欧元之父"、世界品牌实验室主席罗伯特·蒙代尔说,在长达 90 多年的时间里,美元都占据着世界储备货币的地位,目前在全世界流通的美国货币总额已达将近 7 000 亿美元,其中仅有 1/3 在美国本土流通,其余 2/3 都在境外流通。作为"欧元之父",蒙代尔认为,虽然欧元等强势货币的出现在金融市场上分担了美元面临的种种压力,但美元的霸主地位仍不可撼动。如果没有了美元和弹性汇率,世界会一片混乱,因为世界上有 200 种货币和成千上万种汇率,这将使得人们无所适从。

而面对美国的次贷危机,欧洲经济增长明显放缓。内需方面,反映企业主和消费者看法的经济信心指数连续 7 个月下跌,2008 年 1 月已跌至 103.2 点,是 2006 年 3 月以来的最低水平。这表明企业和民众对经济增长缺乏信心,进而削弱投资和消费。欧洲统计局数据显示,欧盟零售销售率自 2007 年 10 月开始,逐月下降,零售销售率的下滑表明消费日渐萎缩。

外需方面,欧盟出口增长也出现放缓迹象。2007 年 11 月,欧盟进口额为 1 282 亿欧元,同比增长 6%,增速明显快于出口,同期,欧

欧盟货币

(来源:维基百科)

盟出口仅增长 2%，为 1 114 亿欧元。这种变化可能预示着欧元升值已影响到欧洲出口形势。欧元升值对德国出口的负面影响已经初步显现，德国 2007 年前 11 个月的出口增幅为 9.3%，其中对欧盟伙伴国家的出口平均增长 11.9%，但对非欧盟国家的出口仅增长 4.9%。

在欧洲面临经济增长趋缓的同时，通货膨胀形势也日益严峻。受能源和食品价格上涨影响，欧元区通胀率 2008 年上半年接连攀升，自 2007 年 9 月以来已连续 6 个月高于 2%。另外，欧元区 2008 年 1 月通货膨胀率再次创下历史新高，由 2007 年 12 月的 3.1% 进一步升至 3.2%，是 1999 年欧元启动以来的最高纪录。

从上面分析可见，在欧洲经济出现明显放缓迹象的同时，通货膨胀率开始急剧上升，出现了 20 世纪 70 年代典型的"滞胀"现象，这对欧洲央行的货币和财政政策是个很大的挑战。由于欧元区经济增速有所放慢，而且加息有可能导致欧元对美元进一步升值，从而打击欧元区出口，因此，在目前情况下，欧洲央行只能把利率维持在不变的水平上。

面对美国次贷危机，欧洲经济同样走向下滑区间，欧元汇率相对美国呈现不升反降的被动局面，因此，欧元取代美元成为世界货币体系主角的想法无疑是空中楼阁，一种幻想。

第七章

世界各国纷纷举起救市大旗

　　危机与救市就像是一对孪生兄弟，有危机就有救市。对于新上任的美国财政部部长盖特纳而言，丰富的国际贸易经验和亚洲金融风暴的实践经历，或许是他最大的救市资本。虽然不是专业经济学家，但"小个子"的盖特纳深刻理解美国政府的货币和财政政策，曾参与制订了墨西哥、印度尼西亚、韩国、巴西和泰国金融救援计划。而且盖特纳曾任美国驻日本使馆随员，目睹日本泡沫经济的破灭以及随后开始的10年经济停滞。

　　"眼前这场危机与10年前亚洲金融危机情况类似，历史似乎喜欢重演，而且是以一种更高级和更复杂的方式。"

——盖特纳

华尔街的"金融海啸"让美国金融体系重新洗牌,也迫使美国政府迅速推出新的救援计划,拟动用 7 000 亿美元的资金购买金融机构不良资产,这也是 20 世纪 30 年代经济大萧条以来美国政府最庞大的救援计划。同时,美国政府领导人也在积极游走世界各国,寻求各方面的援助,全球掀起了一场蓬勃的救市高潮。然而,令人匪夷所思的是,在这场救市高潮中,世界金融危机仍然按照它不变的速度向世界各个角落蔓延,美国经济并未见丝毫起色,全球经济深陷金融风暴的泥潭。在经济危机面前,世界各经济大国政府欲罢不能,在新一轮救市高潮到来之前,人们不禁反思,还需要救市吗? 该如何救市?

第一节　美国经济救援计划的台前幕后

在今天美国面临深重的房贷和金融危机面前,政府要不要救市,已经不是一个问题,问题在于为谁而救。不能只为少数大公司的利益,而忽视最广大的民众。

依照目前的数据测算,7 000亿美元的投入意味着美国财政赤字占GDP的比重或将超过10%。由此而言,天价救市方案颇有些赌博的意味。其二,就美国的财政资金预算管理制度看,国会必须要代表绝大多数公众的利益,而目前美国国内多数公众反对动用全体纳税人的资金去为金融寡头"买单"。由此而言,美国救市政策的搁浅更多缘于对救市政策效果的争议,以及不同社会利益群体对财政资金使用的异议。那么,对于未来美国的金融危机演进形势的判断,相关救市政策的命运也可能同样受制于这两个因素。

7 000亿美元的资金购买金融机构不良资产这一计划将允许政府采用逆向拍卖方式回购问题债券,同时也将帮助普通购房者避免丧失抵押房屋赎回权。救市实际上有两种做法,一种是到金融市场上买有价证券,比如说"两房"发的债券,买了这些债券就可以阻止其价格下跌。但这种办法风险很大;第二种办法就是直接向股权注资,政府承担越来越大的风险。救援计划的草案显示,财政部被授权可以从美国金融公司买进最多7 000亿美元的各类抵押贷款相关资产,买卖和持有住房和商业抵押贷款资产,以及基于这类抵押贷款的各种相关证券、义务和其他工具。该计划还要求将联邦政府债务上限提高到11.3万亿美元。

救援资金从何而来

美国财政部已经开启了国债发行的闸门,2008年9月17日,美国财政部首先公布了补充融资计划(Special Financial Program),拟在当时的借款计划外增加发行现金管理券筹资以增强政府应对金融危机的资金支持。9 月 20 日,美国政府正式向国会提交了一项总额达 7 000 亿美元的问题资产重组金融救援计划(Troubled Asset Relief Program),并将美国国债法定上限由原来的 10.6 万亿美元提高到 11.3 万亿美元。10 月 4 日,美国国会众议院投票通过修改过的金融救援计划,布什总统随即签署并生效。10 月 21 日,美联储宣布一项应对金融危机的新举措,将以购买商业票据的方式向遭受撤资潮冲击的货币市场基金业提供 5 400 亿美元,以改善短期金融市场流动性。

美国政府应对金融危机的大规模出资,大大增加了政府的筹资需求。与正常年度比较,美国财政部大幅度地增加了国债发行量和现金管理券的发行次数,其具体的国债发行情况如下:

1. 短期国债。 美国财政部 2008 年 9、10 两月共发行期限为 4 周的短期国债 2 410 亿美元,分别比 2007 年和 2006 年同期多发行 1 050 亿美元和 1 230 亿美元;发行期限为 13 周的短期国债 2 350 亿美元,分别比 2007 年和 2006 年同期多发行 690 亿美元和 810 亿美元;发行期限为 26 周的短期国债 2 370 亿美元,分别比 2007 年和 2006 年同期多发行 1 000 亿美元和 1 070 亿美元。可以看出美国为应付金融危机增加发行了许多期限较长的短期国债,特别是期限为 52 周的短期国债停发 6 年后重新启动,截至 2008 年 10 月底已累计发行了 1 030 亿美元,如图 7-1 所示。国债发行越多,意味着政府财政赤字越大,投入到市场上的钞票也越多,这为长期的通货膨胀带来了很大的隐患。

图 7-1 美国 2006～2008 年 9～10 月短期国债发行情况

单位:亿美元

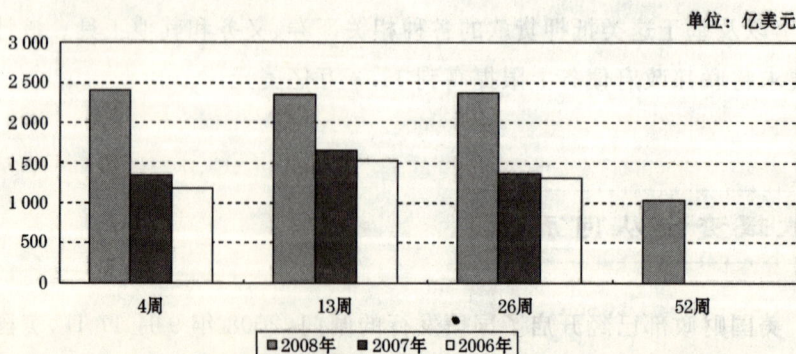

财政部扩大发债的计划表明,奥巴马政府正努力争取逾 8 000 亿美元的财政刺激,而为银行业救助继续融资,新政府可能还需要数千亿美元。"政府的财政收支前景充满了挑战。"财政部的债券管理主管 Karthik Ramanathan 这样表示,他说:"未来财政部可能还将通过延长债券的到期期限,以降低目前对短期债务的依赖。"

2. 中长期国债。 在中长期国债方面,美国并没有增加发行期限过长的中长期债券,如发行 30 年期国债 250 亿美元,只分别比 2007 年和 2006 年同期多发行 20 亿美元和 10 亿美元。而 2 年期的国债发行最多,截至 10 月底,美国财政部 2008 年共发行 2 年期国债 2 990 亿美元,分别比 2007 年和 2006 年同期多发行 1 150 亿美元和 830 亿美元;发行 5 年期国债 1 970 亿美元,分别比 2007 年和 2006 年同期多发行 670 亿美元和 600 亿美元;发行 10 年期国债 1 180 亿美元,分别比 2007 年和 2006 年同期各多发行了 550 亿美元,其中 10 月比往年多发行了一期 400 亿美元的 10 年期国债。虽然美国发行了很多的中长期国债,但美国并没有发行过多通货膨胀型的中长期国债来应对金融危机,通货膨胀型中长期国债只发行 640 亿美元,与前两年同期基本持平,如图 7-2 所示。

图 7-2　美国 2006～2008 年 1～10 月中长期国债发行情况

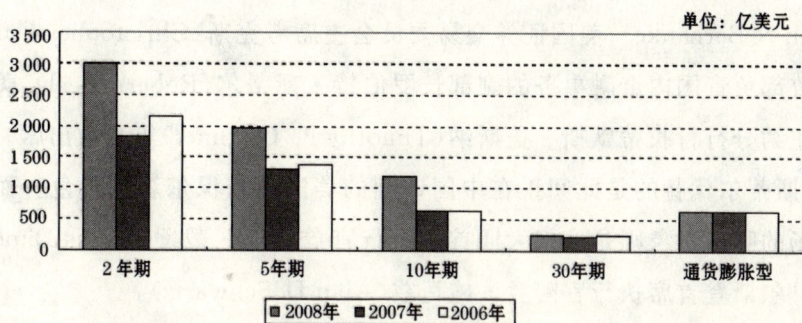

市场对美国政府赤字的担忧正不断加剧。分析人士预计,2009 年美国政府的财政赤字将达到 1.6 万亿美元,几乎是去年的 3 倍多,这预示美国国家风险正在加剧。另外,推动基准 10 年期美国国债收益率近来升至 2.95%,而 2008 年 12 月底时仅为略高于 2%,因此,美国国债价格下跌压力正在加大。

第一个该救谁

从 20 世纪以来,全球最大最先进的资本市场所在地美国,拥有一个越来越积极主动救市的"最后拯救者"——美联储。从 1929 年大萧条前的政府完全无视市场波动,到 1987 年大崩盘后几乎每隔数年必出手的救市行动,美联储干预市场不仅频率急剧增加,而且手段运用幅度也越来越大。出手拯救"贝尔斯登"的案例堪称史上最强的救市举措。

贝尔斯登危机爆发后,美联储紧急通过一向有"救市传统"的摩根大通银行之手,将一笔为期 28 天的抵押担保贷款注入贝尔斯登,使后者的流动性不至于枯竭。美国前财长保尔森也在接受电视采访时表达了要维护华尔街"第一块多米诺骨牌"的意思。对此,人们不禁要问:为什么美联储必须拯救贝尔斯登?

2008 年 4 月 3 日,在美国参议院银行委员会就美联储出手拯救贝尔斯登行为举行的长达 4 个小时的听证会上,十几位资深参议员提出了上述一系列问题。

听证会分上下两场。上半场,监管巨头——美联储主席伯南克(Ben S. Bernanke)、美国证券交易委员会主席考克斯(Christopher Cox)、财政部负责国内金融事务的副部长罗伯特·斯蒂尔(Robert Steel)、美联储纽约分行行长蒂默斯·盖斯纳(Timothy F. Geithner)等悉数出席。其中,斯蒂尔代替的是此间正在中国访问的美国财长保尔森的角色。而下半场的听证对象则是摩根大通首席执行官詹姆斯·戴蒙(James Dimon)和贝尔斯登首席执行官阿兰·施瓦兹(Alan D. Schwartz)。

在第一场听证会中伯南克一如既往的沉静。他垂眼读证词,证词内容与前一天他在参众两院联合听证会上的发言并无二致。前半部分,在分析几项主要经济指数之后,他总结道:"美国经济正处于十分艰难的时期";后半部分,他简单回顾了美联储参与贝尔斯登收购案的过程。他对始于去年夏末的金融危机做了较为充分的回顾和分析。

最后发言的美联储纽约分行行长、47 岁的盖斯纳显得更为活跃。

盖斯纳认为，美国今天面临的高强度的金融危机，是与危机爆发前金融繁荣的规模和特性紧密关联的。

听证会上，盖斯纳问戴蒙，美联储提供什么样的帮助他才愿意收购贝尔斯登。戴蒙谈了他的条件。当日下午，双方就以 2 美元/股的协议收购价达成一致，摩根大通同时获得了美联储对贝尔斯登可疑债券资产的 300 亿美元担保。

对于参议员们的质询——美联储拿纳税人的钱做赌注，承担贝尔斯登几百亿美元的风险资产，美

美联储主席本·伯南克

（来源：维基百科）

联储主席伯南克回答说，300 亿来自贝尔斯登 3 月 14 日自己的估值，但得到了美联储专家和美联储雇用的专业资产管理公司 BlackRock 人员的认同。虽然这些资产的价值短期内收不回来，但在 10 年内慢慢卖出去，回收的可能性还是很大的。

摩根大通首席执行官戴蒙也在证词中说，美联储承担的 290 亿美元，全是新近的被评为"投资级"（Investment Grade，指拖欠债务的可能性相当低，如期偿债的能力良好）的国内证券。而摩根大通承担的 10 亿美元资产，风险性较高、成分也较复杂。

参议员理查德·谢尔比（Richard Shelby）问戴蒙，为什么摩根大通不把这 300 亿资产都承担下来？

戴蒙说，摩根大通是个保守的公司。"我们自己本来就有风险资产要消化，现在要借 300 亿美元来买贝尔斯登的资产，我是无法向股东们交代的。"

"我希望美联储也能考虑一下股东的意见。"谢尔比说。

对此，伯南克和盖斯纳在听证会上多次强调，美联储此举实出无奈，乃"不情愿"之举。

近 100 年来,美联储越来越走向前台,甚至在很多"溺爱华尔街坏孩子"的质疑声中直接出手拯救资本市场危机,其深刻的背景是全球金融衍生品交易的数量已经是一个天文数字,远远不是一个金融机构甚至是整条华尔街可以承受的。

贝尔斯登是一家什么机构?简单地说,它是一家中介类型的交易商,为不计其数的对冲基金以及小券商提供担保和清算服务。我们频频听到的"次级抵押贷款支持证券"及其衍生品,就必须由贝尔斯登这样的交易商提供服务。在华尔街,类似贝尔斯登这样的角色,被认为是"秘密的最后守护者"(贝尔斯登是其中较大的),因为数以千计的次级债衍生品在市场上交易,甚至美联储都不确切知道总交易规模有多大,但贝尔斯登却很可能知道,因为不论你怎样交易,最后总要经过清算服务这一环节。

1998 年发生危机的长期资本管理公司(LTCM)的指定清算交易商就是贝尔斯登,当时,LTCM 以 40 亿美元的自有资金,运作着超过 1 000 亿美元的债券和证券交易,更通过金融衍生品合约进行着超过 12 000 亿美元的全球金融交易,华尔街上的每家机构几乎都有资金卷入,但最终损失最小的就是贝尔斯登,因为它知道"底牌"。

今天,贝尔斯登终于自尝不顾风险放大交易的苦果,导致资金链断裂,不过,贝尔斯登却"不能"破产清算,甚至美联储都直接拿出现金为它输血。这其中的奥妙不在于有些人士评论的"太大而不能倒闭",而在于一旦贝尔斯登这个清算商的资产负债表曝光,天文数字的交易数据将被华尔街上各神通广大的机构获取,一个本能的反应就是大家赶紧抛空所有这些与贝尔斯登相关的岌岌可危的交易合约,其情景类似于银行发生了"挤兑"。更恐怖的是,一旦这个趋势形成,将发生多米诺骨牌般的连锁反应,那些原本就价格暴跌的抵押品将跌无可跌,而相关的参与机构的信用评级也将节节败退,因为"交易对手"不复存在而让大量本来经过对冲避险的交易全部成为"裸露交易",到时候恐怕华尔街上的投行会倒掉一半。

伯南克将其称为"公共政策难题"。"一般来说,市场决定企业的存亡,但问题不是一个公司的命运那么简单。金融系统特别复杂、公司关联度很高,而贝尔斯登又在一系列关键市场中扮演十分重要的角色。贝尔斯登的忽然倒闭会造成其上千家贸易伙伴的金融困境,也很可能会扰乱市场、动摇投资信心。鉴于全球经济、金融系统业已存在的巨大压力,贝尔斯登倒闭会带来严重的、难以控制的后果。此外,这一负面效应并不局限于金融业,而会通过对资产价值和可及信用(credit availability)的影响而辐射到实体经济。"伯南克说。

一周后,出台了新的谈判结果——摩根大通同意将收购价从每股2美元提高到每股10美元。同时,摩根大通将负担最先发生的10亿美元损失,剩余的290亿美元将通过美联储开放贴现窗口的方式给出。①

在当今美国面临通胀、经济停滞、美元持续下跌的情况下,依然把市场流动性、把维护"第一块多米诺骨牌"为所有任务的第一环节,固然是会留下很多后遗症的,但也是无奈中的最佳选择。当今的全球资本市场已经陷入了事实上的流动性危机之中,华尔街正源源不断地将原先散布在世界各地的现金流回收去补洞,这个洞如果能在美联储的帮助下补上,市场也要至少几个月的休养生息,如果补不上,那么全球金融危机就是不可避免的。

接管两房——最大的救援行动

2008年9月7日,美国政府宣布,接管两大住房抵押贷款融资机构——房地美和房利美公司。这一举动预期耗资高达2 000亿美元,被认为是美国政府有史以来规模最大的救市行动。

"两房"在美国抵押贷款市场的运转过程中发挥着至关重要的作用。房利美和房地美(以下简称"两房")分别成立于1938年和1970年,属于由私人投资者控股但受到美国政府支持的特殊金融机构,主要业务是从抵押贷款公司、银行和其他放贷机构购买住房抵押贷款,并将部分住房抵押贷款证券化后打包出售给投资者。房利美创建于20世纪30年代,主要职能是通过向银行购买抵押贷款债权,释放银行的现金流以便用于发

---

① http://www.caijing.com.cn/2008-04-07/100055364.html

放新的贷款,从而最终帮助美国家庭顺利买到住房。虽然两房均为私人拥有的上市公司,但是作为联邦法律创建的"政府授权企业"(Government Sponsored Enterprises,"GSE"),这意味着它们可以享受特殊的权利。这些权利包括:它们可以免交各种联邦以及州政府的税收,并且享受来自美国财政部的金额均为 22.5 亿美元的信贷支持(Credit Line)。然而,最重要的特权是隐性的,投资者相信,如果它们面临破产倒闭的威胁,联邦政府一定会出手援救。

由于"两房"有政府的信用做支撑,其发行的债券等级仅次于国债,融资成本很低,并通过购买其他金融机构的住房抵押贷款的方式为住房金融市场提供流动性,实际充当着美国房地产金融市场"中央银行"的角色。"两房"是美国住房抵押贷款的主要资金来源,所经手住房抵押贷款总额约为 5 万亿美元,几乎占美国住房抵押贷款总额的一半,被认为是"大到不能倒"的企业。但自次贷危机爆发以来,两房蒙受巨额损失,2007 年一年股价暴跌。与 2007 年年底相比,房利美的市值已从 389 亿美元锐减至 2008 年的 76 亿美元,房地美的市值则从 220 亿美元降至 33 亿美元,其融资成本也不断上升,一度濒临破产。因此,"两房"安危不仅关乎美国整个金融部门的安全,更影响金融市场的稳定。

"两房"的背景是美国政府,行使的是类似政府的职责,如果政府放任"两房"危机不管,自然会影响到政府的信誉、市场的稳定,也会影响投资者的信心。虽然两房由私人投资者控股,但受到美国政府支持,是准国有企业的特殊金融机构,享受着包括免交联邦和地方政府各类税收在内的种种特权和美国财政部的信贷支持,中国、日本、俄罗斯、韩国等都是持债大户。如果美国政府任由两房坍塌,就会使美国政府与美元的信用在全世界投资者面前破产,这也是为什么美国政府宁可让"两房"股权的普通投资者受损,也要保证"两房"债券信用的根本原因。①

美联储向金融机构大输血

由于次贷危机是首先发端于金融机构,因此,美国政府首先想到的是

---

① 美政府接管"两房"是喜是忧,于建,《产权导刊》,2008 年 10 月 15 日。

濒临灭绝的美国投资银行,迅速向其注资,以保证美国经济的正常运转。从 2007 年 8 月开始,美国政府就频繁地向金融机构补充资金,不断地注资以稳定金融市场。以下是美联储向金融机构注资的时刻表。

2007 年 8 月 11 日,美联储一天 3 次向银行注资 380 亿美元以稳定股市;

2007 年 8 月 22 日,美联储再向金融系统注资 37.5 亿美元;

2007 年 8 月 23 日,美联储再向金融系统注资 70 亿美元;

2007 年 8 月 28 日,美联储再向金融系统注资 95 亿美元;

2007 年 8 月 29 日,美联储再向金融系统注资 52.5 亿美元;

2007 年 8 月 30 日,美联储再向金融系统注资 100 亿美元;

2007 年 12 月 19 日,美联储定期招标工具向市场注入 28 天期 200 亿美元资金;

2007 年 10 月 13 日,美国财政部帮助各大金融机构成立一只价值 1 000 亿美元的基金(超级基金),用以购买陷入困境的抵押证券;

2007 年 11 月 26 日,美国银行开始带领花旗、摩根大通为超级基金筹资 800 亿美元;

2008 年 1 月 24 日,美国纽约保险监管层力图为债券保险商提供 150 亿美元的资金援助;

2008 年 3 月 24 日,美国联邦住房金融委员会允许美国联邦住房贷款银行系统增持超过 1 000 亿美元房地美和房利美发行的 MBS;

2008 年 4 月 30 日,美国参议院通过价值超过 41 亿美元的一揽子房屋市场拯救计划。

美国注资的对象不仅是有着百年背景的高盛、花旗等大型银行,还有一系列的中小银行,美国拥有近 8 500 家社区银行,资产规模从几百万到几十亿美元不等。对小型银行注资所需资金是从美国政府 7 000 亿美元金融救助计划中划拨的,数百家美国小型社区银行可能获得政府提供的资金,这将对提振全美社区借贷活动起到关键作用。

对美国救助计划的批评指称,大型银行可以得到政府资金并将其搁置在手中,社区银行则不能这样,社区银行仅因持有房利美和房贷美的优先股一项就损失了 200 亿～250 亿美元。与有许多其他收入来源的大型银行不同,社区银行收入严重依靠放贷活动,所以向社区银行注入的大部分资金将用于放贷。

来自五角大楼的争吵

2008 年 9 月 25 日,对美国政府和华尔街来说,是在希望中开始、在失望中结束的一天。一大早,参众两院有关委员会的议员们就举行了长达 3 个小时的谈判,随后,国会领导人对外宣布,他们已就政府 7 000 亿美元的救市计划达成原则上的一致。

布什召开两院议会紧急经济会议

(来源:维基百科)

但仅仅数小时后风云突变,由总统布什和两党总统候选人共同参加的一次白宫会议结束后,立即传出各方未取得共识的消息,救市计划陷入僵局。会议一开始,一向对计划表示支持的众院民主党领袖、俄亥俄州的贝那突然发难,宣布众院共和党核心小组不能支持用政府资金购买不良抵押贷款资产的计划,众院共和党人的突然发难使这次会议最终无果而终。

在国会讨论中,来自众院的保守派共和党议员的态度始终是个不确定因素。民主党一直强调,计划最终要通过,共和党需要先在内部达成一致。实际情形正被民主党不幸言中。此间舆论认为,尽管部分共和党议员的反对让计划一波三折,但该计划在国会通过的前景并不晦暗。考虑到距大选只有 5 周时间,议员们都会仔细盘算政治得失,不会轻易冒美国经济崩溃的危险。

自从向国会提交 7 000 亿美元的救市计划后,布什政府的金融高官就频频现身国会,接受议员们质询,同时也试图说服持怀疑和反对态度的议员。在等待国会批准的日子里,极度敏感的美国股市大幅动荡,反对政府出手救市的声音也不绝于耳。位于匹兹堡的卡内基-梅隆大学政治经济学学者艾伦·梅尔策认为,当前的金融危机并非纳税人的问题,而保尔森提出的救援计划要耗费数千亿美元资金,"这是最糟糕的社会民主"。

美国政府的救市计划自提交国会以来,就一直处在艰难推进中。该计划是美国自经济大萧条以来对市场进行的最大干预,其耗资之大与伊战几年来的直接开销相当,超过五角大楼一年的预算拨款总额。但由于时间紧迫,同时也有政府方面故意模糊以增加灵活性的考虑,这样一个重大的救市计划,内容却不过3页纸长。

美国先锋集团创始人约翰·博格尔说:"美国政府似乎已经晕头转向了,(救援计划)似乎缺乏条理和规划。"

美国圣路易斯联邦储备银行前行长威廉·波尔说:"我担心我们虽然有一个宏伟的设想,但真正动笔起草以及切实施行的时候,我们会遇到一块又一块绊脚石。"

面对严重的金融危机,美国的"三驾马车"一旦解散,将对美国的救市形成严重打击。"三驾马车"包括财政部部长保尔森、美联储主席伯南克和时任纽约联邦储备银行行长盖特纳,从挽救贝尔斯登到接管"两房"和AIG,再到制订7 000亿美元的救援计划,关键决策都是由他们3人做出的。这三个人一个是谈判高手,一个是经济学教授,另一个是老练的公务员,虽然经历不同,但凑在一起,可以优势互补,果断应对危机。

除了对危机预示不足外,他们行动还算及时,措施还算得当,无论是接管"两房"和AIG,让雷曼申请破产,还是让高盛和大摩吸收储蓄,"三驾马车"都相当理智,不搞一刀切,有所为有所不为,对不同的机构,分不同的情况区别对待。尤其是在救市行动中,他们提议政府动用7 000亿美元拯救金融机构,堪称美国自大萧条以来最大规模的一次救市行动,虽然其效果仍需时间检验,但他们应对危机的胆识和魄力令

布什宣布提名保尔森担任财政部长

(来源:维基百科)

人赞赏。

但是,"三驾马车",尤其是财长保尔森的政治生涯已经结束。保尔森在 2008 年 8 月 10 日就已经对外表示,2009 年白宫不管换任何人当家,他都决定不再留任,2009 年 1 月就会卸任。现在,保尔森已经卸任,昔日"三驾马车"的核心已不复存在了,剩下的伯南克和盖特纳虽以调整货币政策见长,然而因为权力有限,他们定然不能处置好大型金融机构的巨额资产,担当起重建美国金融体系的重任。可以判断,在美国换届选举后的经济救援中,"三驾马车"所能发挥的作用将逐渐式微,美国金融危机加重的趋势也日渐明显。①

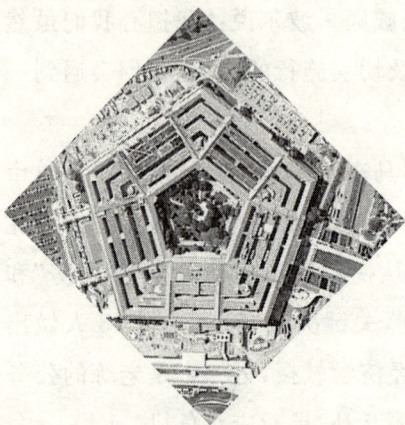

五角大楼的俯拍图

(来源:维基百科)

由于救市计划缺乏细节,国会和政府的争论十分激烈,但最终在以下几个关键点上达成了共识:

一是要不要限制华尔街公司高管的薪酬补偿。国会民主党人认为,让那些因自身错误决策而导致公司陷入困境的高管拿着纳税人的钱扬长而去的做法无法接受。政府方面则担心限制薪酬补偿会妨碍一些公司参与救市计划的积极性。双方最终达成的协议是将限制部分公司高管的薪酬。

二是保护纳税人的利益。根据协议,在某些情况下,政府可以获得出售资产的机构的认股权证,这样一来,一旦接受救助的公司恢复健康,纳税人的现金投入将获得回报。协议还呼吁,计划获得的回报要用于减少财政赤字和资助廉价住房建设。

三是救市资金的拨付。国会不愿意一下子给予财政部动用如此庞大资金的权力,主张分期付款。政府则担心,不断伸手向国会要钱会给市场带来变数,破坏计划的效果。双方妥协的结果是,7 000 亿美元被分作 3

---

① http://business.sohu.com/20080928/n259795500.shtml

个部分,第一笔2500亿美元立即支付,第二笔1000亿美元根据需要由总统认可后支付,最后的3500亿美元无需国会额外批准,但国会30天内可提出反对。

四是计划的审计监督。设立一个总监察长,并由国会政府审计局对计划进行经常性审计。目前悬而未决的问题是,是否修改破产法,允许法官有权修改抵押贷款条款。民主党一直施加压力,要求采取行动帮助陷入困境的房主和家庭,而非仅仅救助华尔街的银行家,但诸多议员和白宫对此强烈反对。①

奥巴马能否拯救美国经济

2009年1月20日,当奥巴马宣誓成为第44任美国总统时,迎接他的不仅仅是鲜花和掌声,还有严重的金融危机。如何破解经济难题,成为这位白宫新主人的一项重要任务。

自2007年12月以来,美国经济一直处于衰退中,消费萎缩,失业增加,房市泡沫破裂,金融市场剧烈动荡,花旗银行、通用汽车……这些作为美国经济标志的"巨无霸"企业也在生死边缘苦苦挣扎。

在一系列的经济挑战中,失业人数持续攀升是当前的一大问题。美国2008年12月失业率达到7.2%,创1992年1月以来的最高水平。经济学家预计,鉴于美国经济在短期内仍无法走出衰退,未来几个月失业率将达8%或更高。

为安抚民众恐慌情绪,振奋市场信心,奥巴马多次强调,其就任后的一大着眼点是为民众争取更多就业机会。

2009年1月28日,当中国老百姓还沉浸在新春佳节的美好氛围中时,美国又开始了新一轮如火如荼的新的救市方案。在美国总统奥巴马的强力敦促下,美国众议院28日以244票赞成、188票反对的表决结果通过了总额为8190亿美元的经济刺激方案,这意味着奥巴马在实施拯

---

① http://world.people.com.cn/GB/57507/8114074.html

世界各国纷纷举起救市大旗

救美国经济的"新政"方面迈出了重要一步,这是美国政府为迄今提振经济所推出的最大规模救助行动。可以看出,与布什前期的金融救援计划相比,奥巴马提出的救援计划更倾向于实体经济,而且更加务实。

奥巴马手中的"魔杖",就是被外界称为"奥巴马新政"的经济复兴计划——一项总额高达 8 000 亿~10 000 亿美元的经济刺激计划,这也是美国有史以来最庞大的刺激经济计划。根据该项计划,大规模的基础设施建设、对新能源的开发以及对各州和高技术的投资将为美国创造出 300 万~400 万个就业岗位;通过加大退税或减税力度,以刺激投资和消费。政府除了向金融机构继续注资外,无论是扩大就业机会还是兑现转移支付的承诺,奥巴马都会实施扩张性的财政政策。而与布什政府不同的是,奥巴马政府除了准备减税外还进行增税,而且资金的投放和使用着重于薄弱的经济部位而不是战争。

第一,美国国会将授权联邦政府获得 5 440 亿美元的投资基金,另外 2 750 亿美元用于退税。奥巴马政府希望通过大规模投资和退税为美国创造 300 万~400 万个就业机会,并促使美国经济复苏。这也是美国历史上最庞大的经济刺激方案。民主党出身的奥巴马以"政府干预、平均财富"为其重要执政操守,希望建立一个更平等和有所改进的纳税系统,而且整个纳税策略的主心骨是要给中低收入人群带来更多的解放。

其税收改革政策的主要内容有:(1)执政第一年向中低收入的美国人民每人退税 1 000 美元,同时对公司每雇用一名新员工实行 3 000 美元的免税额;(2)对少于 25 万美元的公民继续实施减税政策,同时对高于 25 万美元的人群予以增税,取消年收入少于 5 万美元的老年人的收入所得税;(3)提高资本利得税,将资本利得税税率从 15% 提高到 20%。

第二,对中小企业倾斜性投资。在美国有超过 50% 的公司都是中小企业,虽然它们对 GDP 的总贡献只有大公司的一小部分,但是它们所带动的本地经济发展是不可估量的。为此,奥巴马对它们的支持将会不遗余力。

第三,增加教育、医疗保健、科学与技术领域的投资。按照奥巴马的公共投资计划安排,未来 4 年将每年增加 650 亿美元的保健预算、180 亿美元的教育预算和 50 亿美元的科学预算。此外,针对失业工人,刺激计划将拨出 250 亿美元帮助这些人获得必要的医疗保险,同时,用于给资金紧张的州支付低收入阶层的医疗保险,价值也高达 850 亿～900 亿美元。另有 350 亿美元用于增发失业津贴,对食品券(发放给低收入阶层及穷人)的投入则增加 15％,达 200 亿美元。

"新政"的另一大重点就是新能源项目。按照初步拟定的计划,"新政"将通过 200 多亿美元的退税补贴推动新能源的研发和生产,拨款 320 亿美元用于更新或建设与新能源有关的电力系统,拨款 310 亿美元推动建筑节能措施。

第二节　为应对危机全球协同救援

金融危机的发展经历了爆发、扩散、深化、恶化和全球化几个阶段,各国也采取了包括注入流动性、收购不良资产、国有化、担保、建立金融稳定基金,以及国际层面的金融政策协调等多方面措施。但由于对危机的认识、估计和预期不足,至今采取的措施还未能把金融系统从危机中拯救出来。前一阶段的救市虽有助于解决金融机构暂时的生存问题,却未能解决资金流动性问题,救市的资金大都还滞留在银行体系,起不到融通资金的作用。各国政府进行新一轮救市也表明,第一轮金融救援行动已不足以扭转局势。[1]

凯恩斯主义复活了吗

面对不断蔓延的全球金融危机,世界主要经济体都在大幅降息,特别是英国央行 150 个基点的降息幅度更是创下了其历史纪录。在经过短时间内如此大幅度降息之后,目前世界大部分国家的利率水平都处在相对较低的位置,大幅降息的空间已经不大。扩大政府财政支出将成为全球

---

[1]　http://www.news365.com.cn/xwzx/cjxw/200901/t20090125_2177450.htm

下一轮救市的主要工具,被人们遗忘了多年的凯恩斯主义正在复活。

降息是为了降低企业与投资成本,鼓励投资与消费,不过,当名义利率持续下降并接近于零仍然无法刺激总需求的时候,就意味着出现了"流动性陷阱"。20世纪90年代之后的日本经济就出现了十多年这样的情况。降息主要对调节经济短期波动有效,但是对于在经济陷入衰退时的刺激效果不大。与之相比,短期内拉动经济可以采用凯恩斯主义的办法,由政府实行积极的财政政策,进行巨大的公共项目投资。

目前的情况是,世界经济日益疲软,全球范围内的资产价格下跌、信贷紧缩以及信心下降使公司和消费者都无力或不愿进行消费和投资。在美国,消费者信心跌至历史最低谷。美国2008年第三季度消费支出减少3.1%,这是美国1990年以来的首次下降,也是27年来最大降幅。金融危机反映了新自由主义经济理论的缺陷,导致了过度金融创新和信贷基础上的虚假繁荣。如果各发达国家的领导人能够重新审视曾对第二次世界大战后经济黄金时代做出贡献的凯恩斯分析理论,那更大经济衰退将可以避免。

奥巴马当选美国总统后,市场相信,相比布什上台的前两年,奥巴马的经济刺激计划将更激进。奥巴马在竞选中提出"中产阶级减税"计划,亦承诺了一连串包括教育、基础设施建设、研究以及军事方面的支出项目以推动经济及改善民生,美国纳税人联合基金会预计奥巴马将在未来4年每年额外增加1 223亿美元的财政支出,总计约为4 880亿美元。

中金公司的研究报告称,奥巴马政府短期内将不可避免推行财政刺激计划以挽救正在急速下滑的实体经济。财政支出将在未来4年累计上升8 752亿美元,尤其是2009年和2010年,财政赤字占GDP比重将可能高达6%和4.4%。同时公众持有国债将由现今的6万亿美元上升至2012年的8.4万亿美元。当然,各个国家采取财政刺激措施的空间有所不同,就美国而言,未来三四年内采取财政刺激手段的空间仍然很大,虽然美国的财政赤字水平已经很高,但是美国政府仍然有能力通过发债来筹集资金。①

---

① http://www.cs.com.cn/pl/02/200811/t20081111_1650358.htm

第二轮救市风潮

　　欧洲联盟多数成员国 2008 年相继实施规模不同的救市计划,但收效甚微。面对金融企业股票价格的大幅跳水,比利时、德国和法国等相继宣布,正在酝酿第二轮救市,以挽救投资者对金融领域乃至整体经济的信心。新一轮救市行动的目标是,让银行尽快恢复对实体经济"造血"的功能,通过发放贷款,让生产、消费、投资活跃起来,以逐步实现经济的复苏。

　　英国首相布朗与内阁大臣也在积极商讨救市计划,英国政府 2008 年 10 月启动了对金融业的救援计划。但数据表明,2008 年第三季度,英国境内向非金融行业的放贷金额几乎为零。银行不放贷,越来越多的企业便因资金链断裂而倒闭,投资者对经济预期也很悲观。据分析,金融机构获得的大量救援资金并没有放贷出去,这种"惜贷"现象是阻碍政府救援措施向实体经济有效传导的重要原因。

英国首相戈登·布朗

(来源:维基百科)

　　英国第二大银行苏格兰皇家银行宣布,由于信贷和金融市场环境进一步恶化,其 2008 年累计亏损额约 410 亿美元,创下有史以来英国公司年度最大亏损纪录。随后,布朗首相就宣布了旨在促进信贷和防止经济陷入长期衰退的第二轮金融救援计划。

　　该计划的核心是政府向金融机构的问题资产提供担保,防止银行贷款可能出现的违约,使"信贷在经济中流动起来"。至于英国银行业的"惜贷"现象能否就此改善,目前尚难断言。英国央行行长默文·金表示,为

世界各国纷纷举起救市大旗

了缓解银行信贷紧缩,央行将在数周内开始收购银行持有的包括公司债、商业票据在内的债权。[1] 他还说,目前大银行的杠杆率依然过高,商业银行仍需筹集更多资金来偿还债务。

比利时财政大臣迪迪埃·雷恩代尔参加完内阁会议后说,政府正考虑与先前截然不同的新一轮救援计划,以重振金融业信心。以比利时最大贷款方之一的比利时联合银行为例,这一金融集团股价 2009 年以来已经跌去三分之二,当日跌幅最大时达到 35%。比利时是遭受金融危机冲击较严重的国家之一。2008 年 12 月,时任首相伊夫·莱特姆因在富通集团收购案问题处理上涉嫌干预司法公正,被迫宣布内阁总辞职,从而使比利时成为世界上首个因金融危机相应问题而遭遇政府更迭的国家。

比利时安特卫普的比利时
联合银行大楼
(来源:维基百科)

德国经济和技术部部长米夏埃尔·格洛斯证实德国将面临自第二次世界大战以来的最严重衰退,政府因此将采取历史性的救援计划。根据政府数据,受全球需求减少因素影响,出口额占欧元区国家出口总额三分之一的德国 2009 年经济总量将萎缩 2.25%。德国内阁已经就一份总额 500 亿欧元(约合 650 亿美元)的救市计划展开讨论,根据这份堪称德国现代历史上规模最大的救市计划,德国将把资金投资于铁路、公路、医院和学校的建设领域,同时向购买"绿色"车辆的消费者提供补偿,鼓励他们对德国汽车业做出贡献。此外,总理安格拉·默克尔计划设立一项总额为 1 000 亿欧元(约合 1 300 亿美元)的救援基金,为受信贷危机困扰的企业提供信用支持。

在法国南部城市里昂召集部分内阁部长举行"跨部门地方经济发展小组"会议上,研究制订了法国总统萨科齐 2008 年年底提出的经济振兴

---

[1] http://finance.people.com.cn/GB/42773/8722060.html

方案的具体实施计划,重点投资交通、能源和住房建设等领域,同时加大政府在教育、科研以及医疗、社会福利和文化等方面的投入,增加对落后困难地区的拨款支持,鼓励或直接向企业投资,扶持中小企业发展,争取保护或增加就业。根据法国经济、财政与就业部长克里斯蒂娜·拉加德的说法,法国正在准备总额 105 亿欧元(约合 136 亿美元)的第二轮救市计划。拉加德说,这笔资金将分别注入 6 家法国金融巨头,包括巴黎银行、兴业银行、农业信贷银行、储蓄银行集团、工商互助信贷银行和人民银行集团。接受救援资金的前提是,上述企业必须确保放贷规模每年增长 3% 到 4%,致力于增加企业资本金储备,同时放弃高层管理人员的丰厚奖金。

欧洲国家在投入大量资金加入救市行动的同时,也带来了另一个现实问题——政府财政赤字骤然膨胀。以欧元区以外的英国为例,英国国家统计局公布的数据显示,英国对金融业的援助使 2008 年 12 月的财政赤字上升到 442 亿英镑(610 亿美元)的历史最高水平。对于欧元区国家来说,不断膨胀的财政赤字意味着政府需要向市场大量举债,这引起外界对欧元这一区域货币体系稳定性的担忧,即欧元区内相对脆弱的经济体可能因为金融危机而退出欧元体系。

欧盟委员会在经济展望中预测,欧元区国家 2009 年财政赤字总额在经济总量中的比重将从 1.7% 上升到 4%,至 2010 年将达到 4.4%。然而,这一总体数据却掩盖了个体国家更加严峻的形势。例如,爱尔兰财政赤字所占经济总量的比重到 2010 年时将达到 13%,西班牙同年将达到 5.7%。

反对欧元的人士持有一种观点,即一个欧元区国家如果陷入危机,却不能借助货币贬值,而只能通过"加印钞票"的方式应对的话,欧

欧洲央行行长让—克洛德·特里谢

(来源:维基百科)

世界各国纷纷举起救市大旗

元区国家就不大可能继续维系在一起。这种担忧眼下已经致使欧元区不同国家债务和债券的利率差别急剧扩大，如低风险的德国政府债券与希腊、爱尔兰、葡萄牙和西班牙等国债务之间的利差。不过，欧盟官员坚决否认这种担忧。欧洲央行行长让—克洛德·特里谢说，欧元区可能出现分裂的传言"毫无根据"。一些欧盟官员同时强调，欧元区国家有必要将赤字和债务维持在可控范围内。①

---

① http://finance.sina.com.cn/stock/usstock/economics/20090123/10065795512.shtml

美国金融市场爆发的问题给中国上了具有宝贵价值的一课，中国不应该因为这些"问题"而转变改革方向。美国前财长保尔森认为，尽管受金融危机的冲击，中国的出口和经济增速都出现了下降，但中国出台的刺激经济计划是一项有助于促进世界经济持续发展的"受欢迎政策"。作为全世界最大的发展中国家和新兴的经济体，中国应该从美国金融危机的"悲哀"中吸取教训，不断完善自身的经济金融结构，保持经济健康稳定的发展。

"我们在金融系统中犯的重大错误对中国来说是非常好的机会，中国可以从我们的错误中学习，并且继续走'能给中国和中国人民带来巨大利益'的改革之路。"

——美国前财长保尔森

第八章

金融危机下的中国经济发展

次贷危机是自美国 1929 年大萧条之后最严重的危机,波及面广,对世界各国经济都产生了巨大影响。在经济全球化时代,各国经济的相互依存度越来越紧密,发达国家的经济衰退对发展中国家必然产生深远的影响。对于外贸依存度非常高的中国经济来说,在内需的替代作用还没有完全展开的情况下,如果有美国经济衰退导致的世界经济危机发生,中国很难独善其身。

中国出口贸易的增长也是中国 GDP 增长的一支重要力量。据统计,2004 年,出口增长占全国 GDP 增长的 2‰,而 2005 年这一比例上升到 4‰,2006 年进一步上升到 6‰以上。如果将经第三国或中国香港转出口的货品计算在内,中国对美国的出口价值约占中国出口总额的 50%,所以在很大程度上,中国的出口增长速度取决于美国的需求。因此,当金融危机来临时,美国经济增速放缓,个人消费支出降低,这必然影响到美国的进口需求,从而影响到中国的出口业,甚至会导致中国出口的零增长或负增长。

不仅如此,次贷危机还将通过金融领域、房地产领域进一步影响中国。当富有正义感的中国人民正在疾呼拯救美国,拯救华尔街,拯救世界经济,而大量购买全球受灾企业产品的时候,中国政府是否还应该思考中国经济能否像在面对东南亚金融危机时一样在世界经济大国中岿然不动,不陷入危机的旋涡? 中国以低成本、低利润、缺乏自主品牌与技术含量为傲的出口业是否能熬过次贷危机的寒冬?

第一节 中国出口贸易遭遇寒冬

随着全球经济迈入一体化进程,中国经济增长与国际市场早已紧密相连。如果次贷危机进一步恶化而拖累美国经济,就可能导致美国消费减少,进而给中国出口产品造成压力,最终影响境内上市公司业绩。汇丰银行在2007年年初发表的一份报告认为,目前中国的出口有60%是输出到发达国家,其中美国就占了28%,因此美国经济的放缓将使中国的出口增长受到压力。

数据显示,2008年1~6月世贸组织成员共发起85项新的反倾销调查,明显多于2007年同期的61项,其中针对纺织的有20项。2008年上半年世贸组织成员共实施了54项新的反倾销措施,也多于2007年同期的51项。中国仍然是其他世贸组织成员发起反倾销调查的主要对象,2008年上半年发起的85项新的反倾销调查中就有37项是针对中国出口产品的,比去年同期猛增76%。

金融危机带来出口危机

次贷危机发生后,美国国民财富大幅缩水,信用规模急剧收缩,使得美国居民消费支出减少。另外,次贷危机还影响人们对未来经济增长前景的预期,从而减少当前消费,这就减少了美国的进口需求,进而影响到中国的出口增长。据测算,美国经济增长率每降1%,中国对美出口就会降5%~6%。与此同时,美国次贷危机又必然会进一步加剧美国国内的贸易保护主义情绪,以美国企业为主导,将利用形形色色的贸易保护手段如对华反倾销、技术性、标准性、绿色壁垒等保护国内市场,这就导致中国向美国的出口量大幅减少。

自中国加入世贸组织以来,外需在中国经济增长中的作用越来越突出。图8-1所示为中国出口额占国内生产总值的比重情况,可以看出,从

2000年到2004年,中国出口额占GDP的比重逐渐上升,甚至超过30%,可以说中国的贸易依存度是相当高的,出口变化对中国经济增速影响很大。在中国的出口中,美国仍是第一大目的地国,约占总出口的17.5%。因此,美国金融危机必将使中国的出口增长受到巨大的压力,对中国出口将产生较大影响,并进而影响到中国经济的整体增长。

图8-1　2000～2004年中国出口额占GDP的比重　（%）

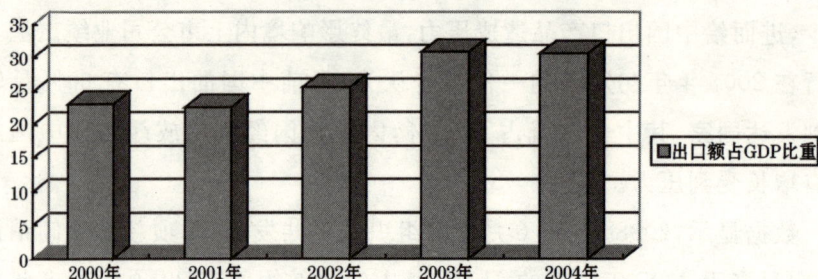

资料来源:《中国对外经济统计年鉴　2005年》

次贷危机已经对中国大量外贸出口企业尤其是中小型企业造成了实质性的影响。技术含量和附加值较低的劳动密集型产品的国际订单的转移正在加速,部分大型出口企业的出口比例也开始调整,而中小出口企业生存更加艰难,其中有些已经歇业或者倒闭。

海关总署2008年12月10日公布的数据显示,11月我国进出口总值为1 897.9亿美元,同比下降9%,是2001年6月以来首次出现月度负增长。国际金融危机导致外需大幅缩减,拉低出口,再加上国内需求不足、国际大宗商品价格快速下跌,致使进口额大幅下滑,最终导致进出口总值出现多年以来的负增长。表8-1所示为2006～2008年我国进出口总值及其对比情况。

从表8-1中可以看出,2008年月度进出口总值虽然比2007年总体上是增加的,但是到年末即11月和12月的时候还是出现了负增长,并且负增长度分别达到了9.1%和11.1%,这说明金融危机对我国进出口的影响已经很直接地显现出来了。其实,受金融危机的影响,我国的进出口业从2008年年初的时候就已经显现出来了。从上表可看出,虽然2008年1～10月我国的月度进出口总值同比都有增加,但与2007

走进周期性金融危机的深处

年相比,其增加的幅度有 5 个月是下降的,而 8 月也只增加了 0.4%。所以,面对着这场如海啸般的金融危机,中国的出口企业在 2008 年都在承受着巨大的压力。

表 8-1　2006~2008 年我国进出口总值及其对比情况

月份	2006 年月度进出口总值（亿美元）	2007 年月度进出口总值（亿美元）	2008 年月度进出口总值（亿美元）	2007 年比2006 年月度同比增加（%）	2008 年比2007 年月度同比增加（%）	月度同比增加幅度
1	1 206.2	1 572.6	1 998.1	30.4	27.0	−3.4
2	1 056.9	1 403.5	1 664.5	32.8	18.5	−14.3
3	1 448.9	1 600.6	2 047.3	10.5	27.7	17.2
4	1 432.8	1 781.7	2 211.5	24.3	24.1	−0.2
5	1 331.9	1 657.0	2 213.4	24.4	33.6	9.2
6	1 481.4	1 798.3	2 216.4	21.4	23.2	1.8
7	1 460.4	1 910.8	2 480.7	30.9	29.8	−1.1
8	1 626.5	1 976.1	2 408.7	21.5	21.9	0.4
9	1 678.6	2 005.5	2 433.0	19.5	21.3	1.8
10	1 523.9	1 882.0	2 211.6	23.5	17.5	−6.0
11	1 687.5	2 088.7	1 897.9	23.8	−9.1	−32.9
12	1 672.0	2 061.5	1 833.3	23.4	−11.1	−34.5

资料来源:通过中华人民共和国海关总署资料总结

2009 年 2 月 11 日,海关总署公布了 2009 年 1 月中国外贸进出口的最新统计数据:进出口总值 1 418 亿美元,比去年同期下降 29%;其中出口下降了 17.5%,进口下降了 43.1%。在主要外贸省市中,广东、江苏、上海、浙江 1 月出口分别下降 23.6%、19.1%、16.6%和 17.4%,进口分别下降 42.1%、49.7%、43.3%和 36.8%。同此前预计的一样,中国 2009 年 1 月进出口首现十余年来创纪录的两位数跌幅,连续 3 个月出口负增长。

四大行业出口受阻

从图 8-2 可以看出，2004 年中国机械及运输设备的出口额占总出口额的比重最大，达到 45%，其次是轻纺工业、橡胶制品、矿冶产品及其制品，达到 17%，这两种产品的出口额变化对总出口额变化影响最大。

图 8-2　2004 年中国主要出口产品出口额占总出口额的比重

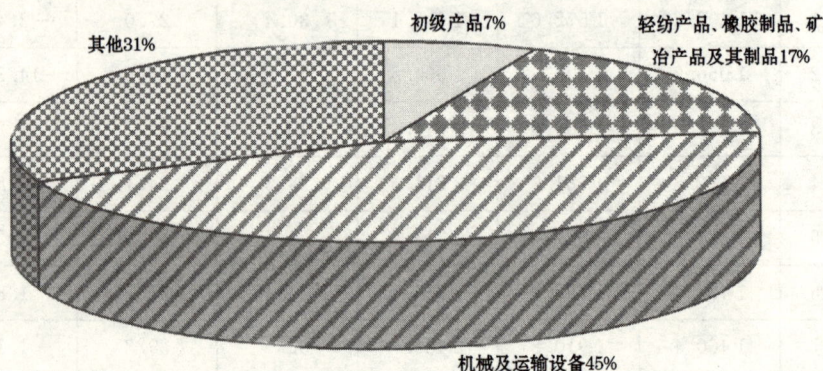

资料来源:《中国对外经济统计年鉴　2005 年》

(1)钢铁行业

自 2008 年美国金融危机席卷全球以来，随着金融危机的影响逐渐渗透到实体经济，全球经济从 2008 年下半年开始进入衰退阶段，房地产市场低迷，汽车滞销，造船业萎缩，使得持续近 6 年的钢铁行业上升态势突然陷入停滞阶段。中国钢铁工业成为了此次国际金融危机最严重的受害者之一。

作为全球第一大钢材生产国和钢材出口国，2006 年中国的钢材出口量达到了 4 300 万吨，2007 年达到了 6 264 万吨，而 2008 年 1~8 月，受全球金融危机影响，钢材出口 4 184 万吨，同比减少 325 万吨，下降 7.2%。中国 2008 年 11 月钢材出口量下降至 2005 年 6 月以来的最低水平，其进口量也创 2000 年 2 月以来的最低纪录，并在以后的两个月中继续下降，如图 8-3 所示。

图 8-3　2008 年 7 月～2009 年 1 月中国钢材出口金额变化

（单位：千美元）

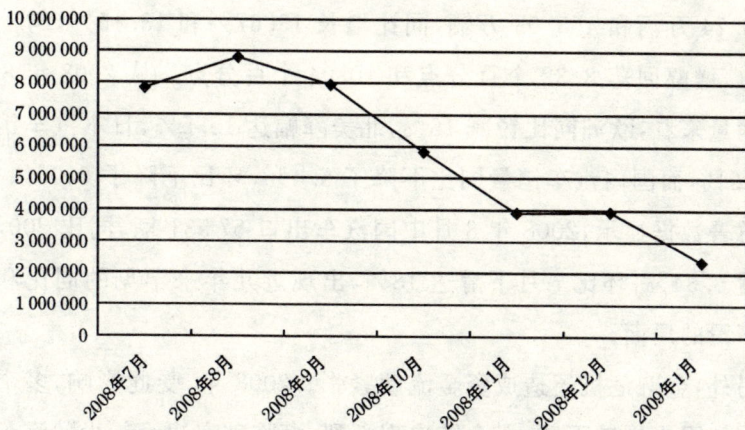

资料来源：通过中华人民共和国海关总署资料总结

从图 8-3 中可以看出，自 2008 年 8 月以来，钢材的出口额就一直处于下降状态。8 月的出口额为 8 792 368 千美元，而到了 2009 年 1 月，出口额已下降到 2 353 347 千美元，下降 6 439 021 千美元，仅 5 个月的时间就下降了 73％，下降幅度不谓不大。

同时，人民币对其他货币基本上全面升值，也即金融危机使得其他货币对人民币普遍相对贬值，这就使得中国钢铁产品的出口雪上加霜。

与钢铁产品类似，随着金融危机的蔓延和房地产市场的低迷，中国的水泥业也出现了巨大的危机。2008 年 10 月，全国水泥投资完成额首次出现负增长，全国水泥价格出现普跌状态。

(2)汽车行业

自 2002 年以来，我国汽车市场超高速增长达 6 年之久，远远超过我国 GDP 的增长速度。但自金融危机发生以来，随着影响范围的不断扩大，对于汽车产业来说，金融危机波及之处市场需求明显减弱。

本次金融危机对国内汽车企业来说不能不算是一个空前严峻的挑战，因为中国已逐渐融入全球化，目前中国汽车行业的主要技术和资本都掌握在外方手里，国外汽车企业受金融危机冲击必然要调整既定战略，中国市场肯定受影响。因此，对于中国汽车业而言，世界经济出现问题是最大的危机。在经济全球化的大背景下，金融危机并不限于美国，而是影响到了全球,汽车出口也必然受到全面的影响。

据中国汽车工业协会最新数据统计,2008 年 1~8 月,我国乘用车产销 463.24 万辆和 455.03 万辆,同比增长 13.67% 和 13.15%,与上年同期相比,增幅回落 8.32 个百分点和 10.94 个百分点。从 2008 年 8 月的汽车销量来看,欧洲同比锐减 16%,北美降幅达 15.5%,日本汽车销量下降 14.9%,而国内汽车销量同比下降了 5.4%,环比下降了 6.0%。根据海关总署数据显示,2008 年 8 月中国汽车出口 57 531 辆,同比 2007 年 8 月下滑 5.34%,环比 7 月下滑达 18%,出现近几年来罕见的同比和环比双双下滑的局面。

另外,金融危机还造成资金流动紧张。2008 年,受此影响,多个汽车经销商就因为周转不顺,资金链出现断裂,濒临破产边缘。少数汽车企业也因为融资困难,难以实现原来既定的扩产计划。

不过,相对于出口和资金等困难,金融危机对车市影响最大的是消费者信心。汽车作为一件大宗消费品,受到影响更大,金融危机加剧了人们的持币观望心理。例如,2008 年上半年,华东和华南地区的销量增长相对缓慢,而内陆省份仍保持高速增长。这可能与金融危机影响有关,因大部分出口企业集中在华东和华南,而 2008 年珠三角等地大批出口企业倒闭,影响了这些地区消费者的信心。

(3) 纺织业

作为最大的纺织品生产加工大国,在这场百年一遇的金融危机中,中国不可能完全独善其身,国际金融危机导致的国外市场需求衰退使中国纺织服装出口受阻。金融危机使消费者的信心受到影响,消费理念发生变化,购买服装也比以前慎重,市场萎缩是正常的,中国的服装内销和外销市场都受到影响。

中国的纺织经济受到的冲击也十分巨大。从国内市场来看,虽然整体形势还算健康,但也受到很大影响,市场的不景气必然使纺织企业承受巨大压力。与此同时,对于企业来说,承受的压力不仅这些,其他如汇率变化的影响、劳动力成本的提高、原材料能源价格上涨等多重因素叠加,这使整个行业处于较困难时期。

权威最新统计显示,2008 年前 10 个月中国纺织品服装出口总额同比仅上涨约 5.9%，较 2007 年同期回落 13.84%，为近 6 年来最低。据海关总署数据显示，2008 年 9 月，我国纺织品服装出口较 8 月减少近 6 亿美元，较上年同月仅小幅增加约 3 亿美元，9 月出口延续了 8 月微幅增长的趋势。但随着美国金融危机愈演愈烈，以美元计价的我国纺织出口接近零增长，以人民币汇率计价的出口额持续负增长，全国 20% 的纺织企业出现亏损。

(4)玩具业

2008 年 10 月 15 日，全球最大玩具代工商之一——合俊集团旗下两工厂倒闭，6 000 余工人面临失业。有专家分析指出，从影响和知名度来看，这被称为美国金融危机波及中国实体经济企业倒闭的第一案。10 月 14 日，合俊集团以 0.08 港元创下上市以来最低收盘价，与 2007 年 7 月 20 日收盘的历史最高价 2.38 港元相比，15 个月时间，股价缩水幅度高达 95%。

合俊集团是港资上市公司，年销售额超过 7 亿港元，在玩具界举足轻重。世界玩具五大品牌中，合俊已是其中三个品牌的制造商。在东莞市和清远市共设有 4 间生产工厂，产品 70% 以上销往美国。

中国生产着世界 70% 的玩具，而以东莞为代表的广东又占据了中国玩具总产值的 70%。随着全球经济危机的不断升级和市场低迷态势的持续和加剧，这些与美泰等世界玩具巨头紧密相关的制造企业相继大批倒闭，并进而引发全球玩具市场的剧烈波动。

相关数据显示，2008 年中国玩具出口额前 8 个月虽然有 51 亿美元，但却只比 2007 年同期增长了 1 个百分点，大幅回落了近 22%。作为世界玩具生产集中地的东莞，情况则更加糟糕。2008 年上半年，东莞玩具出口 5.5 亿美元，比去年同期下降 1.5%，成为近年来的首度下降。

图 8-4 所示为 2008 年 7 月～2009 年 1 月我国玩具出口金额的下降情况。图中显示，2008 年 9 月，玩具出口额度为 1 134 773 千美元，但之后，出口额逐步下降，金融危机对中国出口业的影响逐渐显现，到 2009 年 1 月时，玩具的出口额仅为 539 267 千美元，比 2008 年 9 月减少了 595 506 千美元，下降幅度高达 52%。

图 8-4　2008 年 7 月～2009 年 1 月中国玩具出口金额变化
（单位：千美元）

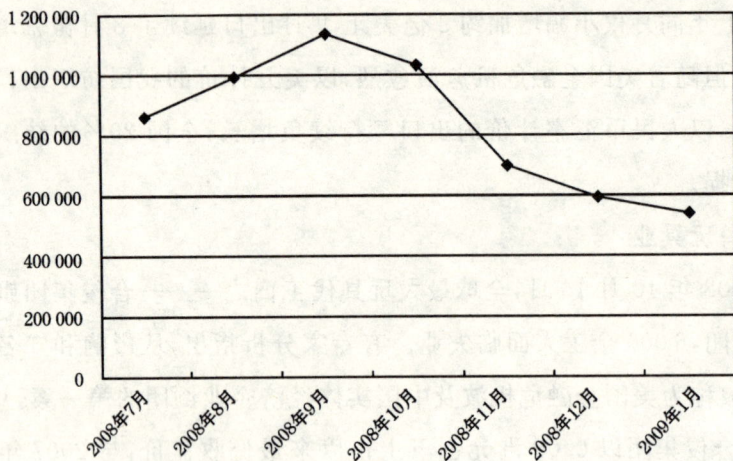

资料来源：通过中华人民共和国海关总署资料总结

2008 年 1～7 月，出口不到 10 万美元的玩具企业为 1574 家，比去年同期净减少了 3 600 多家，减少了 52.7％。而玩具出口同比仅增长 2.1％，无法与增长近 25％的 2007 年相比。"美国一感冒，中国就打喷嚏。"这或许就是当前的实际经济情况。

金融危机带来就业危机

受金融危机的冲击，全球经济放缓，金融危机的影响正通过国际贸易蔓延到实体经济，中国的制造业首当其冲。另外，金融危机造成市场信贷紧缩，美国家庭的资产性收入和薪资收入受到重创，消费能力和消费欲望大幅下降，这导致了订单锐减，从而导致出口的下降，严重的将引起企业的倒闭。在很多地区特别是在沿海发达地区，过去主要从事外贸的企业遇到了销售上的困难，企业经营业绩的下滑必然导致企业对劳动力需求的减少，相当一部分的农民工因此而失去工作，最终不得不返乡。

2008 年 12 月 2 日，中国社会科学院发布 2009 年《经济蓝皮书》，其预测显示，由于 2009 年经济减速，失业人员将会继续增加。预计 2008 年年底有 100 万大学毕业生不能就业,另外 2009 年还将有 592 万大学生毕业,因此,就业形势相当严峻。

2009 年 2 月 2 日,中央财经领导小组办公室副主任、中央农村工作领导小组办公室主任陈锡文表示,在 1 亿 3 000 万外出就业的农民工中,就总量来看有 15.3%,即大约 2 000 万的农民工由于经济不景气而失去工作或者还没有找到工作就返乡了。

在金融海啸的冲击下,广东的就业结构也在悄然发生变化,例如,以往制造业占了就业需求的 55%,从 2009 年一季度来看,降低了 5 个百分点,制造业的部分就业需求正转移到住宿、餐饮等传统服务业当中。

2009 年春节前,广州市人力资源市场对该市使用外来工达 200 人以上的 397 家企业(总用工数 26.1 万)走访调查显示,节后 1～3 月需要招工的企业为 58.7%,而去年同期达 70%;企业给予新入职者的薪酬总体上也下降了大约 7～8 个百分点。与广东类似,受经济大环境影响,上海餐饮行业也普遍感到丝丝寒意。从 2008 年年终来看,营业额普遍下滑了 20% 左右,一些高档餐厅甚至下滑了 30%,人力需求自然要减少。

此外,随着美国金融危机愈演愈烈,国际就业形势变得不容乐观,大量海外人员回流,从而使得高端竞争出现重心下移,更加恶化了国内本已严峻的就业形势。

第二节　中国资本市场焦点不断

随着金融危机的不断加深和蔓延,实体经济受到的影响也越来越大,金融危机已演化成了一场经济危机,美国楼市泡沫的破灭通过实体经济的传导也影响着中国的楼市。

当今世界是一个开放的世界,各个国家的经济往来越来越紧密,太平洋对岸的经济波动通过一系列的机制也必将会传导给我们。"9·11"之后,美国政府为了缓解恐怖袭击和新经济泡沫破灭对经济的冲击,采取了放松银根的货币政策,大幅度降低利率,增加货币供应量,同时让美元汇率不断贬值。这一系列的货币政策操作在让美国经济免遭短期衰退的同时，也活跃了美国的楼市，使得美国的房价快速上涨，出现了类似股市的"非理性繁荣"局面。在 2000～2005 年间，美国很多城市的房价上涨幅度超过 100％，房价与租金的比率以及房价与中等收入的比率都达到了历史最高水平。

次贷危机与中国流动性之谜

2008 年 7 月次贷危机全面爆发之前，中国经济学界讨论的最热的问题就是中国货币流动性过剩问题。流动性过剩是指整个宏观经济的流动性，指在经济体系中货币的投放量的多少，现在所谓流动性过剩就是指有过多的货币投放量，这些多余的资金需要寻找投资出路，于是就有了投资/经济过热现象，以及通货膨胀危险。造成流动性过剩的根源来自于中国不断推升的贸易顺差，出口企业不断把收回的美元兑换给国家，国家就得不断向经济体系投放人民币，这就造成了流动性过剩的现象。

美国凭借手中拥有的美元霸权通过金融证券等虚拟产品的生产，与从事物质产品生产的其他国家进行交换，以保证国际资本能源源不断地流入。美国每年要进口价值超过 2 万亿美元的各种消费品，包括中国在内的东亚经济体对美国的贸易顺差越来越大，外汇储备迅速增多。美国宽松的货币政策影响了中国的货币供应量。这些外汇储备大部分流入美国，购买美国的股票、债券和其他资产，填补了美国的巨额财政赤字。

据美国财政部公布的外资持有美国国债数据显示，截至 2007 年 1 月，外资持有美国国债总额为 2.12 万亿美元。中、日两国持有美国国债占外国持有美国国债总额的 47.48％，英国及欧洲也在大量购买美国企业债券，这些资金造就了美国股市的繁荣。只要有资本注入，美国就可以借钱过日子，享受无需提供相应补偿物的免费午餐。

从图 8-5 中可以看出，这些年来，由于中国的贸易顺差不断扩大，中国国际收支在经常项目上从 2003 年到 2007 年一直呈几何速度增长，从 2003 年的约 459 亿美元到 2008 年的约 4 400 亿美元（直到 2008 年的次

贷危机才停止），导致人民币升值压力逐渐增加。而我国外汇储备的大量
增加又意味着中央银行以越来越大的数量向市场供应基础货币，从图 8-5
可以看出我国金融机构投放的货币量随着国际收支经常项目的顺差增加
而在不断加大，从 1999 年的 2 251.3 亿元上涨到 2008 年的 3 844 亿元。
故而，受此影响，我国的货币供应量一直居高不下。

如此多的货币供应使银行出现了流动性过剩，资金的过剩必然使得
资产价格出现膨胀，再加上股市在 2001 年到 2005 年期间处于泡沫破灭
阶段，因此，房地产市场几乎成为吸收这些过剩资本的唯一领域。大量资
金涌向房市的后果必然是房价不断上升，房地产泡沫越来越大。所以，美
国宽松的货币政策在刺激美国国内楼市繁荣的同时，也影响了中国的房
地产市场。

图 8-5　1999～2008 年上半年中国经常项目余额 (千美元)和货币投放量(亿元)

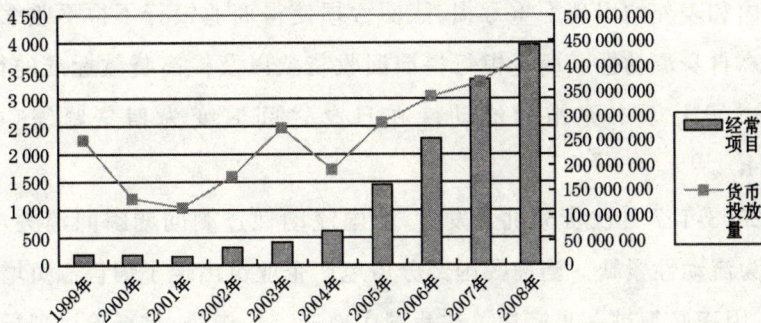

资料来源：通过中国外汇管理局资料总结

在 2001～2005 年的房地产市场繁荣时期，美国房地产金融机构纷纷
为原本不够抵押贷款条件的申请人提供了住房抵押贷款，即次级抵押贷
款(sub-prime loan)。截至 2006 年，次级抵押贷款的规模已经占到美国
抵押贷款市场总规模的 20%。为了迅速回笼贷款资金，房地产金融机构
通过向机构投资者发行 MBS 和 CDO 的方式，对其发放的次级债实施了
证券化。在房地产市场繁荣时期，持有次级债证券是风险较低和收益较
高的投资选择，全球的商业银行、保险公司、养老基金、共同基金、投资银
行和对冲基金均大量持有美国的次级债证券产品。

然而，流动性过剩是货币与信贷的过剩。因此，一旦中央银行大幅加

息、大幅降低基础货币发行量,或者商业银行大幅缩减贷款,就可能造成流动性过剩的逆转。美国次级债危机,就为流动性过剩突然逆转的风险提供了一个典型的案例。

美联储从 2004 年 6 月开始重新进入加息周期,在短短两年间连续 17 次上调联邦基金利率,这造成美国房地产市场进入下行周期。贷款利率的上升以及房地产价值的下降,造成美国次级债违约率飙升,次级债证券产品的价值大幅缩水,进而引发全球金融市场对所有固定收益产品实施风险重估和价值重估。由于当前大多数机构投资者都体现出杠杆经营的特征,贷款成本的提高或者贷款的提前偿还都将导致机构投资者调整资产组合——即增加流动性资产的比重,降低非流动性资产的比重,这必然造成资产价格迅速下降,引发资产价格泡沫破灭。

对于商业银行而言,一方面自身持有的次级债证券价值缩水,另一方面作为对冲基金申请贷款抵押品的次级债证券价值缩水,造成商业银行的表内和表外均出现严重亏损,账面亏损使得商业银行不得不收缩贷款以提高自身流动性。商业银行提前回收贷款以及提高贷款标准的行为,导致市场上原本充裕的流动性在旦夕之间演变为信贷紧缩(credit crunch)。①

2008 年 7 月次贷危机爆发后,中国流动性过剩问题瞬间消失,随即转化为流动性紧缺。当前我国部分房地产企业也出现了销售额负增长的情况,因而必须进一步密切关注我国房地产市场走势,重新检讨现行的住房开发贷款和按揭贷款管理制度,最大限度地估计房地产泡沫破裂引发大规模不良贷款的可能性。据估算,中国房地产企业中,预售款占据了房地产开发资金的很大一部分,而预售款中又有大部分是来自按揭贷款,因此房地产企业就有大量的资金是来自于银行。银行资金在房地产企业资金链条中是非常关键的一环,这个链环一旦断开,房地产企业就会出现资金短缺,甚至是灭顶之灾。在通货膨胀的经济环境下,随着提高准备金率、提高利率、严格贷款审查等一系列货币紧缩政策的实施以及人工、建材、燃料等成本上升对资金的占用,我国房地产企业的资金链开始绷紧。

---

① 流动性过剩的测量、根源和风险涵义,张明,《世界经济》,2007 年第 11 期。

房地产企业面临付清高额土地出让金和不断投入建筑成本的严重资金压力。为了快速回收资金,缓解资金流紧张局面,深圳、北京、上海等出现了降价销售的现象。如果这种情况继续发展下去,将会使一些资金不够充裕的房地产企业陷入生存困境,当这类企业积累到一定数量,市场恐慌情绪一旦形成,人们对房价的预期改变,房价则会出现大幅下跌,以至于房地产企业通过降价销售也不能解决资金链的断裂问题,进而引发商业银行大规模的不良贷款发生,给银行业和其他金融活动带来沉重打击,银行业的经营困境又会通过传导机制引发更多的经济和社会问题。①

次贷危机下的中国股市与银行业

从 2007 年 10 月 16 日,沪指创下 6 124.04 点的历史新高,到 2008 年 10 月 28 日的新低 1 664.93 点,沪指下跌已达 72.8%。中国股市暴跌固然有其内在的泡沫因素,但次贷危机引发的投资者信心下降也是重要的原因,自 2008 年 9 月 25 日开始,中国一有救市政策出台,股指就暴跌,可谓新低连着新低。

另外,中国股市中有大量来自国外的"热钱",国际金融市场流动性的收紧,会对股市中的海外"热钱"的存量、增量、流向产生影响,从而影响到中国股市的走向。在国际范围内出现持续信贷收缩的条件下,部分"热钱"可能被迫退出中国市场,从而对资本市场构成资金面的压力。

2008 年上半年,我国对外证券投资由净流出转变为净流入。其中,对外股本证券净流出 11 亿美元,比上年同期下降 78%;对外债务证券投资净回流 159 亿美元,2007 年同期为净流出 100 亿美元。我国证券投资呈净流入态势的主要原因,一是美日等主要经济体增长放缓、投资收益降低,美国次贷危机不断发展,国际金融市场持续动荡,对外证券投资风险加大;二是受我国宏观调控政策的影响,银行外汇流动性趋紧,为满足国内外汇贷款需求,商业银行大幅减少对外证券投资。

---

① 关于我国房地产业相关金融风险的思考——美国次贷危机的启示,樊澎涛,《中国物价》,2008 年 12 月。

雷曼破产风波不仅向我国的股市传递,同时也开始波及我国的银行业。2008 年 9 月 17 日,包括工商银行、中国银行、兴业银行在内的多家中资银行披露了持有雷曼相关债券的情况。

中国工商银行持有美国雷曼兄弟公司债券及与雷曼信用相挂钩债券余额共 1.518 亿美元,这其中,境内外机构直接持有雷曼兄弟公司发行的债券敞口总计 1.39 亿美元,全部为高级债券。

不过,雷曼兄弟提出申请破产事件对工行未构成实质性影响。对比工行 2008 年上半年的业绩数据,雷曼债券投资占工行资产总额的万分之一、债券投资规模的万分之三,上半年税后利润 95 亿美元的 1.6%。

中国银行截至 2008 年 9 月 17 日,共持有雷曼兄弟控股公司及子公司发行的债券 7 562 万美元。雷曼兄弟正式申请破产保护后,引起了国际金融市场的剧烈动荡,其中中国银行 A 股股票 9 月 16 日跌停、17 日跌 6.31%。

招商银行 2008 年 9 月 17 日也发布公告,称截至公告日该行持有美国雷曼兄弟公司发行的债券敞口共计 7 000 万美元。公司半年报显示,2008 年上半年期末招行持有的房利美、房贷美两家房贷机构发行的债券,按面值计 1.8 亿美元,而截至期末,公司持有的涉及房利美、房贷美的债券总计 2.55 亿美元。另外,兴业银行公告,截至 2008 年 9 月 17 日,兴业银行与美国雷曼兄弟公司相关的投资与交易产生的风险敞口总计折合约 3 360 万美元。

另据美国财政部公布的研究报告显示,截至 2006 年 6 月底,中国机构购入的美国按揭债券总额为 1 075 亿美元,占亚洲国家购入总量的 47.6%。按照一般的比例推算,中国机构购入的美国次级按揭债券接近 160 亿美元。中国的金融企业,如中国银行、中国工商银行、中国建设银行、交通银行、招商银行、中信银行等 6 家上市银行购买了美国次级按揭债券,损失可能达 49 亿元。

在混业经营条件下,国际金融市场的动荡,再次将监管的全球性协调提到重要位置。当前我国一些银行正在由分业经营走向混业经营,次贷危机警示中国银行业在大力进行金融创新的同时,应采取更积极的措施,加强金融监管的全球协调,同时在当前金融分业监管体制下,国内几大监管机构间应建立较好的协调机制。

次贷危机下中国外汇储备该何去何从

美国金融危机对中国最直接的影响就是中国 2 万亿美元外汇资产的收益和安全受到冲击。截至 2008 年 12 月底,中国外汇储备总额为 19 460.30 亿美元,同比增长 27.34%,居全球首位。一直以来,中国外汇储备主要投资的方向为美国债券,据美国财政部数据显示,中国持有的美国债券总数已达 9 220 亿美元,仅次于日本的 11 970 亿美元。另据美国财政部 2009 年 2 月中旬披露的国际资本流动报告(TIC)显示,2008 年 12 月末,中国持有的美国国债较 11 月末增加 143 亿美元,总量达到 6 962 亿美元,居各国持有美国国债总量首位,比排名第二的日本多出近 1 200 亿美元。

从 2007 年 8 月次贷危机发生后到 2008 年 5 月的 10 个月中,中国的机构债不但没有减少,净购买额反而达到 590 亿美元,超过购买美国国债的 240.7 亿美元的 2 倍。作为美国最大的两家专门从事住房抵押贷款的金融机构,"两房"(房利美和房地美)在遭受次贷危机的冲击后,于 2007 年下半年至 2008 年下半年的一年间,一共损失了将近 140 亿美元。据统计,中国共持有"两房"债券约 4 000 亿美元,其中绝大部分为外汇储备持有。

因此,随着金融危机的爆发,中国两万亿美元外汇储备正被推上风口浪尖,而其中的巨额美国国债,更是首当其冲。如何使近 2 万亿美元并且还将继续增加的外汇储备减少损失和降低风险,如何让这笔钱保值增值,如果中国抛售美国国债,会不会引发美国国债价格下跌,从而令中国蒙受损失等一直以来就是一个热议的话题。

第三节　中国政府在行动

如今,随着世界金融危机的日趋严峻,我国的实体经济遭受着越来越大的冲击,为稳定经济增长,中国宏观调控政策必须做出重大调整,将稳健的财政政策转为积极的财政政策,并在今后两年多时间内安排 4 万亿元资金强力启动内需,促进经济稳定增长。

中国政府的救市政策

(1)积极的财政政策和外贸出口政策

积极的财政政策,就是通过扩大财政支出、减税等办法,使财政政策在启动经济增长、带动社会投资、优化经济结构中发挥更直接、更有效的作用。这一政策曾在 1998 年后应对亚洲金融危机、国内遭遇特大洪灾等冲击时发挥了重要的作用,有效地推动了经济增长。到了 2005 年,鉴于国内社会投资明显加快,为防止经济过热,积极的财政政策在实施 7 年后正式退场,转为稳健的财政政策。表 8-2 所示为我国政府为应对金融危机而采取的部分经济政策。

表 8-2 我国面对金融危机出台的部分经济政策

时　间	主持机构	总涉金额	政策内容
2008 年 11 月 5 日	国务院	4 万亿元	实行积极的财政政策和适度宽松的货币政策。确定了包括加快农村基础设施建设、加快铁路、公路和机场等重大基础设施建设以及加快医疗卫生、文化教育事业发展等在内的十项措施,进一步扩大内需
2008 年 10 月	铁道部	1 万亿元	2008 年铁路基本建设投资规模扩大到 3 500 亿元,2009 年计划完成投资 6 000 亿元,是 2008 年计划投资规模的两倍
2008 年 11 月中旬	中国国家电网公司	27.27 亿元	14 亿元用于中国中西部城网建设与改造,13.27 亿元用于中西部农网建设与改造

时　间	主持机构	总涉金额	政策内容
2008 年 11 月中旬	国家开发银行	新增 400 亿元贷款	重点支持保障性安居工程、农村基础设施、铁路公路和机场、医疗教育文化事业、生态环境等领域的发展
2008 年 11 月 12 日	中国人民银行上海总部		将确保金融体系流动性充足,及时向金融机构提供流动性支持
2008 年 11 月 12 日	中国农业银行	1 000 亿元	紧急出台 8 项信贷服务"三农"措施,2009 年新增"三农"和县域信贷投入规模 1 000 亿元以上
2008 年 11 月中旬	水利部	新增 200 亿元	把解决涉及民生和保障国家粮食安全的水利问题放在更加突出的位置,要优先安排 50 亿元用于农村饮水安全工程,解决 1 519 万农村人口的饮水安全问题

　　扩大内需,眼前靠投资、长远靠消费。在上述的政策措施中,对于基础设施的投资可以为消费创造条件,而提高城乡居民收入、加大扶贫开发力度等更是直接拉动消费的举措。以投资带消费,以消费促增长,只有这样,才能保证政策效果的持久性和有效性。

　　我国是一个外贸依存度很高的国家,外贸的增长对 GDP 的增长起着至关重要的作用。2008 以来,受国际金融危机等多方面因素的影响,国际市场需求减弱,再加上国内原材料价格上涨、人民币升值加快、劳动力成本上升等因素的叠加,出口经营成本不断增加,出口总额增长放缓甚至出现了负增长,出口企业面临着生死存亡的压力。为此,自 2008 年 8 月以来,我国不断出台出口退税政策,鼓励出口、刺激外贸发展,如表 8-3 所示。

表 8-3　2008 年 8 月以来我国出口退税政策的演变

次　数	时　间	内　　容
1	2008 年 8 月 1 日	将部分纺织品、服装的出口退税率由 11％提高到 13％,部分玩具商品的出口退税率也将提高到 14％;部分竹制品的出口退税率提高到 11％
2	2008 年 11 月 11 日	适当提高纺织品、服装、玩具等劳动密集型商品和抗艾滋病药物等高技术含量、高附加值商品共 3486 项商品的出口退税率,约占中国海关税则中全部商品总数的 25.8％
3	2008 年 12 月 1 日	进一步提高 3770 项产品出口退税率,主要涉及劳动密集型产品、机电产品和其他受影响较大产品。其中,农用泵、摩托车、自行车、家用电器等部分机电产品的退税率分别由 9％提高到 11％,11％提高到 13％,13％提高到 14％
4	2008 年 12 月 24 日	提高部分技术含量和附加值高的机电产品出口退税率,适当扩大中央外贸发展基金规模
5	2009 年 2 月 1 日	将纺织品、服装出口退税率由 14％提高到 15％

从上表中可以看出,自 2008 年 8 月以来,我国一共 5 次调整了出口退税政策,先后提高了纺织服装、钢材、化工产品、机电产品等总计超过 6 500 种产品的出口退税率。出口退税率的提高不仅减轻了企业的负担,缓解了从紧货币政策给部分企业带来的资金短缺局面,同时也振奋了企业抵御国际金融危机的信心。

(2)货币政策的演变

1998 年,面对亚洲金融危机、国内特大洪灾的冲击,我国实行了积极的财政政策和稳健的货币政策,有效拉动了经济增长。2005 年,鉴于国内社会投资明显加快,经济活力充沛,积极的财政政策在实施 7 年后正式退场,转为稳健的财政政策。

2007 年下半年,针对经济中呈现的物价上涨过快、投资信贷高增等现象,货币政策由"稳健"转为"从紧"。而如今,面对全球性经济危机,货币政策再次由"从紧"转为"适度宽松",这意味在货币供给取向上进行了重大转变。

事实上,在 2008 年的下半年,我国经济通胀的压力逐步释放,进入四季度,价格涨幅有加速下滑的态势。而与此相伴,通货紧缩的风险却正在抬头。而这似乎也进一步说明了为什么在 2008 年 9 月之后,央行的货币政策会出现这样的"大转向"。

这次也是中国十多年来货币政策中首次使用"宽松"的说法。适度宽松的货币政策意在增加货币供给,在继续稳定价格总水平的同时,要在促进经济增长方面发挥更加积极的作用,要及时灵活地调整包括货币政策在内的相关经济政策,力争把这场危机可能产生的负面影响降到最小。

(3)央行连续降息

在过去的两年间,为抑制通货膨胀和过度投资,我国采取的一直是紧缩的货币政策,最频繁时曾经在 14 个月之内连续 10 次提高存款准备率,这些政策为防止经济过热、保持经济稳定健康发展显现出了巨大作用。然而随着国际金融危机对我国实体经济的冲击日益严重,原有的货币政策已逐渐不能适应现有的经济形势,因此,我国的货币政策必须做出调整。事实上,从 2008 年 9 月开始,为了更好地保持经济发展,中国人民银行审时度势地采取了一系列的货币调整政策,通过利率、准备金率等政策工具引导宏观经济稳定健康发展,如表 8-4 所示。

表 8-4　2008 年 9 月~2009 年 1 月中国人民银行部分货币政策

日　　期	利率政策	准备金率政策
2008 年 9 月 16 日	下调人民币贷款基准利率 0.27 个百分点,个人住房公积金五年以下(含五年)贷款利率下调 0.18 个百分点,五年以上下调 0.09 个百分点	
2008 年 9 月 25 日		下调中小金融机构的存款准备金利率 1 个百分点
2008 年 10 月 9 日	下调一年期人民币存贷款基准利率各 0.27 个百分点	

走进周期性金融危机的**深处**

日 期	利率政策	准备金率政策
2008 年 10 月 15 日		下调存款类金融机构人民币存款准备金率 0.5 个百分点
2008 年 10 月 30 日	下调金融机构人民币存贷款基准利率各 0.27 个百分点	
2008 年 11 月 27 日	下调存贷款基准利率 1.08 个百分点 下调中央银行再贷款、再贴现等利率	
2008 年 12 月 5 日		下调大型存款类金融机构人民币存款准备金率 1 个百分点,下调中小型存款类金融机构人民币存款准备金率 2 个百分点
2008 年 12 月 23 日	下调一年期人民币存贷款基准利率各 0.27 个百分点	
2008 年 12 月 25 日		下调金融机构人民币存款准备金率 0.5 个百分点
2009 年 1 月 14 日	下调存贷款基准利率各 0.54 个百分点	

　　连续的降息,使货币政策从从紧走向了相对灵活宽松。降低存款利率,能鼓励居民消费,扩大国内需求;而降低贷款利率,一方面能降低企业的融资成本,挽救一部分中小企业,同时又能降低消费贷款利率,促进消费。对于存款准备金率的下调则能扩大社会贷款额度,增强货币的流动性,改善企业的融资环境,最终盘活整个经济。

中国经济政策解读

　　在金融危机到来之后,我国在不太长的时间内采取了多次降低利率和存款准备金率的宽松货币政策,不过,在今后出台的刺激经济发展的政策中,我国不宜再急于大幅度地放松货币政策。

　　西方学者比较普遍地认为,宏观经济政策在一定程度上能调节经济增长的同时,也存在着局限性,其中货币政策在制止严重萧条时就会变得无能为力。当严重的萧条状态出现时,人们对经济前景的信心异常低下。这时,即使采用非常宽松的货币政策,即以低微的利息率提供大量的贷款,企业家可能还是不愿意投资,而消费者仍然不愿增加消费。甚至有的西方学者把货币政策的这种无能为力的情况比喻为"牛马用缰绳来推车",就是说,用紧缩的货币政策来制止通货膨胀相当于牛马通过缰绳来拉车,这种办法当然有效,但是,如果反过来,用缰绳来推车前进,即相当于用宽松的货币政策带动经济走出萧条,这是难以办到的。

　　通货紧缩的问题,中国在 1997 年的亚洲金融危机过后已经经历过,现在又初显端倪,我们也看到了类似的情况。当前扩张货币政策的激励作用已降低,进一步降低利率对总需求的扩张作用已不大。自 2008 年 6 月后,经济基本面变化已使社会投资需求迅速降低,再采用货币激励手段,功效已完全失去。

　　因此,在我国今后的经济政策中,应更多地运用财政政策。而在财政政策方面,投资、减税两项手段都可选择,财政投资的目标不仅包括基础设施,也应包括先进制造业,特别是能带动支持国民经济全局的重大战略性项目。而对于减税,应当在投资之后,力争减轻企业负担和提高居民实际收入水平。

　　随着金融危机的不断升级,经济回落的趋势还在持续,要使中国经济走出调整的格局,必须找到新的增长点,必须把短期刺激经济增长的应急政策和中长期经济转型、升级、结构调整统一起来。这就要求进行产业转型,使经济增长从原来过分依赖投资和出口转向依靠内需的带动,从原来

金融危机下的中国经济发展

资源低价格优势转向技术的升级。

投资、出口和消费是经济增长的"三驾马车"，其中消费是最具有稳定性的一项指标。要想保持国内经济稳定健康快速的发展，就必须扩大国内需求，而要想扩大国内需求，就必须在提高居民收入水平尤其是城市中低收入群体和农村居民的收入水平，同时要通过完善社会保障制度来解决居民的养老、看病等后顾之忧，这样方能既促进社会的和谐发展，又能真正地刺激国内消费，带动经济发展。

扩大内需不应是轰轰烈烈的形象工程、政绩工程。政府应该实实在在地提高人民的生活质量，实实在在地改善企业的经营环境。扩大内需不是花钱比赛，不应再重复过去大量浪费的惨痛经历，而应该在既能增加就业岗位、带动经济发展，又能兼顾社会效应、便于人民生活的工程项目上多投入。同时，为了提高投资回报率，扩大内需还应尊重市场机制，按市场规律办事，并全程接受人民的监督质询。

发展经济归根到底是为了提高人民的生活水平，藏富于民。然而从1996 年开始，我国财政收入年平均增速高达 19.27％，远远高于 GDP 平均增速 13.02％。财政收入占 GDP 的比重也远远超过美国、日本等发达国家。特别是 2003～2007 年，财政收入年平均增速呈现不断上升的态势。国家财富大幅度向政府集中的后果，就是国家投资效率不高、民间投资不旺、社会消费不振、滋生贪污腐败等现象的产生。

2007 年，中国出口商品总额为 12 180 亿美元，按照 2％的保守估计，中国老百姓因外贸出口而导致的损失为 1 827 亿元人民币（按照 1∶7.5 的汇率）。从另一角度看，可以说，外汇储备包含着我国居民很大部分的收入和财富，是属于全国人民的财富。我们能取得这么大的外贸额，并不是因为我们的生产技术有多么的高，我们的产品附加值有多么的高，而是靠庞大的劳动力从事大量劳动密集型加工制造业的生产、制造出来的，是靠老百姓省吃俭用积累起来的。我们不断地压低土地成本、压低人力成本、压低环境成本，最终却以物美价廉的出口商品形式供应给了西方市场。

一个国家只有民众富了，它才算是真正的富，也只有民众富了，国家的经济才能取得长足的稳定发展。因此，为了更好地刺激国内需求，现在的收入分配应该更多地向老百姓倾斜,不断缩小城乡、地区、行业收入分配差距,以真正做到"藏富于民"。

经济全球化、市场一体化是当代世界经济发展的必然趋势,在这种趋势下,任何一个国家都不可能完全孤立于世界经济体系之外,仅仅依靠自身的内部需求来实现经济的持续增长和现代化。改革开放30年来,我国与世界经济的联系程度越来越紧密,经济发展对国际市场的依赖程度越来越高,外贸依存度已经从1978年的9.7%提高到2007年的66.8%。因此,在这种背景下,我们在扩大内需、立足于国内的基础上也要加强国际间的经济往来,即做到扩大内需与扩大外需并重。

但是,我国的出口结构应该做出调整。长期以来,我们都是依靠低廉的劳动力优势出口大量的劳动密集型产品,缺乏拥有自主知识产权和自有品牌的高端产品,挣得的也是自己的一份血汗钱。因此,在今后的外贸结构中,应不断优化进出口商品结构,鼓励高新技术产品和高附加值产品的出口,限制资源性、高耗能、高污染产品出口,提高利用外资质量,促进国内产业升级,通过自主创新,来改变自己在世界产业链中的位置。

当然,我们说更多地运用财政政策并不是说财政政策就是万能的。我们必须走出一个误区,那就是刺激经济不能仅靠政府拉动,因为无论出手几万亿元,对今天中国的经济规模都是不够的,最重要的是要建立健全各种市场经济制度,使得几万亿元的政府投资能够带动社会投资。实际上,"四万亿元"更多的是传递一种政策转向的信号,而并不是说"四万亿元"就能解决一切问题。所以在扩大政府支出的同时,是要两手并举,一手是实行积极的财政政策,针对未来的增长瓶颈启动投资;另一手就是加强体制的不断完善,以改革激发经济活力。中国经济还是转型经济,除了使用像发达国家那样的货币政策、财政政策外,还要更多地考虑体制性政策。

首先就是要更充分地发挥价格在配置资源中的基础性作用。市场经济是通过一系列的机制来配置社会资源的,其中最终要的就是价格机制。在任何情况下,价格管制都是扭曲经济行为的。因此,政府必须要让价格在各个领域都发挥更大的作用,让灵活的相对价格能及时反映市场供求,及时调整投资和经营的方向,以帮助产业界和企业发现机会。

其次要打破行业垄断,放宽市场准入。必须引入竞争机制,实行投资主体和产权多元化。深化电力、邮政、电信、铁路等行业改革,稳步推进供水、供气、供热等市政公用事业改革。鼓励民营资本积极投资,给国有企业和民营企业以同等的待遇。改革现行行政审批制度,放松经济性管制,加强社会性管制。

再次就是要积极实行资本输出。金融危机爆发后,中国企业应该勇敢坚决地走出去,购买那些品牌优良、拥有知识产权、行业核心竞争力、市场领导地位的欧美蓝筹公司的股票,这既是价值投资的需要,也是中国自身的需要。

最后就是要继续深化改革。金融危机"危"中有"机",只有不断地改革,才能取得长久的发展。30年来,中国虽然取得了举世瞩目的成就,但中国存在的问题也是异常艰巨的。"三农问题"是我国最大的问题,过去,我们以牺牲农民、农村为代价,换取城市和工业的发展,现在,随着工业化、城市化社会的不断推进,我们必须用更新的思维,更多的精力,更大的投入关注"三农"问题。"三农"问题解决得好,金融危机可能带来的社会不稳定因素就会消灭在萌芽状态,整个社会抵御金融危机带来的冲击,付出的成本将会变得更小,中国将来的经济发展也会更加稳定。

同时,还要深化金融改革。随着危机的恶化蔓延,世界主要货币区都陷入了困境,但美国因为有政治、军事霸权支持背景,所以美元反而会成为资本流动的安全港。在这样的背景下,一旦我国经济稳定表现不佳,必将会动摇投资者的信心,加之部分在危机中损失严重的西方投资者需要抽回资金救母国总部之急,这样我们就可能面临沉重的资本外逃压力。这点我们要有所准备,要进一步健全风险管理能力,进一步提高中国金融体系的效率、稳健性与抗争能力。

伴随发达国家的经济衰退，发展中国家也难以幸免，经济增长速度大幅放慢。在全球金融一体化的环境下，没有任何国家能够独善其身，金融危机对它们的影响在短期和长期内都是巨大的。虽然很多国家都采取了扩张性财政政策和宽松的货币政策，但美、欧、日等国的信贷紧缩问题尚未实质性缓解，而且扩张的财政政策也加剧了政府的财政负担，因此，这些经济政策的实际效果仍有待观察，但希望会有个乐观的结果。

"其实，这算不上黑暗的时期，我们经历过了很多经济萧条，这可能算得上是最严重的，资本的危机是深远的，但是我相信我们会渡过这个难关。"

——黑石集团董事长兼 CEO

史蒂夫·施瓦茨曼

第九章

展望全球金融危机

　　起始于 2007 年 12 月的美国次贷危机,在 2008 年 8 月突然演变成一场世界金融危机,并且进一步发展为世界经济危机。这场危机不仅来势迅猛,而且以前所未有的速度,迅速蔓延到世界各地。眼下,危机仍在加深,深受危机困扰的人们急切地想知道——危机的底部究竟在哪里?

　　有些人认为,2009 年将是世界经济最艰难的一年,因为这一年仍然是经济危机继续展开与加深的一年,很可能迎来第二轮金融风暴,实体经济也将遭遇全面重创,这种发展势头只有在 2010 年才能触底后进入萧条期。

　　关于进入萧条期后的经济发展趋势,有人认为,美日欧等将经历一个漫长的萧条期,经济的走势将表现为 L 形或 W 形;一些新兴工业化国家的经济走势将是 U 形;只有中国经济的走势将是 V 形,而且中国经济最坏的时期已经过去,已经出现了复苏的迹象,2009 年第一季度触底反弹后,将迎来强劲增长。面对各种各样的预测,读者究竟该相信谁?

第一节　正在走向危机深渊的世界经济

进入新年以来,随着全球经济和金融体系状况的持续恶化,以美股为首的海外股市非但没有给投资人带来任何"新气象",反而不断跌入更大的深渊。2009 年 3 月 5 日,道指和标普 500 指数都跌至 12 年来的低点,将本年开始以来的跌幅扩大至 20% 以上。欧洲股市跌至 6 年来的新低,亚太股市也连日下挫,日本股市也一度跌至 25 年来的低谷。进入 3 月份,全球经济指标的恶化又一次超过了人们的预料,经济衰退仍然在加剧,根据汤姆森路透的统计,截至 3 月的第 1 周,已有 13 个经济体正式进入衰退,其中不仅有欧元区的传统工业国,也有类似新加坡这样的新兴经济体。

进入 2009 年 3 月份,不祥之兆依然接踵而来,坏消息一个接着一个。2009 年 3 月 4 日,来自新华网的一则消息说,俄罗斯经济恐怕倒退 5 年,乌克兰已濒临国家破产,由美国引发的全球金融海啸对东欧市场造成沉重打击。据英美等国媒体分析,东欧各国正面临 10 年来最严重的经济衰退。俄罗斯副总理兼财长库德林在接受采访时承认,俄政府对国内严重的经济困境负有责任,俄经济恐怕要倒退 5 年。英国《独立报》专栏作家认为,乌克兰已到了国家破产的边缘。俄政府开支超出可承受范围,经济仍严重依赖石油收入,库德林承认,俄罗斯政府近年来开支过于庞大,支出超出了可以承受的范围,而经济上并没有努力摆脱对石油收入的严重依赖。

俄罗斯政府曾预测国际油价会保持在每桶 95 美元的水平,而现在已不到这一水平的一半。油价大幅下挫使俄罗斯经济受到沉重打击。此前,俄罗斯官员大都将全球经济危机的责任归咎于西方国家(特别是美国)。俄罗斯人说,严重的经济危机已使自己国家的经济倒退了 5 年,但美国的问题更为严重,它的股市已倒退了 10 年。俄罗斯 2009 年的预算赤字将达 8%,这是 10 年来的首次,预计此后两年这一数字将分别为 5%

和 3%。

不仅如此,2009 年 3 月 4 日中新网的另一则消息使我们感到危机的新一波冲击又一次来到中国的家门口,该消息说金融海啸之后冰岛已经破产,当前世界各国政府均在努力应对危机。有"新末日博士"之称的美国纽约大学经济学教授鲁宾尼指出,尽管各国试图拯救金融体系,但政府倒闭危机仍未删除。金融海啸第二波的巨浪,已经淹至亚洲国家的门口,其中巴基斯坦、韩国均是濒临破产的高危一族。据香港《文汇报》报道,巴基斯坦濒临破产的主要原因是外债过高,外汇储备不足,加上受金融海啸影响,外来资金不断地流出,使该国货币贬值,汇率大幅波动,使其面对外债偿付的危机。

有统计显示,截止到 2008 年 10 月 20 日,巴基斯坦外汇储备仅 43 亿美元,较上年同期大减 74%,而未来 1 年到期的外债则达 30 亿美元,可见巴基斯坦有破产的危险。去年 10 月初标准普尔将巴基斯坦主权信用评级下调为"垃圾"级别,其中长期外币债务评级由原来的"B"下调为"CCC+",这是仅高于破产的评级,显示巴基斯坦已经濒临破产边缘。

此外,韩国亦是另一个面对破产威胁的亚洲国家,韩国面临破产威胁的"死穴"也是外债偿付危机。根据美林的报告,从 2006 年开始,韩国的外债呈现出急遽攀升的势头,仅短期外债而言,2006 年底的规模约为 700 亿美元,但在 2008 年下半年已飙升至近 1 800 亿美元,外债短债率已超过国际公认的 20% 的警戒线,韩国可能再次成为净债务国。

美国联邦储备委员会 3 月 4 日发表的全国经济形势调查报告说,美国经济在 1 月中旬至 2 月底这段时间里继续恶化,且短期内不会明显复苏。这份报告根据美联储所属 12 家地区储备银行的最新调查结果编制而成,其中所包含的信息是 2 月 23 日之前收集的。报告说,在 12 家储备银行的调查报告中,两份报告认为当地经济"依然疲软",10 份报告认为经济情况偏向于恶化,而且这种恶化趋势覆盖面相当广,只有食品和药品等少数行业例外。报告认为,美国经济在近期好转的希望相当微弱,要到 2009 年年底或 2010 年年初才可能出现显著复苏。

关于美国的房价走势,2009 年 2 月 17 日,美国联邦储备委员会前主席格林斯潘就美国总统奥巴马当日签署的经济刺激案发表评论时重申,住房困难的解决是结束美国金融危机的一个必要条件，但要想稳定房价，美国政府仍任重而道远。到了 3 月 4 日，政府数据显示，新屋销售跌至纪录低位，房价滑落至 5 个月来的最低水准。全美不动产协会（NAR）公布的报告显示，美国 1 月成屋待完成销售也重挫至纪录低点，反转上月的升势，显示经济在加速螺旋式下行。有人甚至认为，成屋待完成销售下跌，是经济第二波下行观点的核心。

按照惯例，3～6 月通常是美国房地产市场一年中的交易旺季，但受金融危机和经济衰退影响，今年美国房市的"暖春"将暖意不再。市场分析师和专家预计，尽管部分地区房产交易量因房价猛跌而略有回升，但整体而言，美国房产市场今春的交易状况将比去年还糟，可能遭遇 2006 年房产市场开始走下坡路以来的最"冷"春季。

美国《纽约时报》3 月 7 日援引一系列相关数据，对今春美国房市做出悲观预期。全美范围内现有大约 1900 万所房屋空置，即平均每 7 所房屋中就有一所空房，"空房率"为上世纪 60 年代以来最高。这其中，只有大约 600 万所房屋眼下待售或出租，预计年内会有更多空房进入市场，从而进一步打压房价。另一份报告显示，全美九分之一房产眼下欠着银行的债或已丧失抵押赎回权，2009 年 1 月份，二手房销售经历两年来最迅猛跌势。美国房地产数据机构 Radar Logic 公司数据显示，全美 25 个都市区的房价年内将下跌大约 15%，到 2010 年才有望"触底"。无疑，房价下跌将继续拖累今后几年的房产交易。

不仅如此，从总体上来看美国经济也在持续恶化。美国商务部宣布，美国 2008 年第四季度 GDP 经季节因素调整后折合成年率为下降 6.2%，这是自 1982 年第 1 季度下降 6.4% 以来的最差季度表现。美国商务部 3 月 5 日公布的数据显示，2009 年 1 月美国工厂订货比前一个月下降 1.9%，为连续第 6 个月下降。美联储发表的"褐皮书"警告说，自 2009 年年初以来，美国经济总体仍持续恶化。"褐皮书"指出，美国经济短时间内难以好转，到 2009 年年底或 2010 年年初才可能出现明显复苏。褐皮书印证了华尔街分析师对美国经济前景的预期。

在实体经济形势严峻的情况下，作为危机始作俑者的美国金融业更是频频告急：美国国际集团、花旗集团等金融巨擘眼下仍在生死边缘徘徊,美国政府不得不继续给予救助。尽管奥巴马政府出台了一系列金额巨大的经济救助计划,但由于缺乏具体实施细节,华尔街的反应依然冷淡。甚至在奥巴马发出"是时候买进股票"的呼声后,美股仍然未改颓势,充分暴露了投资者对美国政府救助方案的不信任和对经济前景的担忧和恐慌。奥巴马政府眼下面临全方位挑战,但最紧迫的挑战在于如何尽快稳定金融市场,因为只有稳住金融市场,才能恢复信贷流动,促进消费,增加就业。而只有上述各个环节正常运行,美国经济才有望复苏。

美国纽约股市在 2009 年 3 月 2 日遭遇重挫后,5 日再次大跌,三大股指跌幅均超过 4%。金融股再次成为重灾区,花旗集团股价自 1986 年上市以来首次盘中跌破每股 1 美元,最终以每股 1.02 美元报收。曾经傲视全球的花旗集团如今已沦为市场的垃圾股,花旗命运的逆转折射出美国金融业的严峻形势。花旗集团曾经是全球市值最大的银行,一场金融危机彻底改变了这个金融"巨无霸"的命运。

在 2006 年下半年,也就是次贷危机爆发前夕,花旗集团的股价曾经达到每股 55.70 美元,公司的市值高达 2 772 亿美元。两年后的 2009 年 3 月 5 日,公司的市值只剩下 55.96 亿美元,缩水幅度达到了 98%。曾一度被认为是美国经济支柱的通用电气公司股价目前跌到自 1992 年以来的最低水平,只有高峰水平的十分之一。一直在苦苦挣扎的通用汽车公司股价跌到 1.86 美元,还不够买一加仑汽油。

自 2008 年金融危机以来,美国政府已先后为花旗共注资 450 亿美元,并为其提供总额为 3 000 亿美元的资产担保。2009 年 2 月底,美国政府与花旗集团达成股权转换协议,政府在花旗集团中的股权比例将升至 36%。遗憾的是,市场对花旗自身所做的努力和政府的援手并不买账。政府此次股权转换的救助行动还成为花旗股价近来持续下跌的"导火索"——投资者因为担心政府的"部分国有化"施救措施将导致自己的权益受损,因而纷纷减持花旗股票。在随后的市场交易中,花旗集团的股票盘中一度跌至每股 97 美分。

股市的下跌归根到底说明投资者对于政府救市措施的效果和经济前景缺乏信心。在金融危机不断升级、经济形势持续恶化的背景下,利好消息难以提振投资者信心,但任何微小的负面消息都可能使投资者陷入恐慌。花旗集团的命运是美国金融危机持续发酵的真实写照。从花旗集团的"沦落"可以洞悉美国金融业整体形势的严峻。

在穆迪氏投资服务公司宣布可能降低对美国几大银行的评级等消息影响下,美国另外三大银行的股票也遭到了市场的抛售,富国银行股价下跌15.94%,美国银行股价下跌11.70%,摩根大通股价下跌13.99%。如果按照这个趋势下去,恐怕会有更多的银行被迫寻求政府援助。"金融股现在是卖空者的天下,没有买家敢于接手,如果不改变游戏规则,美国政府可能要考虑将所有的银行都国有化。"一位纽约证券交易所的交易员感叹道。

2009年3月6日,美国劳工部公布数据说,非农就业岗位在2009年2月份共减少651 000个,致使美国失业率今年2月份相较上月增加了0.5%,达到8.1%。统计显示,在2月份,美国绝大多数私营企业劳动岗位急剧减少,其中制造业减少168 000个,建筑业减少104 000个,零售业减少40 000个,娱乐业减少30 000多个,相比之下政府机构、教育和卫生保健领域等就业却有所增加。数据还显示,自从权威部门宣布美国经济2007年年底进入衰退后,美国就业岗位减少了共计4 400 000个,在2008年年底和2009年年初的短短4个月中,就减少了2 600 000个,平均每个月减少650 000个岗位。这些数据是美国经济衰退进一步加深的明显标志,令美国政府和经济学家十分恐慌,导致一连串的悲观评估。

据此前估计,美国经济将在2009年下半年有所缓和并缓慢爬升,但不断攀升的失业率,以及连续公布的不断下滑的美国工厂订货、非农劳动生产率、暴跌的住房价格等,已经令经济学家把美国经济触底回升的日期推迟到至少2010年以后。有分析指出,美国失业率2009年极有可能突破9%的心理防线,受这个打击,美国投资人信心将不断丧失,股市将因此再度下滑。

面对日益严峻的经济形势,美联储曾连续多次下调基准利率,并于2008年12月降息至零附近,成为全球降息频率最高、力度最大的央行之一。除降息之外,美联储还创设了各类货币政策工具,向金融市场大量注资,刺激信贷回暖和经济复苏。

在欧洲,GDP创近年来最大跌幅。根据英国国家统计局的数据显示，2008年第四季度英国经济出现了1.5%的负增长。英国经济从2008年下半年开始陷入衰退，这是近20年来英国首次遭受经济衰退打击。为了应对经济衰退，英国央行数月来多次降息，2009年3月5日又宣布将基准利率下调50个基点，到0.5%的历史最低点。作为欧元区第三大经济体的意大利，其衰退也日益加深。该国2008年第四季度GDP下滑1.8%，为1998年末以来的最大季度跌幅，而在2008年第三季度意大利的GDP跌幅为0.6%。德国和荷兰的情况也好不到哪里去，两国2008年第四季度GDP各自下滑2.1%和0.9%，其中荷兰经济也创下了1980年代初以来的最大季度降幅。

另据欧盟统计局公布的数据显示，由于出口下降，居民需求疲软以及投资下滑，欧元区2008年第四季度GDP创下历史最大季度跌幅。数据显示，欧元区2008年第四季度GDP季率收缩1.5%，年率收缩1.3%。数据还显示，2008年全年，欧元区GDP增长0.8%，欧盟27国GDP仅增长0.9%。

作为亚太地区的主要经济体之一，日本经济则正在经历35年来最严重的衰退。日本内阁府公布的数据显示，经通货膨胀因素调整后，日本2008年第四季度GDP较前一季度下降3.3%，折合成年率为下降12.7%，创下1974年石油危机以来的新高。日本2008年第四季度出口下降13.9%，创下最大降幅纪录。继2009年3月5日日本众议院通过对公众发放2万亿日元（约合204亿美元）现金刺激消费的预算案后，日本总务大臣鸠山邦夫在6日举行的记者会上透露，为配合政府发放定额给付金的举动，更好发挥其刺激国民消费的作用，日本全国已有698个地方自治体宣布将发行"超值商品券"。

曾是"亚洲四小龙"之一的新加坡也感受到了经济及金融危机的阵阵寒意。2009年2月26日，新加坡贸易及工业部称，经季节因素调整后，2008年第四季度GDP较第三季度降幅折合成年率为16.4%。2009年3月4日，澳大利亚统计局也意外宣布，受消费者紧缩开支影响，该国2008年第四季度GDP较上一季度下滑0.5%，这是澳大利亚8年来首度出现经济滑坡。

2009年2月末3月初，全球金融危机又一次趋于恶化。不少东欧新兴经济体的基本面持续恶化,金融市场岌岌可危,而且有进一步向外围扩散的迹象。继俄罗斯、乌克兰等国债信评级纷纷遭到下调之后,全球三大评级机构之一的穆迪投资者服务公司2009年3月1日又发布报告警告说,东欧经济危机可能严重冲击欧洲发达市场的银行业,许多西欧银行的评级可能面临大幅下调。

报告说,奥地利、瑞典和其他在东欧设有分支机构的欧洲银行可能面临信贷评级下调,主要因为东欧经济体的状况持续恶化。目前,欧洲银行在东欧的业务可能面临较大盈利压力,进而可能影响到母公司。奥地利、意大利、法国、比利时、德国和瑞典等欧洲银行大量涉足东欧新兴市场,据统计,这些国家的银行占到东欧地区银行贷款份额的84%。

穆迪认为,银行业过于依赖中东欧的奥地利可能面临最严峻的考验。奥地利两家最大的银行都在中东欧地区广泛开展业务,其总收入来源的近80%来自该地区。报告警告说,"东欧经济的恶化,可能带来比预想严重得多的后果。"主要因为该地区大量依赖来自西欧银行的大量资本流入。随着更多美欧银行被迫撤资回本土"救急",或是作为接受政府援助的条件将更多资金用于本土贷款,这些新兴经济体势必受到更大的冲击。

在这种情况下,尽管东欧国家会全力自救,但随着危机的加深,一些国家的货币急剧贬值,债务违约风险明显上升,金融系统摇摇欲坠。这将导致欧洲一些国家的违约保护成本大幅提升,并令欧元承压,预计欧元/美元在2009年6月底时将跌至1.12。

总之,当前的世界经济仍然哀鸿遍野,呈现出强劲的下降趋势,这种下降的底部究竟在哪里,一般很难确定。经济周期的演变规律表明,进入衰退阶段后,经济的下行要经历若干波相互推动的过程。最初是发源地经济体冲击受波及经济体,接下去是受波及经济体反过来冲击发源地经济体,再下去是发源地经济体第二次冲击受波及经济体,就这样反复相互冲击,震荡下行,随着强度的逐渐收敛,经济最终触底进入萧条期。从目前的状况来看,世界经济正处于收敛式下行的较强阶段,到达底部仍需要时间。

第二节　对危机发展前景的预期

　　这次危机发生于美国,危机的逐步加深也主要表现为美国经济的下滑。所以,有些人认为,这次世界经济危机的底部也将出现在美国经济中,因为美国是世界最大的经济体,在经济全球化的今天,这个经济体的走势必然影响和制约着其他经济体的走势,如果这个经济体下行不止,其他经济体即使走出独立的增长行情,也难以扭转世界经济的总体下滑趋势。这种说法是有道理的,美国经济已经扮演了多年世界经济晴雨表的角色,我们现在对它进行跟踪观察,研判其发展趋势,很可能把握住这场危机的走势。

　　从次贷危机到金融危机再到全面经济危机,美国经济陷入困境已近两年,经济下滑的底部究竟在哪里? 拐点何时出现? 人们的回答充其量只是一些猜测。如果美国经济能够"从哪里倒下去,再从哪里爬起来",其经济见底的标志应当是:房价止跌回升;实体经济的下滑势头被遏制;流动性不足基本缓解。所以,世界经济开始回暖的那一天,也就是出现反映这些标志的迹象的那一天。

　　比较乐观者认为,美国经济有望在 2010 年见底,但见底后将呈现出 L 形走势,且这种走势将至少维持 5 年以上。悲观者的预期令人毛骨悚然。以宋鸿兵的预期为例,他曾经将金融危机的过程细分为以下 4 个阶段:第一阶段,次贷地震。这个阶段只是全面债务危机的引爆期。第二阶段,违约海啸。这一阶段又分为上半场和下半场。上半场以五大投资银行倒闭、"两房"被接管作为一个核心的事件,下半场则是以美国的商业银行被国有化为标志。第三阶段是继次贷地震、违约海啸、银行国有化后,美国政府国债将会海量蒸发,导致"利率火山",长期收益率狂涨,所有融资成本同步上涨。第四阶段则是"美元冰河期"。经历了前 3 个阶段的打击,美国实体经济遭受重创,债务成本进一步上升,将会使融资成本更为高涨,最后导致越来越多的资产脱离美元资产,最终导致"美元冰河期"。

也许是宋鸿兵有超强的预见力,也许是一种巧合,进入 2009 年后,金融危机似乎沿着宋鸿兵的预期路线一步步走来。面对世界金融危机的又一次加剧,宋鸿兵在北京明确表示,2009 年 4 月~9 月间,金融海啸第二波将在企业债的垃圾债市场集中引爆。预计损失总规模大约为 20 万亿美元,将是次贷损失的 3 倍。在第二波金融海啸中,一些美国大型商业银行面临崩溃的危险,最终可能被国有化。"美国危机最根本的原因是债务问题,是支付问题。庞大的债务体系已经不堪重负,美国负债 53 万亿美元,是 GDP 的 3.75 倍。"他形容说,"这是真正的'堰塞湖'。"

宋鸿兵认为,人们对于下一波金融海啸没有给予足够重视,这场新的危机并非注入流动性就可以扭转。从现在到 2009 年二季度可能会出现短暂的退潮,与 2008 年上半年次贷的短暂平息相似,但更大的海啸正在积聚力量。他的观点是,企业债中的垃圾债将是第二波金融海啸的引爆点。随着美国经济陷入衰退,垃圾债的违约率将大幅飙升,从目前的 4.5% 升至 20% 以上。将有上百家对冲基金、保险公司血本无归,最终倒闭,而原本被信用掉期工具保护着的商业银行资产负债表的问题也将暴露无遗。

与第一波中的"两房"被政府接管、雷曼申请破产保护一样,在宋鸿兵看来,花旗银行被国有化或申请破产保护,将是第二波危机中的标志性事件。他认为,金融海啸第二波已经拉开帷幕,而危机可能在 2009 年下半年或 2010 年上半年提前深化进入下一阶段,令更大规模金融市场如多米诺骨牌一样崩盘。届时全球美元资产将出现信心危机,从而动摇美元世界储备货币的地位。

事实上,对这次危机持悲观态度的人已不在少数。2009 年 3 月 4 日之前,网上已经把这个话题炒到了沸沸扬扬的程度。我们从搜狐财经网便能看到东欧金融危机蔓延路线图,即:

次贷危机导致全球危机,资金从新兴市场撤离→东欧和中欧地区的外汇危机全面爆发→东欧的外汇累计 1.7 万亿美元,几乎所有的外汇来自于西欧→东欧地区的坏账正在急剧攀升→欧洲多国国债被调降→欧洲地区需要 4 000 亿欧元来偿还贷款并支付信贷体系,IMF 正在被耗尽→若东欧的违约事件突然集中爆发,欧洲银行业将陷入旋涡。

理论界也在这个时候传出了危机将继续加深的评论。例如,中国社会科学院世界社会文献研究中心编创、发布的《世界社会主义黄皮书》认为,美国经济潜伏着严重的经济危机,其理由是:美国金融垄断规模已经达到峰巅,金融垄断泡沫的破灭已经显现,社会从政府到家庭普遍是赤字消费,实体经济正在萎缩,美国在全球到处用兵、驻军,使其头上霸主王冠更加沉重,欧元区的发展和亚洲经济实力增强,也会压缩美经济霸权的空间,美国房地产市场衰退开始加速。这些声音汇在一起,世界显然已弥漫在对经济危机的深度恐慌中。

总的来看,进入 2009 年,经济界的悲观情绪日甚一日。中新社华盛顿 2 月 23 日的一则消息说,美国权威经济预测机构公布报告说,由于居高不下的失业率和消费者节衣缩食而大幅失去活力,美国经济今年将不断变得更糟,专家预测这种情况或许在明年年初会有所好转。这项预测明显比以往预计今年下半年美国经济有所起色的预计悲观了许多。

据美国全国企业界经济学家协会 NABE 公布的一项调查报告说,美国失业率现在正处于 16 年来最高峰的 7.6%,预计 2009 年年底之前将达到峰值 9%。NABE 主席克里斯·瓦瓦雷斯对媒体说,经济和金融市场不断传出疲弱之音,这无疑让企业界和经济学家对未来几个季度的经济前景更加悲观。瓦瓦雷斯和他的学者们预测今年美国经济总体将萎缩1.9%,这比 2009 年秋天预测的萎缩幅度还要多 0.2%。

报告还说,失业加剧、住房市场的进一步疲软、企业基于悲观的预测而放弃扩大再生产等因素,将抵消今年初奥巴马政府和国会全力通过和公布的经济刺激方案的作用,以导致今年年内经济回复无望。但 NABE 预测,美国国内总产值 GDP 将于 2010 年开始增长,全年将达到 2.4% 的水平。这和美联储发布的一项预测不谋而合,美联储在那份报告中说,美国经济将于 2010 年开始好转,到 2011 年将重新找到发展的动力。

进入 2009 年 3 月份以来,美欧股市纷纷跌破前期低点,黄金和美国国债等避险资产则持续飙升,金价更是时隔一年重返 1 000 美元。一些市场人士担心,近期股市再陷动荡可能预示着第二波金融海啸的来临,金融大鳄索罗斯甚至把当前的市场与前苏联解体时相类比,并称现在还看不到任何见底的迹象。

最值得关注的是美国银行业挥之不去的资本问题仍然没有解决,华尔街日报报道说,为了彻底解决花旗的不良资产问题,奥巴马政府希望将政府所持 450 亿美元优先股的一大部分转换为普通股,从而最多持有花旗 40％的股份。这样做,表明政府对于花旗和其他美国大型银行可能被亏损拖垮的担忧日渐升温,因此才考虑采取国有化这样的激进措施,以免让注入这些银行的纳税人钱财白白浪费。花旗的方案可能为针对其他大型银行采取相同举措铺平道路,这预示着美国政府将拿出更多的钱来把银行资产收归国有。

有人曾估算过,美国解决这场危机的总成本将达到 9.7 万亿美元,相当于全美房贷总额的 90％。如果这个数据反映了现实经济的真实情况,从危机发生到 2009 年 3 月份之前,美国为救市而投入的资金只相当于其中的一小部分,远未达到缓解危机所需要的投入。在这样的情况下,危机还将继续加深,其底部的出现还需更多的时日。所以,悲观论持有者的事实依据相对较为充分,其结论似乎更有说服力。

世界银行 2009 年 3 月 8 日发表的一份报告预计,2009 年世界经济将会陷入负增长,这是第二次世界大战结束以来世界经济经历的首次负增长,而全球贸易量也会跌至 1980 年以来的最低水平。这份报告是迄今为止最为悲观的预测。此前最悲观的预测认为世界经济增长在 2009 年虽然会大幅放缓,但至少还是有所增长,比如在 2009 年 1 月末,国际货币基金组织的报告预测 2009 年全球经济将增长 0.5％,这一数字是 60 年来最低增长水平。另外,世界银行还预计穷国受到的冲击要比富国更为严重,虽然穷国和这次危机发生的原因没有任何关系。

以工业产值为例,2008 年第四季度全球工业产值下降了 20％,发达国家和发展中国家的工业产值降幅分别为 23％和 15％。受全球经济不景气影响最严重的地区是东欧和中亚。拉丁美洲、非洲以及东亚国家的经济增长会放慢,而且还会出现融资难题,世界银行预计融资短缺的规模至少 2 700 亿、至多 7 000 亿美元。比如一些中东欧国家波兰、匈牙利等不仅出口下降,而且资金短缺的现象也更加严重,因为西方国家的金融机构已经减少甚至停止在这些国家放贷。

眼下经济学界一种主流观点认为,解决经济危机的根本出路在于去

展望全球金融危机

杠杆化,而去杠杆化将把全球经济带入进一步衰退的泥沼。尽管奥巴马政府迄今已采取很多救市措施,但外界评价认为这些都只是应急而非根治之策,对美国经济提振的信心不强。

总之,随着危机的发展,人们的预测从未停止过。尽管这些预测与危机的实际发展相差甚远,但有一点可以确信,危机是暂时的,冬天过后必然会引来春天。还有一点也可以确信,通过印钞机解决流动性不足问题是美国政府的必然选择,美元贬值是必然趋势。中国将因此而付出沉重的代价。因为,截至 2008 年 6 月末,中国累计持有 1.205 万亿美元美国证券资产。其中,股票类资产达到 995.48 亿美元,长期债务资产 10 752.5 亿美元,短期债务资产 302.83 美元。截至 2008 年 12 月份,中国持有美国国债金额增至 7 274 亿美元,仍为第一大持有国。

第三节　谁将最先走出危机

中国始终认为自己将率先走出危机,进入恢复性增长。其理由:一是经济发展的长期趋势没有改变。工业化、城市化、国际化以及产业和消费结构升级仍然继续推进。二是经济发展的优势没有改变。我国已建立了良好的物质、技术和体制基础,微观主体适应调整变化的能力也在提高,市场自我调整过程中往往也孕育着结构升级和新的发展机遇。三是金融改革取得较大进展,金融体系总体稳健安全。四是宏观调控不断加强和改善,目前宏观调控效果已开始显现,有利于熨平经济波动。正因为有这样一些理由,中国政府才对 2009 年保证 GDP 增长 8% 充满了信心。

为了应对当前这场经济危机,从 2008 年 6 月份开始,中国政府采取了一系列措施,逐渐形成了一个比较完整的应对方案,政府称之为"一揽子计划"。它包含 4 个方面:第一,大规模的政府投入和结构性的减税,以扩大内需。第二,大范围内产业调整和振兴规划,涉及十大关系国计民生的重大行业。第三,大力度的科技支撑。准备在两年内加快推进科技专项规划,投入 1 000 亿元,为经济发展提供支撑和后劲。第四,大幅度提高社会保障水平。单就大家关心的医药卫生体制改革,计划在 3 年内要投入 8 500 亿元。

2008 年 10 月 5 日,中国政府有史以来最大规模的刺激方案出炉。"扩大投资出手要快,出拳要重,措施要准,工作要实。"秉承这样的要求,国务院在当日的常务会议上宣布,通过减税及增加开支,在未来两年投资 4 万亿元(约为国内生产总值的 7%)用以稳定经济增长。不同于西方国家将钱大把大把地往银行业投,中国政府的 4 万亿元资金明显更偏向"救实体"。

国务院总理温家宝在 2009 年年初访问英国时表示,"中国没有拿钱给银行补窟窿"。在这份"4 万亿元拯救名单"中,保障性安居工程、农村民生工程、铁路交通等基础设施建设、生态环境等方面建设和地震灾后重建等被列为了"重头戏"。从 2008 年年初到 2009 年 2 月,国家已经 5 次调高部分商品出口退税率,涉及近 4 000 种产品。其中,仅纺织产品出口退税率就累计从 11% 上调到了 15%,而 160 多种商品达到了 17% 的"触底线",已经相当于零税率出口。日前,中国政府又进一步公布了十大产业振兴规划,确定了对钢铁、汽车、船舶、石化、纺织、轻工、有色金属、装备制造和电子信息、物流这十大产业的振兴规划。

进入 2009 年以来,中国政府官员、专家学者、知名人士不断向世界吹暖风,说中国经济已经出现了回暖的迹象。中国人民银行 2009 年 2 月 23 日公布的 2008 年第四季度货币政策执行报告指出,我国经济发展的长期趋势没有改变,经济发展的优势没有改变,加之宏观调控政策逐步发挥效应,国民经济可望继续保持平稳较快增长。

温家宝总理 2009 年 2 月 28 日与网友交谈时说:"中国政府采取的应对世界金融危机措施已经初步见到了效果。在一些地方、一些领域,经济开始有向好的方面发展的趋势。一些重要的经济指标表明我们经济开始有所好转。""我想讲为什么说见到初步成效,有 4 个方面。第一,信贷投放有所增长。去年 11 月份,新增信贷大约 4 400 亿元,12 月份 7 700 亿元,2009 年 1 月份 16 200 亿元。第二,消费占 GDP 比例指数。去年 11 月份 38%,12 月份 42%,今年 1 月份 45%。第三,消费。今年 1 月份的消费同比增长 18%,但今年 1 月份的物价比去年同比要低。第四,我非常看重的就是发电量。发电量从今年 2 月中旬开始,发电和用电量都恢复了正增长。在全国,2 月中旬增长 15％,环比增长 13.2％,在南方,同比增长 10％,环比增长 8％。"

经济学家厉以宁预言说,尽管世界经济形势的变量很多,但中国经济有望在 2009 年第一季度见底,率先在全球实现复苏。

根据中国物流与采购联合会公布的统计数据显示,生产指数、新订单指数、新出口订单指数以及采购量指数升势最为显著,均出现了 5 个百分点以上的环比升幅。2008 年 12 月份以来,中国工业增速和发电量出现探底回升势头,工业企业产成品资金占用率位于低点,分析人士认为这表明本轮存货调整可能已经接近尾声。

美国彭博社 2009 年 3 月 5 日报道说,国际专家认为,采购经理指数上升说明,中国政府近来采取的反危机措施,尤其是减税措施,是有效的。德国《金融时报》称,在欧洲和美国的工业数据正陷入长期低增长的情况下,中国确实另有一番景象,采购经理们几乎认为,在中国,经济危机即将结束。报道认为,中国经济或许正处在一个持续复苏的门槛,政府刺激经济发展的措施正显出效果。瑞士银行亚太区首席投资策略师浦永灏说,中国政府行政效率高,金融体系以国有居多,因此在这波全球金融危机中,可望成为第一个走出金融危机影响的国家。

应当说,在当前世界经济危机依然继续加深,国际经济环境日益严峻的条件下,以乐观的态度应对这场危机,有利于提振国人战胜危机的信心。然而,中国面对的毕竟是一场百年一遇的世界经济危机,尽管中国经济的基本面是好的,也没有发生金融危机,但它是外向度比较高的国家,其出口占了 GDP 的 37％左右,进出口合起来要占 GDP 的 63％。如此高的对外依赖度,在全球金融危机和经济衰退的情况下,中国不可能独善其身,随着国际金融危机的不断加深和经济形势的急剧变化,不利影响正在日趋明显。也可以这样说,在世界经济危机未触底之前,中国经济很难率先走出 V 形增长,只有在世界主要经济体下行触底后,中国经济率先开始强劲增长才具有可能性。

不仅如此,受中国经济自身有回调的要求、出口量大幅下降、社会保障不健全、社会两极分化较为严重等因素的影响,尽管中国政府不断投入巨资拉动经济增长,但只要其拉动力不能在抵消这些因素的负面影响之后,还有足够的力量拉动经济增长,就很难说中国经济会走出独立的恢复性增长,更不能说会出现强劲的增长。

可以预见,在未来一段时期,世界经济仍将下行,复苏尚需时日,我国经济仍将面临严峻的外部环境。国内房地产等重要领域依然面临回调压力,将连带影响诸多行业,就业受到一定冲击以及资本市场下挫引发的负向财富效应等对消费增长也会产生不利影响,同时,在需求减弱背景下,企业效益继而财政收入会受到影响。在这种情况下,充分估计形势的复杂性和严峻性,将有助于正确判断形势,把握中国经济的走势。

危机依然在走向深渊,但愿中国经济能幸运地早日复苏,走向新的更大的繁荣!

棉花病虫害诊断与防治原色图谱
（粮棉油作物病虫害图谱诊断与
防治丛书） 22.00 元

桃树整形修剪图解（修订版） 7.00 元

无公害果园农药使用指南 12.00 元

鸡鸭鹅病防治（第 4 版） 12.00 元

斯太尔重型载货汽车维修手册 23.50 元

猪病鉴别诊断与防治 13.00 元

怎样种好菜园（南方本第 2 版） 13.00 元

实用畜禽阉割术（修订版） 10.00 元

竹荪平菇金针菇猴头菌栽培技术
问答（修订版） 7.50 元

甘薯栽培技术（修订版） 6.50 元

黄瓜高产栽培（第 2 版，另有 VCD） 8.00 元

常用农业机械使用与维修 15.00 元

蔬菜施肥技术问题 8.00 元

葡萄整形修剪图解 6.00 元

蔬菜地膜覆盖栽培技术（第 2 版） 6.00 元

草莓优质高产新技术（第 2 版） 10.00 元

猪饲料配方 700 例（修订版） 10.00 元

节粮型蛋鸡饲养管理技术 9.00 元

柴油汽车故障检修 300 例 15.00 元

图说大樱桃高效栽培关键技术
（高效种植关键技术图说系列） 9.00 元

图说草莓棚室高效栽培关键技术
（高效种植关键技术图说系列） 9.00 元

实用木材材积表 7.00 元

肉牛饲料科学配制与应用 10.00 元

摩托车故障速查与排除技术手册
（修订版） 16.00 元

汽车故障检修技术（第 2 版） 30.00 元

99 个影响世界的重大发明 20.00 元

99 个轰动世界的重要发现 22.00 元

99 个困惑世界的未解之谜 21.00 元

图说高效养狐关键技术（高效养
殖关键技术图说系列） 8.50 元

图说桑蚕病虫害防治 17.00 元

温室种菜难题解答（修订版） 14.00 元

农作物良种选用 200 问 15.00 元

平菇高产栽培技术（修订版） 7.50 元

玉米科学施肥技术 8.00 元

果树林木嫁接技术手册 27.00 元

养猪防疫消毒实用技术 8.00 元

淡水养鱼高产新技术（第 2 版） 26.00 元

两膜一苫拱棚种菜新技术 9.50 元

豆腐优质生产新技术 9.00 元

保护地蔬菜高效栽培模式 9.00 元

鹌鹑高效益饲养技术（修订版） 14.00 元

软籽石榴优质高效栽培 10.00 元

奶牛规模养殖新技术 21.00 元

怎样提高李栽培效益 9.00 元

露地蔬菜高效栽培模式 9.00 元

中小型饲料厂生产加工配套技术 8.00 元

新农村住宅设计与施工 24.00 元

药用植物规范化栽培 9.00 元

怎样提高养蜂效益 9.00 元

特色棉高产优质栽培技术 11.00 元

提高水稻生产效益 100 问 6.50 元

怎样提高甜瓜种效益（农作物种植
技术管理丛书） 9.00 元

怎样提高杏栽培效益（农作物种植
技术管理丛书） 10.00 元

怎样提高荔枝栽培效益（农作物种
植技术管理丛书） 7.50 元

瘦肉型猪饲养技术（修订版） 8.00 元

怎样配鸡饲料（修订版）（"帮你一把
富起来"农业科技丛书） 5.50 元

现代蔬菜灌溉技术 7.00 元

家庭自制冷饮 300 例	7.00 元	棉花农艺工培训教材	10.00 元
中风防治 200 问	11.00 元	棉花植保员培训教材	8.00 元
刮痧疗法(另有 VCD)	8.50 元	大豆农艺工培训教材	9.00 元
艾滋病防治 88 问	7.00 元	大豆植保员培训教材	8.00 元
民间剪纸技巧	12.00 元	水稻植保员培训教材	10.00 元
百体美术字(修订版)	12.50 元	水稻农艺工培训教材(北方本)	12.00 元
折纸游戏	8.00 元	水稻农艺工培训教材(南方本)	9.00 元
素描入门	9.00 元	绿叶菜类蔬菜园艺工培训教材	
黑板报美化技法	8.00 元	（北方本）	9.00 元
常用歇后语 1800 条	6.00 元	绿叶菜类蔬菜园艺工培训教材	
中国名歌 500 首	40.00 元	（南方本）	8.00 元
教你学唱歌	7.00 元	瓜类蔬菜园艺工培训教材(南方本)	7.00 元
聊斋志异(文白对照精选本)	33.00 元	瓜类蔬菜园艺工培训教材(北方本)	10.00 元
硬笔书法入门	16.00 元	茄果类蔬菜园艺工培训教材	
象棋入门(修订版)	22.00 元	（南方本）	10.00 元
古今灯谜三千条	8.00 元	茄果类蔬菜园艺工培训教材	
实用对联三千副	9.00 元	（北方本）	9.00 元
孩子们最想知道的 100 个怎么办	8.00 元	豆类蔬菜园艺工培训教材	
孩子们最爱问的 100 个为什么	9.00 元	（北方本）	10.00 元
农村规划员培训教材	8.00 元	豆类蔬菜园艺工培训教材	
农村企业营销员培训教材	9.00 元	（南方本）	9.00 元
农资农家店营销员培训教材	8.00 元	蔬菜植保员培训教材(南方本)	10.00 元
新农村经纪人培训教材	8.00 元	蔬菜植保员培训教材(北方本)	10.00 元
农村经济核算员培训教材	9.00 元	油菜植保员培训教材	10.00 元
农村气象信息员培训教材	8.00 元	油菜农艺工培训教材	9.00 元
农村电脑操作员培训教材	8.00 元	蔬菜贮运工培训教材	8.00 元
农村沼气工培训教材	10.00 元	果树植保员培训教材(北方本)	9.00 元
耕地机械作业手培训教材	8.00 元	果品贮运工培训教材	8.00 元
播种机械作业手培训教材	10.00 元	果树植保员培训教材(南方本)	11.00 元
收割机械作业手培训教材	11.00 元	果树育苗工培训教材	10.00 元
玉米农艺工培训教材	10.00 元	苹果园艺工培训教材	10.00 元
玉米植保员培训教材	9.00 元	枣园艺工培训教材	8.00 元
小麦植保员培训教材	9.00 元	核桃园艺工培训教材	9.00 元
小麦农艺工培训教材	8.00 元	板栗园艺工培训教材	9.00 元

樱桃园艺工培训教材	9.00 元	淡水鱼苗种培育工培训教材	9.00 元
葡萄园艺工培训教材	11.00 元	池塘成鱼养殖工培训教材	9.00 元
西瓜园艺工培训教材	9.00 元	家禽防疫员培训教材	7.00 元
甜瓜园艺工培训教材	9.00 元	家禽孵化工培训教材	8.00 元
桃园艺工培训教材	10.00 元	蛋鸡饲养员培训教材	7.00 元
猕猴桃园艺工培训教材	9.00 元	肉鸡饲养员培训教材	8.00 元
草莓园艺工培训教材	10.00 元	蛋鸭饲养员培训教材	7.00 元
柑橘园艺工培训教材	9.00 元	肉鸭饲养员培训教材	8.00 元
食用菌园艺工培训教材	9.00 元	养蚕工培训教材	9.00 元
食用菌保鲜加工员培训教材	8.00 元	养蜂工培训教材	9.00 元
食用菌制种工培训教材	9.00 元	怎样提高养肉羊效益	10.00 元
桑园艺工培训教材	9.00 元	怎样提高养长毛兔效益	10.00 元
茶树植保员培训教材	9.00 元	怎样提高养蛋鸡效益	12.00 元
茶园园艺工培训教材	9.00 元	怎样提高养鹅效益	6.00 元
茶厂制茶工培训教材	10.00 元	怎样提高养奶牛效益	11.00 元
园林绿化工培训教材	10.00 元	怎样提高养肉鸡效益	12.00 元
园林育苗工培训教材	9.00 元	怎样提高养獭兔效益	8.00 元
园林养护工培训教材	10.00 元	怎样提高养鸭效益	6.00 元
草本花卉工培训教材	9.00 元	怎样提高养猪效益	11.00 元
猪饲养员培训教材	9.00 元	怎样提高养狐效益	13.00 元
猪配种员培训教材	9.00 元	怎样提高养貉效益	11.00 元
猪防疫员培训教材	9.00 元	怎样提高养水貂效益	11.00 元
奶牛配种员培训教材	8.00 元	怎样提高大豆种植效益	10.00 元
奶牛修蹄工培训教材	9.00 元	怎样提高玉米种植效益	10.00 元
奶牛防疫员培训教材	9.00 元	怎样提高苹果栽培效益	13.00 元
奶牛饲养员培训教材	8.00 元	怎样提高梨栽培效益	7.00 元
奶牛挤奶员培训教材	8.00 元	怎样提高桃栽培效益	11.00 元
羊防疫员培训教材	9.00 元	怎样提高猕猴桃栽培效益	10.00 元
毛皮动物防疫员培训教材	9.00 元	怎样提高甜樱桃栽培效益	11.00 元
毛皮动物饲养员培训教材	9.00 元	怎样提高枣栽培效益	10.00 元
肉牛饲养员培训教材	8.00 元	怎样提高山楂栽培效益	12.00 元
家兔饲养员培训教材	9.00 元	怎样提高板栗栽培效益	9.00 元
家兔防疫员培训教材	9.00 元	怎样提高核桃栽培效益	11.00 元
淡水鱼繁殖工培训教材	9.00 元	怎样提高葡萄栽培效益	12.00 元

书名	价格	书名	价格
怎样提高龙眼栽培效益	7.50 元	猪细小病毒病及其防制	6.50 元
怎样提高杧果栽培效益	7.00 元	猪传染性腹泻及其防制	10.00 元
怎样提高番茄种植效益	8.00 元	家畜旋毛虫病及其防治	4.50 元
怎样提高辣椒种植效益	8.00 元	家畜梨形虫病及其防治	4.00 元
怎样提高大白菜种植效益	7.00 元	家畜口蹄疫防制	10.00 元
怎样提高马铃薯种植效益	8.00 元	家畜布氏杆菌病及其防制	7.50 元
怎样提高黄瓜种植效益	7.00 元	畜禽球虫病及其防治	5.00 元
怎样提高茄子种植效益	10.00 元	家畜弓形虫病及其防治	4.50 元
怎样提高甘蓝花椰菜种植效益	9.00 元	猪瘟及其防制	7.00 元
怎样提高甜瓜种植效益	9.00 元	断奶仔猪呼吸道综合征及其防制	5.50 元
怎样提高种西瓜效益	8.00 元	禽流感及其防制	4.50 元
怎样提高蘑菇种植效益	9.00 元	兔出血症及其防制	4.50 元
怎样提高香菇种植效益	12.00 元	鸭瘟 小鹅瘟 番鸭细小病毒病及	
柿病虫害及防治原色图册	12.00 元	其防制	3.50 元
辣椒病虫害及防治原色图册	13.00 元	鸡马立克氏病及其防制	4.50 元
番茄病虫害及防治原色图册	13.00 元	新城疫及其防制	6.00 元
茄子病虫害及防治原色图册	13.00 元	鸡传染性法氏囊病及其防制	3.50 元
棉花病虫害及防治原色图册	13.00 元	鸡产蛋下降综合征及其防治	4.50 元
玉米病虫害及防治原色图册	17.00 元	猪伪狂犬病及其防制	9.00 元
小麦病虫害及防治原色图册	15.00 元	畜禽衣原体病及其防治	9.00 元
黄瓜病虫害及防治原色图册	14.50 元	羊霉形体病及其防治	10.00 元
白菜甘蓝病虫害及防治原色图册	14.00 元	狂犬病及其防治	7.00 元
绿叶菜病虫害及防治原色图册	16.00 元	禽病鉴别诊断与防治	7.50 元
大豆病虫害及防治原色图册	13.00 元	牛病鉴别诊断与防治	10.00 元
樱桃病虫害及防治原色图册	12.00 元	兔病鉴别诊断与防治	7.00 元
苦瓜瓠瓜病虫害及防治原色图册	12.00 元	犬病鉴别诊断与防治	15.00 元
石榴病虫害及防治原色图册	12.00 元	图说猪高热病及其防治	10.00 元
萝卜胡萝卜病虫害及防治原色图册	14.00 元	肾脏疾病诊疗手册——乡村医生	
板栗病虫害及防治原色图册	17.00 元	用书	15.00 元
核桃病虫害及防治原色图册	18.00 元	简明常用药物手册	8.50 元
西瓜病虫害及防治原色图册	15.00 元	儿科急症救治速查手册	10.00 元
李和杏病虫害及防治原色图册	18.00 元	急性中毒急救速查手册	10.00 元
甜瓜病虫害及防治原色图册	15.00 元	妇科疾病诊疗手册——乡村医生	
菜豆病虫害及防治原色图册	14.00 元	用书	13.00 元

农民小伤小病自我防治手册	10.00 元	电焊工初级技能	17.00 元
中老年冠心病防治	10.00 元	车工初级技能	15.00 元
肾脏疾病的三联疗法	12.00 元	钳工初级技能	18.00 元
得了哮喘怎么办	12.00 元	混凝土工初级技能	9.00 元
便血与肛门疼痛鉴别及治疗	12.50 元	砌筑工初级技能	13.00 元
中老年夜尿频繁怎么办	10.00 元	钢筋工初级技能	12.00 元
腰腿痛怎么办	14.00 元	油漆工初级技能	16.00 元
常见皮肤病自然疗法	20.00 元	防水工初级技能	19.00 元
乳房保健与乳腺疾病防治335问	40.00 元	汽车维修工技能实训	20.00 元
得了子宫疾病怎么办	16.00 元	汽车驾驶员技能实训	18.00 元
得了月经病怎么办	19.00 元	气焊工初级技能	16.00 元
白内障防治120问(修订版)	10.00 元	畜牧饲养机械使用与维修	18.00 元
临床检验指标速查手册	16.00 元	电动自行车修理工初级技能	13.00 元
家庭护理指南	19.00 元	电工初级技能	15.00 元
中医诊断入门(修订版)	15.00 元	汽车美容装饰工技能实训	12.00 元
常见病拔罐疗法(修订版)	18.00 元	汽车钣金工技能实训	12.00 元
跌打损伤偏方验方疗法	15.00 元	抹灰工初级技能	15.00 元
常见病验方荟萃	12.00 元	农民投资指南	9.00 元
感冒偏方验方疗法	10.00 元	小餐馆新口味菜	13.00 元
农家药治疗乡村常见病	13.00 元	酒楼旺销冷盘	19.00 元
孕产妇全程保健手册	22.00 元	爽口凉菜76种	15.50 元
怎样识读汽车电路图	10.00 元	面条美味30种	8.00 元
汽车故障判断检修实例	10.00 元	实用面点制作技术	15.00 元
汽车维修电工技能实训	19.00 元	日常生活金点子	25.00 元
摩托车修理工技能实训	15.00 元	家庭节约小窍门	11.00 元
摩托车使用与维修问答	19.00 元	居室保洁窍门	13.00 元
家用洗衣机故障检修实例	9.00 元	婚庆实用手册	13.00 元
家用电冰箱故障检修实例	11.00 元	家庭自制美味辣酱	10.00 元
农作物种收机械使用与维修	12.00 元	硬笔楷书间架结构优化字贴	7.50 元
农村加工机械使用技术问答	6.00 元	看图学剪纸	15.00 元
农产品加工机械使用与维修	8.00 元	中国百首经典歌曲及其背后的故事	20.00 元
电动自行车修理466问	18.00 元	实用喜庆对联精选	15.00 元
缝纫机使用与维修(修订版)	13.00 元	中华灯谜大观	19.00 元
农村实用电路109例	12.00 元	简明文言文知识手册	16.00 元

小学生喜爱的名言赠语(智慧的阶梯)	15.00 元	小孩蒙纸学画(小红帽版·人物)	8.00 元
中华谚语大观	18.00 元	小孩蒙纸学画(冰淇淋版·食物)	8.00 元
打油诗趣话	10.00 元	小孩蒙纸学画(大灰狼版·动物)	8.00 元
童趣画大世界	12.00 元	小孩蒙纸学画(七色花版·植物)	8.00 元
创新儿歌 100 首	12.00 元	幼儿涂色·苹果版(3—4 岁基础篇)	8.00 元
看图识字 500 个(经济实惠版)	7.00 元	幼儿涂色·葡萄版(3—4 岁基础篇)	10.00 元
看图识字卡片(修订版)	13.00 元	幼儿涂色·草莓版(4—5 岁基础篇)	10.00 元
描红学汉字	9.00 元	幼儿涂色·甜橙版(4—5 岁基础篇)	8.00 元
描红学算术	9.00 元	新编儿童折纸	11.00 元
描红学拼音	10.00 元	聪明宝宝智力开发丛书·4 岁迷宫	12.00 元
描红学画画	10.00 元	聪明宝宝智力开发丛书·5 岁迷宫	12.00 元
幼儿看图学名词	12.00 元	聪明宝宝智力开发丛书·6 岁迷宫	11.00 元
幼儿看图学数量词	12.00 元	新编幼儿户外体育游戏	16.00 元
幼儿看图学反义词	12.00 元	新编幼儿室内体育游戏	16.00 元
幼儿看图学动词	12.00 元	少儿智力测验 100 题	10.00 元
谚语儿歌	10.00 元	少儿智解难题 100 法	11.00 元
节日儿歌	9.00 元	少儿智慧故事 100 则	12.00 元
常识儿歌	7.00 元	儿童动物画技巧(修订版)	9.00 元
中外童话 120 篇	13.00 元	儿童风景画技巧(修订版)	9.00 元
蜘蛛王国的怪事·儿童科普系列(漫画版)	9.00 元	儿童趣味剪纸(修订版)	9.00 元
		儿童百科 800 问·花草 树木 果蔬	24.00 元
蜜蜂王国的奥秘·儿童科普系列(漫画版)	9.00 元	儿童百科 800 问·天空 江河 湖海 四季	24.00 元
蚂蚁王国的战争·儿童科普系列(漫画版)	9.00 元	儿童百科 800 问·家庭 学校 社会	24.00 元
		儿童百科 800 问·身体生活常识	24.00 元
保证孩子安全 180 法	12.00 元	幼儿益智健体简易游戏	13.00 元
小儿学画·3—4 岁	19.00 元	儿童油画棒画入门	12.00 元
小儿学画·4—5 岁	19.00 元	四书五经详解·大学 中庸	7.00 元
小儿学画·5—6 岁	19.00 元	四书五经详解·论语	16.00 元
		四书五经详解·尚书	15.00 元

以上图书由全国各地新华书店经销。凡向本社邮购图书或音像制品,可通过邮局汇款,在汇单"附言"栏填写所购书目,邮购图书均可享受 9 折优惠。购书 30 元(按打折后实款计算)以上的免收邮挂费,购书不足 30 元的按邮局资费标准收取 3 元挂号费,邮寄费由我社承担。邮购地址:北京市丰台区晓月中路 29 号,邮政编码:100072,联系人:金友,电话:(010)83210681、83210682、83219215、83219217(传真)。